suhrkamp taschenbuch 494

Joaquim Maria Machado de Assis (1839-1908), Sohn eines armen Negers und einer Portugiesin, brachte es als Autodidakt zum Druckerlehrling, Buchhändler, Journalisten, Kritiker, Lyriker, Dramatiker, Prosaepiker, Ministerialbeamten und schließlich zum Generaldirektor für Verkehr und Straßen. 1897 wurde er zum ersten Präsidenten der *Academia Brasileira de Letras* ernannt. Seine persönliche und literarische Autorität verhinderte, daß die weitgehend epigonale oder aber indianistische oder regionalistische brasilianische Literatur zersplitterte. Von seinen neun Romanen ist der nach körperlichem Zusammenbruch im Jahre 1880 geschriebene *Brás Cubas* der fünfte. Auf Grund der Romane und seiner mehr als zweihundert Erzählungen gilt Machado de Assis als erster brasilianischer Erzähler von Weltrang.

Brás Cubas' Erdenlaufbahn vollzieht sich, von einer europäischen Studienreise abgesehen, im Rio de Janeiro des 19. Jahrhunderts. Brasilien ist eine Kolonie ohne Mutterland und hat seinen ersten und zweiten Kaiser. Brás Cubas' noch recht neureiche Familie investiert Mittel und Hoffnungen in den einzigen Sohn. Doch Brás Cubas wird in jedem Sinne fast immer nur privatisieren. Und was er uns von jenseits des Grabes mitteilt, ist nichts weniger als ein Bildungsroman. Es sind die Erlebnisse, Erfahrungen und Einsichten eines Müßiggängers und der Handvoll Personen seines Umkreises. Lange, kurze, kürzeste und blankgelassene Kapitel vermitteln uns seine häufig – stets zu unserem innigen Vergnügen – durch Reflexionen, Vertraulichkeiten, A-propos, Anekdoten, Bon-Mots unterbrochene, doch im Unterschied zu Lawrence Sternes *Tristram Shandy* chronologisch, rasch, pointiert, wenngleich in den verschiedensten Dur- und Molltonarten vorgetragene Lebensbeichte.

Machado de Assis
Postume Erinnerungen des Brás Cubas

Nachträge zu einem verfehlten Leben

Roman

Suhrkamp

Titel der Originalausgabe:
Memórias Póstumas de Brás Cubas
Aus dem Brasilianischen übersetzt
von Erhard Engler

suhrkamp taschenbuch 494
Erste Ausgabe 1979

Lizenzausgabe für die Bundesrepublik Deutschland, West-Berlin,
Österreich und die Schweiz mit freundlicher Genehmigung des
Verlags Rütten & Loening, Berlin, DDR
Suhrkamp Taschenbuch Verlag
Satz: LibriSatz, Kriftel
Druck: Verlagsgesellschaft Nomos, Baden-Baden
Printed in Germany
Umschlag nach Entwürfen
von Willy Fleckhaus und Rolf Staudt

Dem Wurm,
der als erster das kalte Fleisch
meines Leichnams annagt,
widme ich
in sehnsuchtsvollem Angedenken
diese postumen Erinnerungen

Vorwort zur dritten Auflage

Die »Postumen Erinnerungen des Brás Cubas« wurden zuerst im Jahre 1880 von der »Revista Brasileira« in Fortsetzungen veröffentlicht. Als sie später in einem Buch zusammengefaßt wurden, habe ich den Text an manchen Stellen überarbeitet. Bei der Durchsicht für die dritte Auflage habe ich noch einiges verbessert und gelegentlich Streichungen vorgenommen. So trete ich jetzt von neuem mit meinem Werk an die Öffentlichkeit, das das Publikum mit einigem Wohlwollen aufzunehmen scheint.

Capistrano de Abreu stellte in seiner Ankündigung des Buches die Frage, ob die »Postumen Erinnerungen des Brás Cubas« als Roman anzusehen seien oder nicht. Macedo Soares wies mich damals in einem Brief freundschaftlich auf gewisse Ähnlichkeiten mit den »Wanderungen in meinem Vaterlande« von Almeida Garrett hin. Dem Erstgenannten antwortete der bereits tote Brás Cubas (der Leser wird es schon bemerkt haben und im folgenden Prolog bestätigt finden), daß man die Frage bejahen und verneinen kann. Einige betrachten das Buch als Roman, andere wiederum nicht. Was den zweiten Einwand betrifft, so äußerte sich der Verstorbene dazu wie folgt: »Es handelt sich hier um ein sehr uneinheitliches Werk, in dem ich, Brás Cubas, die freie Form eines Sterne oder eines Xavier de Maistre übernommen habe, und ich bin nicht ganz sicher, ob ich an manchen Stellen nicht doch zuviel pessimistische Verdrießlichkeit hineingelegt habe.« Alle hier Genannten sind viel gereist: Xavier de Maistre von einer Ecke seines Zimmers in die andere, Garrett durch seine Heimat und Sterne durch die der anderen. Von Brás Cubas könnte man sagen, daß seine Reiseroute quer durch das Leben verlief.

Was meinen Brás Cubas zu einem besonderen Autor macht, das ist, um mit seinen Worten zu sprechen, die »pessimistische Verdrießlichkeit«. In der Seele dieses Buches, so heiter es auch scheinen mag, liegt ein Gefühl der Bitterkeit und der Härte, das weit davon entfernt ist, eine Nachahmung der genannten Vorbilder zu sein. Es ist ein Pokal, dessen äußere Form der gleichen handwerklichen Schule entspringen mag, der aber mit ganz anderem Wein gefüllt ist. Ich füge nichts weiter hinzu, um nicht Kritik an einem Verstorbenen zu üben, der sich für sich und für die anderen so dargestellt hat, wie es ihm am besten und am richtigsten schien.

Machado de Assis

An den Leser

Daß Stendhal bekannte, er habe eins seiner Bücher für nur hundert Leser geschrieben, ist erstaunlich und bestürzend zugleich. Niemand aber wird erstaunt oder gar bestürzt sein, daß dieses Buch nicht die hundert Leser Stendhals finden wird. Nicht einmal fünfzig oder zwanzig werden es sein, höchstens zehn. Wirklich zehn? Vielleicht nur fünf. Es handelt sich nämlich um ein sehr uneinheitliches Werk, in dem ich, Brás Cubas, die freie Form eines Sterne oder eines Xavier de Maistre übernommen habe, und ich bin nicht ganz sicher, ob ich an manchen Stellen nicht doch zuviel pessimistische Verdrießlichkeit hineingelegt habe. Das kann sein, denn es ist die Arbeit eines Verstorbenen. Ich habe sie mit der Feder der Ausgelassenheit und der Tinte der Melancholie niedergeschrieben, und es ist unschwer vorauszusehen, was aus dieser Paarung hervorgehen wird. Hinzu kommt, daß die gründlichen Leser dieses Buch als reinen Roman auffassen, die oberflächlichen aber vergebens nach dem suchen werden, was sie in ihren Romanen gewohnt sind. Darum büßte es sowohl die Wertschätzung der gründlichen als auch die Zuneigung der oberflächlichen Leser ein. Beide Gruppen bilden die stärksten Säulen, auf denen die Meinung des Publikums ruht.

Ich hege indes noch die Hoffnung, mir die Sympathien der Leser zu erwerben, indem ich auf einen langen und minutiösen Prolog verzichte. Die beste Einleitung ist noch immer jene, die möglichst wenig vorwegnimmt oder die sich in dunklen und bruchstückhaften Andeutungen erschöpft. So sehe ich davon ab, den außergewöhnlichen Prozeß der Entstehung dieser »Erinnerungen« zu beschreiben, die ich in jener anderen Welt verfaßt habe. Das wäre zwar interessant, aber zu weitschweifig und überdies für das Verständnis des Buches nicht erforderlich. Das Werk, so wie es ist, steht für alles, und sollte es dir gefallen, hochverehrter Leser, wäre ich für alle Mühe entschädigt. Sollte es aber nicht deinen Beifall finden, dann kann ich dich nur mit einem Schnipser verabschieden und ade sagen.

Brás Cubas

Kapitel 1

Der Tod des Autors

Ich habe einige Zeit geschwankt, ob ich diese Erinnerungen mit dem Anfang oder dem Ende, mit meiner Geburt oder meinem Tod beginnen sollte. Es entspräche natürlich dem allgemeinen Brauch, mit der Geburt anzufangen, aber zwei Überlegungen haben mich veranlaßt, anders zu verfahren. Die erste besteht darin, daß ich eigentlich kein verstorbener, sondern ein Autor des Jenseits bin, für den das Grab nur eine zweite Wiege war. Zum anderen sollte diese Methode neu und ansprechender sein. Moses, der ebenfalls seinen Tod beschrieb, stellte ihn nicht an den Anfang, sondern ans Ende. Darin liegt der fundamentale Unterschied zwischen diesem Buch und dem Pentateuch.

Das vorweg. Ich verstarb um zwei Uhr nachmittags an einem Freitag des Jahres 1869 in meinem schönen Landhaus beim Catumbi. Ich war etwa vierundsechzig und hatte harte, aber auch glückliche Jahre verlebt. Ich war Junggeselle und besaß rund dreihundert Contos. Elf Freunde gaben mir das letzte Geleit. Elf Freunde! Allerdings muß gesagt werden, daß keine Todesanzeigen verschickt oder veröffentlicht worden waren. Außerdem regnete es gleichmäßig, sacht und traurig. Der Regen fiel so beständig und so trostlos, daß einer jener Getreuen, die mich auf meinem letzten Weg begleiteten, angeregt wurde, ihn in seine Grabrede einzubeziehen: »Sie, meine Herren, die Sie ihn gekannt haben, werden mir zustimmen, wenn ich sage, daß die Natur diesen unersetzlichen Verlust zu beweinen scheint. Wir nehmen heute Abschied von einem unserer Besten, dessen Leben der Menschheit zur Ehre gereicht. Dieses trübe Wetter, der Regen und die dunklen Wolken, die das Blau des Himmels wie ein Trauerflor verdecken, sind Zeichen des tiefempfundenen Schmerzes der Natur, bedeuten gleichzeitig aber auch höchstes Lob für unsern teuren Toten.«

Guter und treuer Freund! Ich trauere nicht einem der zwanzig Leihscheine nach, die ich dir hinterlassen habe. Ich brauchte sie nicht mehr, denn ich war am Ende meiner Tage angelangt und machte mich auf den Weg in das »undiscovered country« Hamlets, freilich ohne die Qualen und die Zweifel des jungen Prinzen. Ich ging schwerfällig und langsam von dannen, so wie jemand, der spätabends aus dem Theater kommt, müde und mißgestimmt. Neun oder zehn Menschen haben mich sterben sehen. Unter ihnen waren drei Frauen: meine Schwester Sabina, die mit Cotrim verheiratet ist, ihre Tochter, deren Schönheit mich an eine Lilie erinnert, und ... Aber gedulde dich bitte noch einen Augenblick, geschätzter Leser! Ich werde dir sehr bald verraten, wer die dritte war. Gib dich vorerst einmal damit zufrieden, daß diese Unbekannte nicht mit mir verwandt war, aber mehr litt als alle meine Angehörigen. Ja, sie traf es am schwersten. Trotzdem blieb sie gefaßt, raufte sich nicht die Haare, warf sich nicht auf den Boden und bekam auch keine Krämpfe. Mein Ableben war also durchaus keine hochdramatische Angelegenheit ... Ein vierundsechzigjähriger Junggeselle starb, und nichts deutete darauf hin, daß sein Tod etwas Tragisches hatte. Sollte das aber doch sein, dann hätte es sich am wenigsten für die Unbekannte geziemt, es öffentlich zu zeigen. Sie stand mit glanzlosen Augen und halbgeöffnetem Mund am Kopfende meines Bettes und konnte nicht glauben, mich verloren zu haben.

»Er ist tot, er ist tot!« murmelte sie vor sich hin. Und wie die Störche jenes berühmten Weltreisenden von Ili bis zu den Steilküsten Afrikas flogen, über Ruinen hinweg und jedem Unwetter trotzend, so führte die Phantasie diese Frau jetzt weit fort von den Trümmern des erloschenen Lebens bis hin zu einem jugendlichen schwarzen Kontinent ... Laß sie vorausgehen. Wir folgen ihr später, wenn ich noch einmal auf unsere ersten gemeinsamen Jahre zurückkomme. Jetzt möchte ich erst einmal in aller Ruhe sterben, und zwar mit Methode, und dabei dem Schluchzen der Damen, den gedämpften Stimmen der Männer und dem Trommeln des

Regens auf den Begonienblättern vor meinem Haus lauschen und noch einmal hören, wie schrill es klingt, wenn der Scherenschleifer draußen vor der Sattlerei die Messer schärft. Ich schwöre euch, diese Begleitmusik zu meinem Tode war sehr viel weniger traurig, als es vielleicht scheint. Von einem gewissen Augenblick an entzückte sie mich sogar. Das Leben in meiner Brust brandete ein letztes Mal wie eine Springflut, dann verlor ich das Bewußtsein, konnte mich nicht mehr bewegen und spürte, daß mein Körper erst eine Pflanze, dann ein Stein und zuletzt ein Häuflein Erde wurde, bis er sich schließlich in ein Nichts auflöste. Die Ursache meines Todes war eine Lungenentzündung, aber wenn ich dir sage, daß ich mehr an einer großartigen und überaus nützlichen Idee als an der Pneumonie gestorben bin, dann wirst du, lieber Leser, mir gewiß nicht glauben wollen. Bis jetzt bist du damit im Recht. Ich werde dir den Fall in großen Zügen darlegen, und dann kannst du selbst entscheiden.

Kapitel 2
Der Balsam

Eines Morgens, als ich durch mein Landhaus schlenderte, schwang sich eine Idee auf das Trapez, das ich in meinem Gehirn hatte, und vollführte wie ein Zirkusabkrobat so wagemutige Kunststücke, wie man sie sich kaum vorstellen kann. Ich blieb stehen und sah zu. Plötzlich sprang sie ab, Arme und Beine gespreizt, so daß sie die Form eines X annahm, und kam auf mich zu: Entziffere mich, oder ich verschlinge dich!

Diese Idee war nichts Geringeres als die Erfindung eines einzigartigen Medikamentes, eines Balsams gegen die Hypochondrie, der dazu bestimmt war, der melancholischen Menschheit Erleichterung zu verschaffen. In einem Schreiben an die Regierung, das ich damals entwarf, bat ich um die

Anerkennung der Erfinderrechte und wies zugleich auf den wahrhaft christlichen Charakter meines Balsams hin. Meinen Freunden gegenüber bestritt ich natürlich nicht, daß mit dem Verkauf eines so durchgreifend wirksamen Medikamentes auch erhebliche finanzielle Vorteile für mich verbunden waren. Da ich jetzt bereits im Jenseits bin, kann ich ja alles gestehen: Was mich hauptsächlich zu der Erfindung angeregt hat, war der Wunsch, in allen Zeitungen und Schaufenstern, auf allen Prospekten und Anschlagsäulen und schließlich auch auf den Medizinschächtelchen diese drei Wörter gedruckt zu sehen: Brás-Cubas-Balsam. Warum sollte ich es leugnen? Es war nun einmal meine Leidenschaft, Aufsehen zu erregen, Schlagzeilen zu machen und Feuerwerke abzubrennen. Vielleicht werfen mir die Bescheidenen diesen Fehler vor, aber ich bin überzeugt, daß die Einsichtigen ihn mir ohne weiteres zugestehen. Wie jede Medaille, so hatte auch meine Idee zwei Seiten: eine für das Publikum, die andere für mich, Philanthropie und Gewinn auf der einen Seite, das Bedürfnis, bekannt zu werden – oder nennen wir es besser Liebe zum Ruhm – auf der anderen.

Mein Onkel, Domherr einer ansehnlichen Pfründe, pflegte zu sagen, die Liebe zum weltlichen Ruhm sei unheilvoll für die Seelen, die nur nach ewigen Werten streben sollten. Ein anderer Onkel, seines Zeichens Offizier in einem Infanterieregiment, verwahrte sich ganz entschieden dagegen und erklärte, die Liebe zum Ruhm sei das Menschlichste im Menschen, sei seine höchste Bestimmung.

Möge der Leser zwischen dem Soldaten und dem Geistlichen entscheiden. Ich kehre zu meinem Balsam zurück.

Kapitel 3
Ahnenreihe

Da ich schon von meinen beiden Onkeln gesprochen habe, möchte ich an dieser Stelle gleich einen kurzen genealogischen Abriß einfügen.

Gründer unserer Familie war ein gewisser Damião Cubas, der in der ersten Hälfte des 18. Jahrhunderts lebte. Er war Böttcher und stammte aus Rio de Janeiro, wo er verarmt und völlig unbekannt gestorben wäre, wenn er nur seinen Beruf ausgeübt hätte. Aber im Gegenteil: Er wechselte zur Landwirtschaft über, säte und erntete und setzte seine Erzeugnisse gewinnbringend ab. Als er starb, hinterließ er seinem Sohn, dem Lizentiaten Luís Cubas, ein großes Vermögen. Mit ihm beginnt die eigentliche Reihe meiner Großväter – zumindest jener, zu denen meine Familie sich immer bekannt hat. Damião Cubas war schließlich nur ein einfacher Böttcher gewesen, vielleicht sogar ein schlechter, während Luís Cubas immerhin in Coimbra studiert hatte, Träger einer staatlichen Auszeichnung war und zu den engsten Freunden des Vizekönigs, des Grafen da Cunha, gehörte.

Da meinem Vater, dem Urenkel Damiãos, der Name Cubas zu sehr nach Böttcher roch, behauptete er einfach, er sei einem Ritter für seine Heldentaten im Afrikafeldzug verliehen worden, und zwar wegen dreihundert Kelterfässern, die dieser von den Heiden erbeutet hätte. Mein Vater hatte eben eine blühende Phantasie. Mit einem Wortspiel tilgte er das leidige Böttcherhandwerk aus unserer Ahnenreihe. Im übrigen war er ein charaktervoller, würdiger und gerechter Mann, wie es nur wenige gab. Er hatte jedoch, auch das muß gesagt werden, einen Hang zur Eitelkeit – aber wer ist nicht selbst ein wenig eitel in unserer Welt? Mein Vater war allerdings mit seinem Einfall noch nicht zufrieden, sondern versuchte es, von dem ersten Erfolg ermutigt, mit einer Fälschung, die darin bestand, daß er den berühmten Gouverneur Brás Cubas, nach dem ich genannt bin, als Ahnherrn unserer Familie ausgab. Dieser hatte die Stadt São Vicente gegründet, wo er im Jahre 1592 verstorben war. Die echte Nachkommenschaft des Gouverneurs protestierte daraufhin so energisch, daß mein Vater sich schleunigst die dreihundert heidnischen Fässer einfallen lassen mußte.

Einige Mitglieder meiner Familie sind noch am Leben, meine Nichte Venância zum Beispiel, die so zart ist wie eine Lilie und deren Schönheit nicht ihresgleichen findet. Auch der Vater und Cotrim weilen noch unter den Lebenden. Und dann ist da noch ein Mann, der . . . Aber wir wollen nicht vorgreifen und erst die Balsamgeschichte zu Ende erzählen.

Kapitel 4
Die fixe Idee

Meine Idee setzte sich, nachdem sie so viele Kapriolen geschlagen hatte, als fixe Idee in mir fest. Möge dich der Herrgott vor einer solchen bewahren, verehrter Leser. Lieber einen Splitter oder, wenn es sein muß, einen Balken im Auge. Wir brauchen uns doch nur Cavour anzusehen: Er ging an der fixen Idee der Vereinigung Italiens zugrunde. Bismarck ist nicht daran gestorben, das stimmt. Die Natur ist eben unberechenbar, und die Geschichte wird uns immer so unergründlich sein wie die Seele einer Frau. Als Beweis dafür können wir auch den genialen Suetonius anführen, dessen Erziehung bei Claudius so wenig fruchtete, daß dieser einfältig und dumm blieb und Seneca ihn sogar einen Holzkopf nannte. Titus dagegen verdient es, als wahrer Kaiser von Rom in die Geschichte einzugehen. Andererseits hat ein Professor in jüngster Zeit herausgefunden, daß nicht Titus, sondern jener, den Seneca als einen Holzkopf abgetan hatte, der bedeutendere, ja der überragende Kaiser gewesen sei. Jetzt wende ich mich an dich, Madama Lucrezia, die schönste Blume aus dem Geschlecht der Borgia. Beschriebe dich ein Dichter so, als wärest du die katholische Messalina, dann fände sich auch bald ein heidnischer Gregorovius, der dir gerade diese Eigenschaft wieder abspräche. Für den einen wärest du die Lilie, für den anderen der Sumpf. Ich selbst möchte mich da nicht festlegen und stelle mich mit meiner Meinung zwischen den Dichter und den Wissenschaftler.

Ein Hoch auf die Geschichte, diese flatterhafte Gesellin, vor der niemand sicher ist! Aber wir wollen die fixe Idee nicht aus den Augen verlieren. Es gehört zu ihrem Wesen, daß sie sowohl überragende Persönlichkeiten als auch bedauernswerte Narren hervorzubringen vermag. Frei umherschwirrende, verschwommene oder schillernde Ideen kennzeichnen nur Männer vom Schlage eines Claudius, das hat schon Suetonius festgestellt.

Sie war fix, meine Idee, unverrückbar wie ... Mir fällt nichts ein, was feststehend genug wäre in der Welt. Vielleicht der Mond oder die ägyptischen Pyramiden, vielleicht auch die germanische Lebensweise. Ich überlasse es dir, geschätzter Leser, den Vergleich zu wählen, der dir am passendsten scheint. Entscheide dich für einen und rümpfe bitte nicht die Nase, daß wir noch nicht zum erzählenden Teil dieses Buches gekommen sind. Wir werden hingelangen. Ich nehme an, du ziehst die Anekdote der Reflexion vor und teilst damit die Auffassung aller anderen Leser, deiner Kollegen also, und ich glaube, du tust gut daran. Bald wirst du auf deine Kosten kommen. Doch ich muß noch auf folgendes hinweisen: Dieses Buch ist mit der Gemächlichkeit eines Mannes geschrieben, der sich bereits von der Kurzlebigkeit dieses Jahrhunderts gelöst hat. Es handelt sich um ein vorwiegend philosophisches Werk, dessen Philosophie aber sehr uneinheitlich ist, einmal streng und nüchtern, dann wieder verspielt und heiter. Ich will weder aufbauen noch zerstören, ich entzünde nicht und lasse niemand erstarren. Was ich schreibe, soll mehr als ein bloßer Zeitvertreib und weniger als eine Verkündigung sein.

Aber weiter. Glätte deine gerümpfte Nase, lieber Leser, und dann wollen wir uns wieder dem Balsam zuwenden. Lassen wir die Geschichte mit ihrer weiblichen Launenhaftigkeit. Schließlich hat keiner von uns die Seeschlacht bei Salamis mitgemacht oder die Augsburger Konfession geschrieben. Wenn ich mich manchmal an Cromwell erinnere, so nur, weil ich mir vorstelle, daß dieser überragende Politiker mit der gleichen Bestimmtheit, mit der er das Parlament auflöste, den Engländern den Brás-Cubas-Balsam hätte aufnötigen können. Lacht nicht über den Sieg, den die Pharmazie und der Puritanismus gemeinsam erringen sollen. Schließlich ist es kein Geheimnis, daß unter jeder großen und allen sichtbaren Fahne oft unzählige kleinere und bescheidenere wehen, die zwar immer im Schatten der großen bleiben, sich dafür aber oft als langlebiger erweisen. Vielleicht gelingt uns auch folgender Vergleich: Früher hat das niedere Volk in ritterlichen Burgen Schutz gesucht. Diese Festen sind längst verfallen, aber Plebejer gibt es noch heute. Nein – dieser Vergleich hinkt.

Kapitel 5

In dem das Ohr einer Frau sichtbar wird

Ich war gerade damit beschäftigt, meine Erfindung zu vervollkommenen, als ich plötzlich erkrankte. Sicherlich hatte ich irgendwo Zug bekommen und mich erkältet, aber ich tat nichts dagegen. Ich hatte nur meinen Balsam im Sinn und trug die fixe Idee mit mir herum, wie Genies und Wahnsinnige es tun. In der Ferne sah ich mich aus einer Menschenmasse aufsteigen und als unsterblichen Adler zum Himmel emporschweben. Bei einer solchen Vision achtet kein Mensch auf den Schmerz, der ihn gerade peinigt. Am folgenden Tage hatte sich mein Zustand verschlechtert. Ich versuchte, mich zu kurieren, aber ich ging ohne jede Sorgfalt vor und brachte auch nicht die nötige Geduld auf. So blieb die Behandlung unvollständig, und meine Krankheit weitete sich zu dem Übel aus, das mich schließlich ins Jenseits beförderte. Ich sagte bereits, daß ich an einem Freitag, einem Unglückstag, verschied, und ich glaube bewiesen zu haben, daß ich an meiner Erfindung gestorben bin. Es mag Beweisführungen geben, die noch weniger einleuchtend sind als diese, deren Ergebnis aber ebenso unanfechtbar ist.

Ich hätte indessen durchaus noch die Jahrhundertwende erleben können, denn ich war gesund und widerstandsfähig, und es wäre mir auch gelungen, ins Licht der Öffentlichkeit zu treten. Vielleicht gar nicht unbedingt durch die Arbeit an den Grundlagen einer pharmazeutischen Entdeckung, sondern durch die Gründung einer politischen Partei oder durch eine Religionsreform. Aber die Zugluft kam dazwischen und machte mit einem Schlag alle meine Pläne zunichte. Aus und vorbei. So unberechenbar ist das menschliche Schicksal.

Diese Überlegungen sollten ein Abschied von der Frau sein, die zwar nicht die rücksichtsvollste, dafür aber die schönste von allen gewesen war. Es handelte sich um jene Ungenannte, deren Phantasie auf und davon flog wie die Störche von Ili ... Ich war damals vierundfünfzig Jahre alt, eine Ruine, streng und Ehrfurcht gebietend. Wir hatten uns geliebt, sie und ich, aber das lag viele Jahre zurück. Als ich dann krank war, erschien sie eines Tages in der Tür meines Schlafzimmers ...

Kapitel 6
Chimène, qui l'eût dit? – Rodrigue, qui l'eût cru?

Ich sah sie in der Tür meines Schlafzimmers auftauchen, blaß und tiefbewegt. Sie war schwarz gekleidet und blieb etwa eine Minute stehen, ohne daß sie sich entschließen konnte einzutreten. Vielleicht war der Mann daran schuld, der gerade bei mir war. Ich betrachtete sie während dieser Zeit von meinem Bett aus und vergaß ganz, ihr etwas zu sagen oder sie durch eine Geste zu ermutigen. Wir waren uns zwei Jahre zuvor zum letztenmal begegnet, und ich sah sie jetzt nicht so, wie sie vor mir stand, sondern wie sie gewesen war, als wir noch zueinander gehörten. Ein geheimnisvoller Hesekiel gebot der Sonne, auf die Bahn zurückzukehren, die sie in unserer Jugend beschrieben hatte. Die Sonne gehorchte, und ich schüttelte jegliches Elend von mir ab. Der Tod wollte mich gerade wie eine Handvoll Staub im ewigen Nichts verstreuen. In diesem Augenblick aber hatte ich seinen Minister, die Zeit, besiegt. Kein Wasser der Iuventas hätte die Kraft, die bloße Gesundheit zu ersetzen.

Ihr könnt mir glauben, daß die Erinnerung immer noch das kleinste Übel ist. Niemand vertraut dem Glück des Augenblicks, weil es immer einen Tropfen vom Geifer des Kain enthält. Erst lange danach, wenn sich die Wogen geglättet haben, kann man sich ihm vielleicht ganz hingeben und es genießen, ohne zugleich Schmerz empfinden zu müssen.

Die Beschwörung des Vergangenen dauerte jedoch nicht lange. Die Wirklichkeit hatte bald wieder die Oberhand, und die Vergangenheit mußte der Gegenwart weichen. Vielleicht werde ich euch später an irgendeiner Stelle dieses Buches meine Theorie von den verschiedenen Auflagen des menschlichen Lebens erläutern. Im Augenblick ist es aber wichtiger zu erfahren, daß Virgília – so hieß diese Frau – in mein Schlafzimmer eintrat, sicher und würdevoll, wie es ihrer Kleidung und ihren Lebensjahren entsprach. Sie kam an mein Bett, und der Fremde, der bei mir war, erhob sich und ging fort. Er besuchte mich täglich und sprach von Wechselgeschäften, von der Kolonisierung und der notwendigen Erweiterung des Eisenbahnnetzes. Es gibt gewiß nichts Interessanteres für einen Sterbenden. Er hatte also das Zimmer verlassen. Virgília blieb stehen, und wir sahen uns eine Zeitlang an, ohne ein Wort zu sagen. Wer würde das Schweigen brechen? Von zwei maßlos Liebenden, von zwei grenzenlosen Leidenschaften war zwanzig Jahre später nichts übriggeblieben als zwei ermüdete, vom Leben zerbrochene und ihres Daseins überdrüssige Seelen; ich weiß nicht, ob in gleichem Maße, aber es war Überdruß. Virgília hatte jetzt die Schönheit der Reife, ihre Züge verrieten Würde und Mütterlichkeit. Sie war nicht mehr ganz so schlank wie damals, als ich sie zum letztenmal beim Johannisfest in Tijuca gesehen hatte. Sie gehörte zu den Frauen, die nicht so rasch altern. Nur ganz vereinzelt fanden sich die ersten silbergrauen Fäden in ihrem dunklen Haar.

»Du machst wohl Totenbesuche?« fragte ich.

»Was heißt Tote!« antwortete Virgília und küßte mich. Dann schüttelte sie mir die Hände und fügte hinzu: »Ich bin nur gekommen, um einen Faulenzer aus dem Bett zu treiben.«

Ihre Zärtlichkeit war nicht mehr so schwermütig wie damals, aber ihre Stimme hatte den freundlichen und milden Klang behalten. Sie setzte sich zu mir. Ich war mit meinem Krankenwärter allein im Hause, so konnten wir ohne jede Gefahr miteinander sprechen. Virgília berichtete mir ausführlich, was draußen geschah. Sie konnte lebendig erzählen und würzte unsere Unterhaltung mit einigen gewagten Ausdrücken aus der Umgangssprache. Da ich gerade im Begriff war, diese Welt zu verlassen, hatte ich ein teuflisches Vergnügen daran, über sie zu spotten und mich zu überzeugen, daß ich nichts zurückließ.

»Was sind denn das für Gedanken!« unterbrach mich Virgília ärgerlich. »Sterben! Wir kommen alle einmal dran und sollten uns freuen, daß wir noch am Leben sind.«

Sie sah auf die Uhr.

»Ach je, es ist ja schon drei! Jetzt muß ich aber gehen.«

»Schon?«

»Ja, es ist höchste Zeit. Ich komme morgen oder in den nächsten Tagen wieder vorbei.«

»Ich weiß nicht, ob es gut ist, wenn du gehst«, gab ich zu bedenken. »Ich bin krank und ganz allein, und hier fehlt dringend eine Frau im Haus . . .«

»Und deine Schwester?«

»Sie wird einige Tage herkommen, aber vor Sonnabend kann sie nicht hiersein.«

Virgília dachte einen Augenblick lang nach, zuckte mit den Schultern und sagte ernst: »Ich bin eine alte Frau! Niemand achtet mehr auf mich, aber um allen Verdächtigungen vorzubeugen, bringe ich meinen Jungen mit.«

Er war der einzige Sohn aus ihrer Ehe und hatte gerade das Abitur gemacht. Als er fünf Jahre alt war, wurde er, ohne es zu ahnen, ein Komplice unserer heimlichen Liebe. Zwei Tage später kamen sie beide, und ich muß gestehen, daß mich ihre Anwesenheit in meinem Schlafzimmer so aus der Fassung brachte, daß ich nicht einmal die freundlichen Worte des Jungen erwidern konnte. Virgiília erriet meine Empfindung und fragte ihn: »Merkst du nicht, daß dieser gerissene Mensch nur darum nicht antwortet, weil wir ihn für tot halten sollen?«

Der Junge lachte, und wenn ich mich recht erinnere, so habe ich auch gelächelt. So endete diese Begrüßung in unbeschwerter Heiterkeit. Virgília war ruhig und gelassen und erweckte den Eindruck, ein völlig makelloses Leben hinter sich zu haben. Sie verriet sich weder durch einen verdächtigen Blick noch durch eine unbedachte Geste, ihre Worte schienen ihren Gedanken zu entsprechen, und sie beherrschte sich so sehr, wie ich es selten erlebt hatte. Vielleicht war sie sogar eine Ausnahme. Als wir zufällig auf illegitime Liebesbeziehungen zu sprechen kamen, die zwar geheimgehalten wurden, zum Teil aber doch bekannt geworden waren, äußerte sie sich abfällig und sogar ein wenig empört über die betreffende Frau, obgleich es sich um ihre Freundin handelte. Der Sohn nahm ihre würdige und entschiedene Haltung mit Befriedigung zur Kenntnis, und ich fragte mich, was die Sperber über uns gesagt hätten, wenn Buffon als Sperber geboren worden wäre . . .

Hier begann mein Delirium.

Kapitel 7
Das Delirium

Soweit mir bekannt ist, hat bisher niemand über das eigene Delirium berichtet. Ich beschreibe es, und die Wissenschaft wird mir dafür dankbar sein. Wenn du, verehrter Leser, nicht geneigt bist, den wundersamen Gedanken meines Gehirns zu folgen, kannst du ja das Kapitel überspringen und unmittelbar zum erzählenden Teil übergehen. Dich erwartet nichts Außergewöhnliches, aber ich kann dir versichern, daß das, was in meinem Kopf in den zwanzig oder dreißig Minuten vorging, lesenswert ist.

Ich verwandelte mich zunächst in einen geschäftstüchtigen, beleibten Frisör aus China und rasierte einen Mandarin, der mir meine Arbeit damit bezahlte, daß er mich schlug und mir dann Konfekt schenkte. Typische Launen eines Mandarins.

Dann hatte ich das Gefühl, die »Summa theologica« vom heiligen Thomas zu werden, in einem Saffianband, mit silbernen Verschlüssen und mit Illustrationen ausgestattet. Diese Vorstellung versetzte meinen Körper in völlige Bewegungslosigkeit. Ich erinnere mich noch, daß meine Hände, die ich über dem Leib gekreuzt hielt, die Verschlüsse dieses Buches waren. Jemand löste sie voneinander (sicherlich war es Virgília), denn ich bot so den Anblick eines Verstorbenen.

Als ich schließlich wieder menschliche Gestalt angenommen hatte, sah ich ein Flußpferd auf mich zukommen, das mich entführte. Ich ließ es geschehen, ohne ein Wort zu sagen, entweder aus Angst oder weil ich Vertrauen zu dem Tier hatte. Aber schon nach kurzer Zeit wurde unsere Fahrt so schwindelerregend, daß ich es anzusprechen wagte. Ich brachte ihm mit einiger Geschicklichkeit bei, daß es mir vorkomme, als hätte diese Reise kein Ziel.

»Du täuschst dich«, entgegnete das Tier, »wir begeben uns zum Ursprung der Geschichte.«

Ich wandte ein, daß es bis dorthin sehr weit sein müsse, aber das Flußpferd verstand nicht oder hörte nicht, was ich sagte.

Vielleicht tat es auch nur so. Als ich wissen wollte, ob es von dem Pferd des Achilles oder von Bileams Eselin abstamme, reagierte es mit einer schwer deutbaren Geste und winkte ab. Ich für mein Teil schloß die Augen und ließ mich aufs Geratewohl davontragen. Ich weiß nicht mehr genau, ob es mich reizte zu erfahren, wo der Ursprung der Geschichte war, ob er ebenso geheimnisumwoben war wie die Quellen des Nils, vor allem, ob er sich irgendwie mit den vergangenen Jahrhunderten vergleichen ließ. Jedenfalls beschäftigte sich mein krankes Hirn mit solchen oder ähnlichen Gedanken. Da ich die Augen geschlossen hielt, nahm ich nichts von unserem Weg wahr. Ich erinnere mich nur noch, daß es während unserer Reise immer kälter wurde, so daß ich am Ende das Gefühl hatte, wir befänden uns in der Region des ewigen Eises. Ich öffnete die Augen und bemerkte, daß mein Reittier über eine verschneite Ebene galoppierte, aus der hie und da Berge aus Schnee aufragten, wo die Vegetation aus Schnee bestand und wo einige große Schneetiere herumliefen. Hier war alles aus Schnee. Eine Schneesonne wollte uns in Eis verwandeln. Ich versuchte zu sprechen, aber ich brachte nur mit Mühe eine angstvolle Frage heraus. »Wo sind wir denn?«

»Wir durchqueren gerade Eden.«

»Gut, dann wollen wir bei Abrahams Hütte anhalten.«

»Aber wir haben ja eine ganz andere Richtung eingeschlagen!« antwortete das Tier spöttisch.

Ich fühlte mich elend und war wie betäubt. Die ganze Reise schien mir jetzt langweilig und unsinnig, die Kälte setzte mir zu, und ich empörte mich gegen diese Verschleppung, zumal da ich nicht einmal wußte, wo es hinging. Und – auch das waren wieder Überlegungen eines Kranken – wenn wir wirklich das von dem Tier genannte Ziel erreichen sollten, liefen wir dann nicht Gefahr, daß die Jahrhunderte uns vor Zorn darüber, daß wir ihren Ursprung erkunden wollten, zwischen ihren Klauen zermalmten, die gewiß ebenso uralt waren wie sie selbst. Während ich diesen Gedanken nachhing, ging unsere Fahrt in Windeseile weiter. Die Ebene flog unter uns dahin, bis das Tier plötzlich stehenblieb und ich mich in aller Ruhe umschauen konnte. Ich sah aber nichts als eine endlose Schneelandschaft, die jetzt bis in den Himmel reichte und sich mit dem Blau des Äthers mischte. Mir kam es vor, als ständen riesige, groteske Pflanzen weit voneinander entfernt, die ihre langen Blätter im Winde wiegten. Grabesstille lag über der ganzen Gegend. Das Eigenleben der Dinge schien sinnlos angesichts des Menschen.

Ich weiß nicht, ob sie vom Himmel gefallen oder aus dem Boden gewachsen war. Tatsache ist, daß plötzlich eine riesige Gestalt erschien, die wie eine Frau aussah und die ihre wie Sonnen funkelnden Augen auf mich richtete. Alles an ihr war von einem solchen Ausmaß, daß es an endlose Wälder erinnerte und sich auf jede Weise dem menschlichen Verständnis verschloß. Ihre Umrisse verloren sich in der Atmosphäre, und was anfangs kompakt gewirkt hatte, das verflüchtigte sich oft schon im nächsten Augenblick. Vor Verblüffung brachte ich kein Wort heraus und konnte nicht einmal schreien. Nach kurzer Zeit hatte ich mich wieder gefaßt und fragte, von der Neugier des Deliriums getrieben, wer sie sei und wie sie heiße.

»Mein Name ist Natur oder Pandora. Ich bin deine Mutter und auch deine Feindin.«

Das letzte Wort hatte mich erschreckt, und ich wich zurück. Die Gestalt brach in schallendes Lachen aus, das wie ein Taifun über uns hinwegbrauste. Die Pflanzen bogen sich zur Erde, und ein langgezogenes Ächzen brach für kurze Zeit das eisige Schweigen.

»Erschrick nicht«, sagte sie, »meine Feindschaft ist nicht tödlich, sie ist an das Leben gebunden. Du lebst! Eine andere Geißel brauche ich nicht.«

»Ich lebe?« fragte ich verwundert und grub mir die Fingernägel in die Hände, so als wolle ich mich der eigenen Existenz vergewissern.

»Ja, Wurm, du bist am Leben. Fürchte nicht, es zu verlieren, und bange auch nicht um deinen Stolz, der dir wie ein Fetzen am Leibe hängt. Du wirst jetzt einige Stunden lang das Brot der Schmerzen und den Wein des Elends zu kosten bekommen. Du lebst selbst jetzt noch, da dein Geist sich verwirrt hat, und wenn du auch nur einen Augenblick dein normales Denkvermögen zurückerhältst, dann wirst du den Wunsch äußern, zu leben.«

Kaum hatte die Erscheinung das gesagt, da griff sie mit einer Hand nach mir, packte mich an den Haaren und hob mich wie eine Feder in die Luft. Erst jetzt sah ich ihr riesiges Gesicht ganz nahe. Etwas Friedlicheres gibt es nicht. Es war weder krampfig verzerrt, noch drückte es Haß oder Grausamkeit aus. Selbstgefälliger Gleichmut, ewige Taubheit und unbeugsamer Wille spiegelten sich darin. Wenn sie wirklich das Gefühl der Wut kannte, dann war es tief in ihrem Herzen eingeschlossen. Daneben entdeckte ich in diesem eisigen Antlitz einen jugendlichen Zug, eine Mischung von Kraft und Übermut. Dieser Anblick wirkte so niederschmetternd auf mich, daß ich mir wie die schwächste und gebrechlichste aller Kreaturen vorkam.

»Begreifst du mich?« fragte sie, nachdem wir einander eine Zeitlang gemustert hatten.

»Nein«, lautete meine Antwort. »Ich bemühe mich auch gar nicht darum, denn deine Erscheinung widerspricht jeder vernünftigen Überlegung. Du bist für mich einfach ein Fabelwesen. Ich bin sicher, daß ich träume. Sollte ich aber wirklich wahnsinnig geworden sein, dann hängt das nicht mit dir zusammen, denn die Verwirrung der Gedanken erzeugt eine innere Leere, die ohne den wachen Verstand weder zu beherrschen noch zu fühlen ist. Du willst die Natur sein? Ich kenne nur eine Natur, und die ist einzig und allein Mutter und nicht Feindin. Sie macht das Leben nicht zu einer Folter und hat schon gar nicht so ein ausdrucksloses Totengesicht wie du. Und warum nennst du dich auch Pandora?«

»Weil ich in meiner Büchse Glück und Unglück, aber auch

Hoffnung und Trost für die Menschen bringe. Du zitterst?«

»Ja, dein Blick blendet mich.«

»Das kann ich mir vorstellen. Ich bin nicht nur das Leben, sondern auch der Tod, und du wirst mir jetzt zurückgeben, was ich dir geliehen habe. Komm, du Lebemann, die Wollust des Nichts erwartet dich!«

Als diese Worte noch wie ein Donnerschlag in jenem riesigen Tal widerhallten, kam es mir plötzlich vor, als wäre der letzte Ton verklungen, den ich je vernehmen würde. Ich spürte, daß mein Körper sich allmählich auflöste, und ich warf ihr einen flehentlichen Blick zu, mit dem ich sie bat, mich wenigstens noch ein paar Jahre am Leben zu lassen.

»Armselige Minuten!« rief sie aus. »Warum klammerst du dich an winzige Augenblicke des Lebens? Damit du noch ein wenig verzehren kannst, um am Ende selbst verschlungen zu werden? Hast du denn noch immer nicht genug von all dem Getriebe und dem ständigen Kampf? Du kennst doch inzwischen hinreichend, was dir am verlockendsten und am wohltuendsten schien: den Glanz des Tages, die Melancholie des Abends und die Stille der Nacht, die vielen Gesichter der Erde und schließlich die größte Wohltat meiner Hände, den Schlaf. Was willst du noch, du Dummkopf?«

»Ich möchte einfach leben. Das ist das einzige, worum ich dich bitte. Wer anders als du hat mir denn die Liebe zum Leben ins Herz gelegt? Du siehst, wie ich daran hänge. Warum schlägst du dir selbst ins Gesicht und tötest mich?«

»Weil ich dich nicht mehr brauche. Die Zeit kümmert sich niemals um die vergangenen, sondern immer nur um die kommenden Augenblicke. Die Minute, die vor uns liegt, ist stark und voller Optimismus und tut so, als brächte sie die Ewigkeit. In Wirklichkeit aber trägt sie den Tod in sich und stirbt wie die vorausgegangenen. Aber die Zeit überdauert alles. Egoismus, sagst du? Ja, es ist Egoismus. Ein anderes Prinzip als das der Selbsterhaltung kenne ich nicht. Der Jaguar tötet den jungen Stier, weil er leben muß, und verzehrt ihn mit um so größerem Wohlbehagen, je zarter das

Fleisch seines Opfers ist. So bestimmt es das allumfassend herrschende Gesetz. Nimm es zur Kenntnis und paß auf!«

Kaum hatte sie das gesagt, da packte sie mich und setzte mich auf den Gipfel eines Berges. Ich schaute einen der Hänge hinunter und sah durch eine dicke Nebelwand hindurch ein einzigartiges Schauspiel. Versuche dir bitte vorzustellen, verehrter Leser, daß alle Jahrhunderte in einem langen Zug an mir vorbeidefilierten: alle Rassen und Leidenschaften, die Unruhen, die die großen Reiche erschüttert hatten, die Eroberungskriege, die aus Haß geschlagenen Schlachten und die gegenseitige Vernichtung der Kreaturen und Dinge. Es war ein furchtbarer und zugleich erregender Anblick. Die Geschichte der Erde mit all den menschlichen Generationen, die sie bevölkert hatten, offenbarte sich hier mit einer Intensität, die die Grenzen unserer Vorstellungskraft und der Wissenschaft weit überschritt. Die Wissenschaft arbeitet zu langsam, und unsere Vorstellung ist zu ungenau, als daß sie alle Epochen auf einmal so erfassen könnten, wie ich sie an mir vorbeiziehen sah. Wollte man sie beschreiben, so müßte man die Fähigkeit haben, einen Blitz festzuhalten. Wie ein Wirbelwind jagten die Jahrhunderte an mir vorüber. Trotzdem konnte ich alles genau erkennen, denn die Augen eines Wahnsinnigen sind nicht mit denen eines normalen Menschen zu vergleichen. Ich sah alle Qualen und alle Freuden, höchsten Ruhm und tiefstes Elend, erlebte, wie die Liebe das Elend mehrte und wie das Elend den Zustand der Schwäche verschlimmerte. Verzehrende Begierde, flammende Wut, geifernder Neid, Mühsal der Arbeit, Ströme von Schweiß, Strebsamkeit, Hunger, Eitelkeit, Melancholie, Reichtum und Liebe schüttelten den Menschen wie eine Rassel, bis sie ihn am Ende in Fetzen rissen. Es waren die verschiedenen Erscheinungsformen ein und desselben Übels, das entweder die Organe oder den Verstand heimsuchte und das immer im Gewand des Harlekins mitten unter den Menschen sein Unwesen trieb. Manchmal entfernte es sich ein wenig, aber sofort nahmen der traumlose

Schlaf der Gleichgültigkeit oder der entartete Schmerz des Vergnügens seine Stelle ein. Dann rannte der Mensch, gequält und sich seinem Schicksal widersetzend, vor der Fatalität der Dinge einher und bemühte sich, ein im Nebel entschwindendes Trugbild zu erreichen, das mit der Nadel der Einbildungskraft in lockeren Stichen aus unfaßbaren, unwirklichen und nicht sichtbaren Resten zusammengefügt war. Dieses Bild war nichts weniger als die Schimäre des Glücks, die dem Menschen erst dauernd davonlief, sich dann am Saum ihres Kleides packen ließ und, wenn er sich an sie klammerte, in höhnisches Lachen ausbrach und wie eine Fata Morgana verging.

Beim Anblick solchen Elends vermochte ich einen Schrei nicht zu unterdrücken, den die Natur (oder die Pandora) ohne eine Bemerkung oder einen Heiterkeitsausbruch hinnahm. Ich weiß nicht mehr, welche Art von Verwirrung in meinem Gehirn herrschte, aber jetzt begann ich ohne jeden Anlaß und völlig idiotisch zu lachen.

»Du hast recht«, sagte ich, »das ist alles sehr unterhaltsam und des Anschauens wert. Manchmal mag es etwas monoton sein, aber es lohnt die Mühe. Hiob verfluchte den Tag, an dem seine Mutter ihn empfing, nur weil ihm der Wunsch, ein solches Schauspiel selbst mitzuerleben, schon in die Wiege gelegt worden war. Vorwärts, Pandora, öffne deinen Bauch und verdaue mich! Deine Vorführungen sind unterhaltsam, trotzdem: verdaue mich!«

Ihre Antwort bestand darin, daß sie mich zwang, hinunterzuschauen. So folgte ich wieder den vorüberrasenden Jahrhunderten und den einander ablösenden Generationen, von denen einige jämmerlich wie die Hebräer in der Gefangenschaft und andere so vergnüglich wie die verkommenen Freunde des Commodus anzusehen waren. Wenn ihre Zeit um war, dann sanken alle wieder ins Grab. Ich wollte davonlaufen, aber eine geheimnisvolle Kraft hielt mich an den Füßen fest. Schließlich dachte ich: Gut, wenn alle Jahrhunderte vorbeiziehen, dann muß ja auch meins drankommen.

Sobald der letzte Tag vorüber ist, wird sich mir das Geheimnis der Ewigkeit offenbaren.

Von neuem wandte ich meine Aufmerksamkeit den werdenden und den vergehenden Zeitaltern zu, die jetzt ruhiger und bestimmter ihres Weges zogen und fast heiter wirkten. Vielleicht heiter. Jedes einzelne Jahrhundert bestand aus Licht und Schatten, aus Apathie und Kampf, aus Wahrheit und Lüge und hatte eine eigene Ordnung, eigene Ideen und immer neue Illusionen. Es begann jeweils mit dem aufbrechenden Grün des Frühlings, das sich bald verfärbte und verging, um danach neu zu sprießen. Während das Leben so beinahe kalendermäßig abrollte, bildete sich im Laufe der Geschichte die Zivilisation heraus. Der Mensch, zunächst nackt und schutzlos, kleidete und bewaffnete sich, baute Hütten und Paläste, primitive Dörfer und das hunderttorige Theben, entwickelte die Wissenschaften, die in das Wesen der Dinge eindrangen, und die Künste, an denen er sich berauschte. Er bildete sich weiter und wurde Redner, Handwerker oder Philosoph, erforschte die Oberfläche der Erde, drang in ihr Inneres ein und erhob sich bis in die Wolken. Trotzdem teilte er mit allen anderen Lebewesen die Bedürftigkeit und Schutzlosigkeit. Endlich sah ich, nachdem ich mich genügend gelangweilt hatte, das gegenwärtige Jahrhundert auftauchen, dem die künftigen folgten. Es kam leichtfüßig und wendig, schwungvoll, selbstbewußt und ein wenig zerstreut, verwegen und voller Tatendrang, aber am Ende war es ebenso elend wie die vorausgegangenen, denen es auch in der Hast und der Monotonie des Vorbeiziehens glich. Ich verdoppelte meine Aufmerksamkeit und richtete den Blick auf das letzte Jahrhundert, das ich schließlich herannahen sah – das allerletzte! Aber die Geschwindigkeit hatte sich so sehr gesteigert, daß es unmöglich war, etwas zu erkennen. Ein Blitz hätte sich zeitlich nicht von einem Jahrhundert unterschieden. Die Gegenstände veränderten sich. Diese wuchsen, jene wurden kleiner, andere lösten sich auf. Alles hüllte sich in dichten Nebel, aus dem nur das Flußpferd herausragte, das mich hergebracht hatte. Aber auch seine Gestalt blieb nicht, wie sie war, sondern schrumpfte immer mehr zusammen, bis sie schließlich die Größe eines Katers hatte. Es war tatsächlich ein Kater. Als ich genau hinsah, erkannte ich meinen Sultan, der auf der Schwelle des Schlafzimmers mit einer Papierkugel spielte . . .

Kapitel 8
Vernunft wider den Wahnsinn

Du wirst schon bemerkt haben, lieber Leser, daß die Vernunft in mein Haus zurückgekehrt war und nun, die Worte des Tartüff sehr zu Recht zitierend, den Wahnsinn aufforderte, das Feld zu räumen.

»La maison est à moi, c'est à vous d'en sortir.«

Es gehört aber zu den altbekannten Gewohnheiten des Wahnsinns, sich an ein fremdes Haus zu klammern, das er gerade besetzt hält, und der rechtmäßige Besitzer hat es dann schwer, ihn zum Ausziehen zu bewegen. Er nistet sich ein, das ist so seine Art, denn Schamgefühl hat er längst nicht mehr. Denken wir doch nur an die unzähligen Häuser, aus denen er sich nicht mehr vertreiben läßt und die er sich entweder schlagartig oder mit List und Schritt für Schritt angeeignet hat. Dieser anscheinend liebenswürdige Pilger wird der Schrecken der Hausbesitzer, sobald sie ihn eingelassen haben. In unserem Fall ist es beinahe zu einem Handgemenge an der Pforte meines Gehirns gekommen, weil der Eindringling das Haus nicht zurückgeben wollte und der Eigentümer auf seinem Recht bestand. Am Ende begnügte sich der Wahnsinn mit einem Winkel auf dem Dachboden.

»Nein, mein Bester«, wehrte die Vernunft ab, »ich habe es einfach satt, dir den Dachboden zu überlassen. Ich habe es satt und bin überdies erfahren genug, dich zu durchschauen und zu wissen, daß du ganz im stillen vom Boden in den Speisesaal und von dort wieder in die anderen Räume kommen wirst.«

»Na schön. Aber laß mich wenigstens noch ein kleines Weilchen hier, denn ich bin einem Geheimnis auf der Spur . . .«

»Was für einem Geheimnis?«

»Eigentlich sind es zwei«, verbesserte sich der Wahnsinn, »das Geheimnis des Lebens und das des Todes. Ich bitte nur noch um zehn Minuten.«

Die Vernunft lachte.

»Mußt du denn immer die gleichen Tricks anwenden . . . Mit dir ist es immer dasselbe . . . immer dasselbe . . .«

Kaum hatte sie das gesagt, da ergriff sie den Wahnsinn an den Handgelenken und schleppte ihn hinaus. Als sie wieder im Haus war, schloß sie sich sofort ein. Der Wahnsinn versuchte es erst mit Bitten und dann mit Zornesausbrüchen, erkannte aber sehr bald die Sinnlosigkeit seiner Bemühungen. Er streckte die Zunge heraus und zog von dannen . . .

Kapitel 9
Übergang

Ich bitte zu beachten, wie geschickt und kunstvoll ich jetzt an den größten Übergang in diesem Buche herangehe. Aufgepaßt: mein Delirium begann in Virgílias Beisein, Virgília war das Sündenmal meiner Jugend, Jugend gibt es nicht ohne Kindheit, und Kindheit setzt wiederum eine Geburt voraus. Da sind wir auch schon mühelos bei dem 20. Oktober 1805, dem Tag meiner Geburt. Habt ihr gesehen? Keine erkennbare Fuge, nichts, was die verhaltene Aufmerksamkeit des Lesers ablenken könnte: gar nichts. Somit weist dieses Buch alle methodischen Vorteile auf, ohne von einer starren Methode beherrscht zu sein. In der Tat, es wurde Zeit, denn das Methodische ist nun einmal unabdingbar, und man handhabt es am besten frisch und frei, ohne Krawatte und Hosenträger, so wie einer, der sich weder von einer Grenze noch vom Verwaltungsinspektor seines Wohnblocks beeindrucken läßt. Die Methode ist wie die Beredsamkeit entweder echt, mitreißend und von einem natürlichen Zauber oder starr, platt und muffig. Aber kehren wir zum 20. Oktober zurück.

Kapitel 10
An jenem Tage

An jenem Tage brach am Baum der Familie Cubas eine zarte Blüte auf. Ich wurde geboren. Pascoela, die hervorragende Hebamme aus Minho, empfing mich in ihren Armen. Sie war stolz darauf, einer ganzen Generation von Edelleuten das Tor zur Welt geöffnet zu haben. Es ist nicht ausgeschlossen, daß meinem Vater eine diesbezügliche Äußerung von ihr zu Ohren gekommen ist; meines Erachtens waren es aber mehr seine väterlichen Gefühle, die ihn verleiteten, sie mit zwei halben Dobras zu belohnen. Ich wurde gewaschen und gewickelt und war von nun an der Held unseres Hauses. Jedermann sagte mir meine Zukunft voraus, so wie es seinem Geschmack am meisten entsprach. Mein Onkel João, der ehemalige Infanterieoffizier, stellte bei mir eine gewisse Ähnlichkeit mit Bonaparte fest, eine Beobachtung, die mein Vater nur mit Ekel zur Kenntnis nehmen konnte. Mein Onkel Ildefonso, der damals noch einfacher Pater war, witterte in mir einen künftigen Domherrn.

»Domherr, genau das muß er werden, weiter sage ich nichts, um nicht für überheblich gehalten zu werden. Dabei würde es mich nicht wundern, wenn Gott ihn für ein Bistum ausersehen hätte ... Ja, ein Bistum, das ist nicht ausgeschlossen. Was meinst du dazu, Bruder Bento?«

Mein Vater antwortete allen, ich würde das, was Gott gefalle. Und dann hob er mich hoch, als wolle er mich der Stadt und der ganzen Welt zeigen. Er fragte alle, ob ich ihm ähnele, ob ich intelligent sei und hübsch ...

Ich gebe all das hier so wieder, wie ich es Jahre später

erzählen hörte. Die meisten Einzelheiten jenes denkwürdigen Tages sind mir unbekannt. Ich weiß lediglich, daß die Nachbarschaft entweder selber erschien oder dem Neugeborenen Glückwünsche übermitteln ließ und daß wir in den ersten Wochen viel Besuch hatten. Es gab keine Sänfte, die nicht unterwegs war, und an erlesener Kleidung wurde nicht gespart. Wenn ich die Zärtlichkeiten, die Küsse, die Ausrufe der Bewunderung und die Segenswünsche nicht alle aufzähle, so deshalb, weil ich sonst das Kapitel niemals zu Ende brächte, und beendet werden muß es.

Desgleichen kann ich nichts über meine Taufe berichten, weil alles, was mir darüber mitgeteilt wurde, darauf hinausläuft, daß sie eines der glänzendsten Feste in dem folgenden Jahr 1806 war. Ich wurde an einem Dienstag im März in der Kirche São Domingos getauft. Es war ein klarer, heller und reiner Tag, und Oberst Rodrigues de Matos und seine Frau standen Pate. Beide entstammten alten Familien aus dem Norden und verehrten ernstlich das Blut, das in ihren Adern pulste und das einstmals im Krieg gegen Holland vergossen worden war. Ich erinnere mich, daß ihre Namen zu den ersten Wörtern gehörten, die ich lernte. Und ich habe sie wohl mit viel Anmut ausgesprochen oder ein frühes Talent offenbart, denn vor jedem Fremden mußte ich sie hersagen.

»Junger Herr, erzählen Sie doch diesen Onkeln mal, wie Ihr Pate heißt!«

»Mein Pate? Das ist Seine Hochwohlgeboren der Herr Oberst Paulo Vaz Lôbo César de Andrade e Sousa Rodrigues de Matos, und meine Patin ist ihre Hochwohlgeboren Senhora Dona Maria Luísa de Macedo Resende e Sousa Rodrigues de Matos.«

»Der Junge ist wirklich sehr aufgeweckt!« riefen die Zuhörer aus.

»Sehr aufgeweckt«, pflichtete mein Vater bei, und seine Augen leuchteten vor Stolz. Dann strich er mir mit der Hand über den Kopf und sah mich eine Zeitlang unverwandt an, zärtlich und selbstbewußt.

Ich fing auch bald an zu laufen, ich weiß nicht genau wann, aber es war vor der Zeit. Möglicherweise, um die Natur zur Eile anzutreiben, wurde ich früh dazu angehalten, mich an Stühlen aufzurichten, man nahm mir die Windeln ab und ließ mich mit kleinen hölzernen Wagen spielen.

»Allein, allein, junger Herr, ganz allein«, ermunterte mich die Haussklavin. Und ich, angelockt von der Blechklapper, die meine Mutter vor mir schüttelte, tappte vorwärts, fiel hier, stolperte dort und lief, wahrscheinlich schlecht, aber ich lief und hielt mich von nun an auf den Beinen.

Kapitel 11
Der Knabe ist der Vater des Mannes

Ich wuchs heran, und darauf hatte die Familie keinen Einfluß. Ich wuchs so natürlich wie Magnolien und Katzen. Vielleicht sind Katzen weniger durchtrieben, als ich es in meiner Kindheit war. Ein Dichter hat einmal gesagt, der Knabe sei der Vater des Mannes. Wenn das wahr ist, dann müssen wir uns einige Wesenszüge des Jungen anschauen.

Seit meinem fünften Lebensjahr verdiente ich es, Teufelsjunge genannt zu werden, denn ich war einer der größten Schlingel meiner Zeit, gewitzt, vorlaut, wild und eigensinnig. Einmal zum Beispiel schlug ich eine Sklavin auf den Kopf, weil sie mir einen Löffel voll Kokospaste verweigert hatte, die sie gerade zubereitete. Aber bei dieser Ungezogenheit ließ ich es nicht bewenden. Ich warf eine Handvoll Asche in den Topf, gab mich mit diesem Lausbubenstreich auch noch nicht zufrieden und erzählte meiner Mutter, die Sklavin habe die Paste »aus Schabernack« verdorben. Ich war damals knapp sechs Jahre alt.

Prudêncio, ein kleiner Negersklave in unserem Hause, war täglich mein Reitpferd. Er stellte die Hände auf den Boden, und am Kinn wurde eine Schnur als Zügel befestigt. Dann kletterte ich auf seinen Rücken und peitschte ihn mit einer Gerte, die ich in der Hand hielt, lenkte ihn wohl tausendmal von einer Seite zur anderen, und er gehorchte – manchmal wimmernd, aber er gehorchte, ohne ein Wort zu sagen. Er brachte höchstens ein »Oje, junger Herr!« hervor, worauf ich ihn sogleich anfuhr: »Halt den Mund, du Rindvieh!«

Den Besuchern die Hüte verstecken, ernsthaften Leuten Papierschwänze anheften, an den Perückenzöpfen ziehen, ehrwürdige Damen in die Arme kneifen und viele andere solcher Heldentaten ließen einen starken Hang zur Unart erkennen, aber ich muß annehmen, daß sie gleichermaßen Ausdruck eines regen Geistes waren, denn mein Vater brachte mir große Bewunderung entgegen. Und wenn er mich manchmal im Beisein fremder Leute zurechtwies, so tat er es nur der Form halber; wenn wir wieder allein waren, küßte er mich.

Man darf aus alledem nicht den Schluß ziehen, ich hätte den Rest meines Lebens damit zugebracht, anderen die Köpfe einzuschlagen oder die Hüte zu verstecken. Aber überheblich, egoistisch und etwas menschenverachtend, das war ich schon; wenn ich die Zeit nicht damit verbrachte, ihnen die Hüte zu verstecken, so zog ich sie doch dann und wann an den Perückenzöpfen. Ich fand Freude daran, über die menschliche Ungerechtigkeit nachzusinnen, und bemühte mich, sie zu vermindern, zu erklären, richtig einzuordnen und zu verstehen, nicht nach einem starren Schema, sondern unter Berücksichtigung der Umstände und der Ursachen. Meine Mutter unterrichtete mich auf ihre Weise. Sie ließ mich einige Gebote und Gebete auswendig lernen, aber ich spürte, daß ich mehr von den Nerven und vom Blut als von Gebeten beherrscht wurde. Die guten Regeln verloren den Sinn, durch den sie am Leben erhalten werden, und verwandelten sich in inhaltlose Formeln. Morgens, bevor ich meinen Brei bekam, und abends vor dem Schlafengehen bat ich Gott, mir zu vergeben, wie auch ich vergeben wolle meinen Schuldigern.

Aber zwischen dem Morgen und dem Abend beging ich eine Unmenge von Schlechtigkeiten, und sobald sich die erste Aufregung gelegt hatte, versetzte mir mein Vater ein paar Ohrfeigen und rief lachend aus: »Oh, dieser Schlingel! Oh, dieser Schlingel!«

Ja, mein Vater liebte mich abgöttisch. Meine Mutter war eine schwache Frau mit wenig Geist und viel Herz, ziemlich leichtgläubig und aufrichtig fromm. Sie war häuslich, trotz ihrer Schönheit, und bescheiden, trotz ihrer Wohlhabenheit. Sie fürchtete das Gewitter und ihren Mann, der ihr Gott auf Erden war. Aus dem Zusammenwirken dieser beiden Wesen erwuchs meine Erziehung, die zwar manche guten Seiten hatte, im großen und ganzen aber fehlerhaft, unvollständig und teilweise sogar schädlich war. Mein Onkel, der Domherr, warf seinem Bruder mitunter vor, er räume mir mehr Freiheiten ein, als er mir Erziehung angedeihen lasse, und er bringe mir zuviel Liebe entgegen, anstatt mich öfter zu bestrafen. Aber mein Vater erwiderte, er erziehe mich nach einem System, das dem allgemein angewandten haushoch überlegen sei. Und so gab er sich, ohne den Bruder zu überzeugen, einer Selbsttäuschung hin.

Neben meiner Geburt und der Erziehung war da noch etwas Bemerkenswertes: das häusliche Milieu. Wir haben die Eltern kennengelernt, wenden wir uns nun den Onkeln zu. Einer von ihnen, Onkel João, hatte eine lose Zunge, führte ein bewegtes Leben und war immer zu Scherzen aufgelegt. Als ich elf Jahre alt war, hielt er mich für erwachsen genug, mir Anekdoten zu erzählen, die alle, ob nun wahr oder nicht, eine wie die andere ziemlich obszön und schmutzig waren. Er respektierte mein jugendliches Alter ebensowenig wie die Soutane seines Bruders; der Unterschied lag nur darin, daß dieser sofort die Flucht ergriff, wenn er sich einem heiklen Thema zuwandte. Ich aber blieb. Anfangs verstand ich nichts, später begriff ich, worum es sich handelte, und am Ende fand ich es witzig. Nach einiger Zeit war ich es, der ihn aufsuchte. Er mochte mich sehr gern, schenkte mir Süßigkeiten und ging mit mir spazieren. Wenn er einige Tage bei uns verbrachte, so traf ich ihn nicht selten in der Waschküche an, die am hinteren Ende unseres Grundstücks lag, wo er sich mit den Sklavinnen unterhielt, die dort Wäsche klopften. Anekdoten, verfängliche Fragen und schallendes Lachen wechselten einander ab, aber niemand konnte es hören, denn die Waschküche war sehr weit vom Haus entfernt. Die Negerinnen hatten unter der vorgebundenen Schürze ihre Kleider eine Handbreit hochgeschlagen. Einige standen im Waschtrog, andere daneben. Sie beugten sich über die Wäsche, um sie zu klopfen, einzuseifen oder auszuwringen, und hörten sich Onkel Joãos Witze an, die sie erwiderten und von Zeit zu Zeit mit den Worten kommentierten: »Kreuz und Teufel! Dieser Sinhô João ist ja der Leibhaftige!«

Ganz anders war Onkel Ildefonso, der Domherr. Er war ein Muster an Strenge und Reinheit, jedoch zierten diese Gaben nicht einen überlegenen Geist, sondern ersetzten kaum eine mittelmäßige Intelligenz. Er war außerstande, das Wesen der Kirche zu erfassen. Er sah nur ihre Äußerlichkeiten und ihre Privilegien, die Rangordnung, die Chorhemden und das Niederknien und kam immer zuerst aus der Sakristei statt vom Altar. Eine Lücke im Ritual erregte ihn mehr als eine Übertretung der Gebote. Heute, nach so vielen Jahren, bin ich nicht ganz sicher, ob es ihm leichter gefallen wäre, einen Abschnitt aus dem Tertullian richtig zu deuten oder die Geschichte des nizäischen Symbols fehlerfrei darzulegen. Aber beim Hochamt wußte niemand genauer als er, wie oft und wann man sich vor dem Priester zu verneigen hatte. Domherr zu werden war das einzige Ziel seines Lebens, und er bekannte aus tiefstem Herzen, daß es die höchste Würde war, die er erstrebe. Er war fromm, sittenstreng, kleinlich im Befolgen der Regeln, schwach, schüchtern und unterwürfig, hatte aber auch einige Tugenden, in denen er vorbildlich war, jedoch fehlte ihm völlig die Kraft, sie wirksam werden zu lassen und anderen zu vermitteln.

Auf meine Tante mütterlicherseits, Dona Emerenciana,

will ich nicht näher eingehen. Sie war es übrigens, die den größten Einfluß auf mich ausübte und die sich grundsätzlich von den anderen unterschied. Aber sie wohnte nur kurze Zeit bei uns, etwa zwei Jahre. Andere Verwandte und einige gute Bekannte verdienen nicht, genannt zu werden. Sie waren nicht dauernd bei uns, sondern nur zeitweilig, in großen Abständen. Auf die allgemeine Darstellung des häuslichen Milieus kommt es an, und die wurde hier gegeben. Plattheit der Charaktere, Liebe zu glänzenden Äußerlichkeiten und zur Prahlerei, Willensschwäche sowie die Launenhaftigkeit, die überall herrschte, bildeten neben allem anderen den Boden und den Dünger, auf denen sich diese Blüte entfaltete.

Kapitel 12
Eine Episode aus dem Jahre 1814

Bevor ich weitererzähle, will ich ganz kurz eine amüsante Episode aus dem Jahre 1814 einblenden. Ich war damals neun Jahre alt.

Als ich geboren wurde, stand Napoleon bereits auf dem Gipfel seines Ruhms und seiner Macht. Er war Kaiser und wurde von allen Männern grenzenlos bewundert. Mein Vater hatte sich so lange bemüht, den anderen Angehörigen unseres Adels seine Meinung aufzunötigen, bis er schließlich selbst von deren Richtigkeit überzeugt war. Der Haß, den er gegen Napoleon hegte, entsprang einzig und allein seiner geistigen Haltung, die oft zu den heftigsten Auseinandersetzungen in unserem Hause führte. Onkel João – ich weiß nicht, ob aus Klassenbewußtsein oder aus allgemeiner Verehrung dieses Berufes – sah nämlich dem Despoten nach, was er an dem Feldherrn bewunderte. Mein anderer Onkel, der Priester, war dagegen ein unerbittlicher Feind des Korsen. Die übrigen Verwandten standen auf der Seite des einen oder des anderen. Darum kam es laufend zu Meinungsverschiedenheiten und Streitereien.

Als die Nachricht vom ersten Sturz Napoleons in Rio de Janeiro eintraf, herrschte natürlich große Aufregung in unserem Haus, aber niemand spottete oder stichelte. Die Besiegten, die das allgemeine Vergnügen mit ansehen mußten, hielten es für das beste zu schweigen. Einige Anhänger der Gegenpartei liefen auf die Straße und klatschten Beifall. Das Volk war von Herzen froh und geizte nicht mit Sympathiekundgebungen für die königliche Familie. Überall gab es Freudenfeuer, Geschützsalven, Tedeums, Festzüge und Jubelrufe. Ich trug in dieser Zeit einen neuen Zierdegen, den mir mein Pate zum Tag des heiligen Antonius geschenkt hatte. Offen gesagt, interessierte mich der Degen mehr als der Sturz Bonapartes. Wenn ich mich daran erinnerte, dann dachte ich jedesmal, daß unser Zierdegen auf jeden Fall gewichtiger sei als der Säbel Napoleons. Ihr müßt nämlich wissen, daß ich viel gehört und so manche aufwühlende Seite großer Ideen und Worte gelesen habe, als ich noch am Leben war. Ich kann nicht sagen, woran es lag, aber hinter der Zustimmung, die sie mir entlockten, hallte manchmal die Aufforderung wider: »Geh bloß weg, du hast ja doch nur deinen Degen im Sinn!«

Meiner Familie genügte es nicht, mit ihrem Anteil an dem allgemeinen Freudenfest im Hintergrund zu bleiben. Sie hielt es für angebracht, ja für unerläßlich, die Absetzung des Kaisers mit einem Abendessen zu feiern. Die dort ausgebrachten Hochrufe sollten bis zu Seiner Majestät, zumindest aber bis zu den Ministern zu hören sein. Das gesamte alte Silbergeschirr, das mein Großvater Luís Cubas hinterlassen hatte, flandrische Tischtücher und große Vasen aus Indien wurden herbeigeschafft. Ein Schwein wurde geschlachtet, und bei den Madres da Ajuda wurden Kompott und Konfitüre bestellt. Man wusch, scheuerte und polierte Zimmer, Treppen und Leuchter, die großen gläsernen Lampenzylinder und alle klassischen Luxusutensilien.

Zur angegebenen Zeit war eine erlesene Gesellschaft versammelt: der Landrat, drei oder vier Offiziere, etliche Kaufleute und Gelehrte, verschiedene Verwaltungsbeamte, von denen einige mit ihren Frauen und Töchtern und andere allein erschienen waren. Alle verband der Wunsch, die Erinnerung an Bonaparte im Kropf eines Truthahns verschwinden zu lassen. Es war kein gewöhnliches Abendessen, sondern ein Tedeum. Dr. Vilaça, einer der anwesenden Gelehrten, ein bedeutender Glossator, hatte sich diese Bezeichnung einfallen lassen und fügte den Gerichten des Hauses die Vorspeise der Musen bei. Ich erinnere mich – als wäre es gestern gewesen –, daß er sich erhob, mit seinem langen Haar und dem Zopf, im seidenen Frack, mit einem Smaragd am Finger, und daß er meinen Onkel, den Priester, bat, ihm noch einmal das Thema für die Improvisation zu wiederholen. Als das geschehen war, heftete er den Blick auf die Stirn einer Frau, hustete, hob die rechte Hand und ballte sie zur Faust. Nur den Zeigefinger hielt er abgespreizt und wies damit zur Decke. Nachdem er sich so in Positur gestellt hatte, nahm er das Thema wieder auf. Er erfand nicht nur eine, sondern gleich drei Strophen dazu. Danach schwor er seinen Göttern, nicht aufhören zu wollen. Er bat um ein weiteres Thema, man rief es ihm zu, und er verarbeitete es sofort und machte Verse daraus. Dann wollte er ein neues Thema haben und dann wieder ein anderes. Eine der anwesenden Frauen vermochte ihre grenzenlose Bewunderung nicht länger für sich zu behalten.

»Sie sagen das nur«, entgegnete Vilaça bescheiden, »weil Sie nie Bocage gehört haben, wie es mir am Ende des vorigen Jahrhunderts in Lissabon vergönnt war. Für ihn träfe das zu. Welch eine Begabung! Und was für Verse! In Nicolas Schenke lieferten wir uns Schlachten von ein, zwei Stunden und erfanden immer neue Verse, die nur vom Beifall und von Bravorufen unterbrochen wurden. Wirklich ein überragendes Talent, dieser Bocage! Übrigens hat mir das vor einigen Tagen auch die Herzogin von Cadaval bestätigt.«

Die letzten Worte, die er sehr emphatisch ausgesprochen hatte, lösten unter allen Anwesenden eine Welle der Bewunderung und des Staunens aus. Ja, dieser einfache und bescheidene Mann verkehrte nicht nur mit Dichtern, sondern zählte sogar Herzoginnen zu seinen Vertrauten! Ein Bocage und eine Cadaval! Die Damen kamen sich über alle Maßen fein vor, da sie mit einem solchen Mann bekannt waren. Die Herren begegneten ihm mit Hochachtung, einige waren neidisch, andere skeptisch. Er ließ sich indessen nicht beirren und fügte Adjektiv an Adjektiv, Adverb an Adverb und fand alle Reimwörter auf Tyrann und Usurpator. Das war der Nachtisch, aber keiner dachte mehr an das Essen. Wenn der Glossator eine Pause einlegte, dann vernahm man fröhliches Stimmengewirr, das ganz zu den satten Magen paßte. Die Augen der Anwesenden waren ausdruckslos und feucht oder lebhaft und feurig, stierten träge vor sich hin oder hüpften von einer Ecke des mit Süßigkeiten und Früchten überladenen Tisches zur anderen. Hier lag Ananas in Scheiben, dort Melone in Stücken, durch die kristallenen Kompottschalen schimmerte die feingeriebene Kokospaste, die gelb war wie ein Eidotter, und gleich neben dem Käse und der Yamswurzel stand der dicke braune Zuckerrohrsaft. Hin und wieder durchbrach ein heiteres, breites und familiäres Lachen die politische Gewichtigkeit des Banketts. Außer schwerwiegenden Problemen von allgemeinem Interesse wurden auch Kleinigkeiten diskutiert, die nur wenige betrafen. Die Mädchen sprachen über die Lieder, die sie zum Cembalo singen mußten, über Menuette und englische Soli, und es fehlte auch nicht an einer Matrone, die versprach, ein Stück im Achteltakt vorzutanzen, um allen zu zeigen, wie man sich in ihrer goldenen Jugendzeit amüsiert hatte. Mein Tischnachbar gab einem der Anwesenden die letzte Nachricht über neue Negersklaven, die gerade unterwegs waren. Er hatte Briefe aus Loanda erhalten, in denen sein Neffe ihm mitteilte, daß er etwa vierzig Stück gekauft habe. In einem anderen Brief stand, daß . . . Er hatte die neuste Post in der Tasche, doch hier war es unmöglich, sie zu lesen. Aber er verbürgte sich, daß wir allein bei dieser Reise mit wenigstens hundertzwanzig Negern rechnen konnten.

Patsch ... patsch ... patsch ... Vilaça klatschte in die Hände. Das Stimmengewirr verstummte so plötzlich wie die Instrumente eines Orchesters, und aller Augen richteten sich auf den Glossator. Jene, die weiter entfernt standen, hielten eine Hand hinter das Ohr, um ja kein Wort zu verlieren. Bevor der erste Reim fertig war, lächelte schon der größte Teil der Zuhörer beifallsfreudig, albern und naiv.

Was mich anbelangt, so stand ich einsam und vergessen herum und liebäugelte mit dem Kompott, das ich für mein Leben gern aß. Am Schluß jeder improvisierten Reimerei atmete ich zufrieden auf, denn ich hoffte, daß es die letzte war. Aber es war nicht an dem, und der Nachtisch wollte einfach kein Ende nehmen. Niemand dachte daran, die Tafel aufzuheben. Mein Vater, der auf dem Ehrenplatz saß, genoß die Freude seiner Gäste in vollen Zügen, betrachtete zufrieden die lachenden Gesichter, die Speisen und die Blumen und ergötzte sich an dem Einvernehmen, das zwischen den Vertretern der unterschiedlichsten Anschauungen herrschte und zu dem das gute Essen nicht unwesentlich beigetragen hatte. Ich bemerkte das, weil ich mit den Blicken zwischen dem Kompott und ihm hin und her wanderte, so als wollte ich ihn bitten, mir etwas davon aufzutun. Aber meine Bemühungen waren vergebens. Er bemerkte nichts und sah nur sich selbst. Und die Verse folgten einander wie ein Regenschauer dem anderen, machten meine Bitten zunichte und zwangen mich, zu verzichten. Ich wartete so geduldig wie irgend möglich, aber lange hielt ich es nicht aus. Zuerst bat ich ganz leise um das Kompott. Schließlich schlug ich Lärm, brüllte und stampfte mit den Füßen auf. Um meine Wünsche zu erfüllen, hätte mein Vater selbst die Sonne vom Himmel geholt. Darum rief er jetzt einen Sklaven herbei und befahl ihm, mir etwas Kompott zu bringen. Aber es war inzwischen spät geworden. Tante Emerenciana zerrte mich gewaltsam von meinem Stuhl und übergab mich einer Sklavin, ohne sich um mein Geschrei und mein Sträuben zu kümmern.

Das Vergehen des Glossators bestand also nur darin, daß er mich um das Kompott gebracht hatte und schuld war, daß ich nicht länger dabeisein durfte. Es reichte immerhin aus, mich auf Rache sinnen zu lassen, ganz gleich welcher Art, nur unerbittlich und wirksam mußte sie sein und ihn irgendwie lächerlich machen. Dr. Vilaça war ein ernsthafter Mann, behäbig, träge, siebenundvierzig Jahre alt, verheiratet und Vater. Ihm einen Papierschwanz anzuheften oder ihn an seinem Zopf zu ziehen genügte mir diesmal nicht. Es mußte etwas Schlimmeres sein. So belauerte ich ihn den Rest des Abends, folgte ihm auf den Hof, auf dem alle spazierengingen, und sah ihn mit Dona Eusébia plaudern, der Schwester des Feldwebels Domingues. Sie war ein untersetztes Fräulein, nicht gerade hübsch, aber auch nicht häßlich.

»Ich bin Ihnen sehr böse«, sagte Dona Eusébia.

»Warum?«

»Weil . . . ich weiß nicht, warum . . . weil Sie mein Schicksal sind . . . Manchmal glaube ich, es ist besser zu sterben . . .«

Sie waren in ein kleines Gebüsch eingeschwenkt. Es wurde dämmerig. Ich folgte ihnen. Der Wein und die Begierde funkelten in Vilaças Augen.

»Lassen Sie mich!« sagte sie.

»Hier sieht uns kein Mensch. Du wirst doch nicht sterben wollen, meine Engel? Was sind das überhaupt für Gedanken! Weißt du, daß ich auch sterben werde . . . Was sage ich? Ich sterbe bereits alle Tage vor Leidenschaft und Sehnsucht . . .«

Dona Eusébia hielt sich das Taschentuch vor die Augen. Der Glossator suchte krampfhaft nach einem passenden Zitat und fand eins, das ich später als Stelle in einer Oper von António José da Silva wiedererkannte.

»Weine nicht, mein Schatz. Wünsch nicht, daß der Tag mit zweifachem Morgenrot anbricht.«

Als er das gesagt hatte, drückte er sie an sich. Sie sträubte sich ein wenig, ließ es aber geschehen. Sie preßten ihre Gesichter aneinander, und ich hörte, daß sie sich ganz leise küßten. Es war der furchtsamste Kuß, den man sich vorstellen kann.

»Dr. Vilaça hat Dona Eusébia einen Kuß gegeben!« schrie ich und rannte über den Hof.

Meine Worte schlugen ein wie ein Blitz. Alle waren vor Verblüffung wie erstarrt, tauschten vielsagende Blicke und lächelten einander verstohlen zu. Die Mütter ergriffen ihre Töchter und erklärten, es sei für sie schon viel zu spät. Mein Vater zog mir die Ohren lang, ohne daß die anderen es sahen, und war mir wegen dieser Taktlosigkeit ernstlich böse. Aber am nächsten Tag beim Frühstück, als er sich an den Vorfall erinnerte, zwickte er mich nur noch in die Nase und lachte. »Oh, dieser Schlingel! Oh, dieser Schlingel!«

Kapitel 13
Ein Sprung

Wir wollen jetzt die Beine schließen und mit einem Sprung über die Schule, diese ärgerliche Einrichtung, hinwegsetzen, wo ich lesen, schreiben, rechnen, Schläge austeilen und einstecken und Streiche aushecken lernte, die wir auf den Hügeln oder am Strand verübten, je nachdem, wo sich gerade eine günstige Gelegenheit bot.

Diese Zeit war voller Verdruß, voller Schelte und Strafen und angefüllt mit schwierigen, zeitraubenden Aufgaben. Das Wenige, das darüber hinaus geschah, ist völlig unbedeutend. Nur die Handklatsche war eine Plage, außerdem ... Oh, Handklatsche, du Schrecken meiner Knabenzeit, du warst das »Compelle intrare«, mit dem ein verknöcherter, kahlköpfiger alter Lehrer mir das Alphabet, die Prosodik, die Syntax und alles, was er sonst noch wußte, einbleute. Ehrwürdige, in jüngster Zeit so verschmähte Handklatsche, wie lange hast du mich unterjocht, mit meiner unreifen Seele, meiner Unwissenheit und meinem Zierdegen aus dem Jahre 1814, der soviel gewichtiger war als der Säbel Napoleons!

Was wolltest du eigentlich, alter Hodscha, der du mir die ersten Buchstaben beigebracht hast? Seine Lektion muß man auswendig und in einem Schulaufsatz anwenden können. Nicht mehr und nicht weniger verlangt das Leben, das uns die letzten Buchstaben lehrt. Allerdings mit dem Unterschied, daß du mich, wenn du mir auch Angst eingeflößt, niemals wütend gemacht hast. Ich sehe dich noch jetzt in den Klassenraum eintreten. Du trägst Hausschuhe aus weißem Leder und einen Militärmantel, du hast ein Taschentuch in der Hand, und oberhalb des glattrasierten Gesichts leuchtet deine Glatze. Ich sehe dich Platz nehmen, prusten, grunzen, eine einleitende Prise nehmen und dann die Stunde beginnen. Und all das hast du dreiundzwanzig Jahre lang beibehalten, schweigsam, geheimnisvoll und pünktlich. Du wohntest in einem kleinen Haus in der Rua do Piolho, ohne mit deiner Mittelmäßigkeit irgendwo Anstoß zu erregen, bis dich eines Tages die ewige Dunkelheit verschlang. Außer einem alten Neger weinte dir kein Mensch eine Träne nach. Niemand ist dir zu Dank verpflichtet, auch ich nicht.

Der Lehrer hieß Ludgero, um ganz genau zu sein, Ludgero Küchenschabe – ein verhängnisvoller Name, über den wir Schüler unaufhörlich spotteten. Einer von uns, Quincas Borba, trieb es damals besonders arg mit dem bedauernswerten Mann. Zwei- oder dreimal wöchentlich steckte er ihm eine toten Küchenschabe in die Hosentasche, in die Schreibtischschublade oder unter das Tintenfaß. Wenn er sie noch während des Unterrichts fand, machte er einen Satz, rollte wutentbrannt die Augen und beschimpfte uns mit unflätigen Ausdrücken. Wir waren Ungeziefer, Schufte, Flegel und Lausebengel. Einige zitterten, andere murrten, Quincas Borba aber blieb ruhig stehen und sah geradeaus.

Er war eine Blüte, dieser Quincas Borba. In meiner Kindheit und auch im späteren Leben habe ich niemals einen so aufgeweckten, einfallsreichen und unbändigen Jungen getroffen. Er war nicht nur der Held der Schule, sondern der ganzen Stadt. Seine Mutter, eine ziemlich vermögende

Witwe, vergötterte und verwöhnte ihren Sohn, brachte ihm gute Manieren bei, putzte ihn heraus und ließ ihn immer von einem auffällig gekleideten Pagen begleiten, der uns erlaubte, die Schule zu schwänzen, Vögel zu fangen, Mauereidechsen auf den Höhen von Livramento und Conceição zu verfolgen oder einfach wie zwei beschäftigungslose Stutzer aufs Geratewohl herumzustreifen. Und als Kaiser! Es war ein Vergnügen, Quincas Borba zuzuschauen, wenn er bei den Festlichkeiten von Espírito Santo als Kaiser auftrat. Im übrigen wählte er, wenn wir Jungen zusammen spielten, immer die Rolle eines Königs, Ministers, Generals oder einer anderen hochgestellten Persönlichkeit. Bei aller Ungezogenheit wahrte er stets den Anstand und offenbarte in seinem Verhalten und in seinen Gebärden immer eine gewisse Ernsthaftigkeit und Erhabenheit. Wer jedoch sagt, daß ... Aber wir müssen unserer Feder Zügel anlegen, um nicht den Ereignissen vorzugreifen. Machen wir einen Sprung bis zum Jahre 1822, in dem wir unsere politische Unabhängigkeit errangen und in dem ich zum erstenmal in Gefangenschaft geriet.

Kapitel 14
Der erste Kuß

Ich war jetzt siebzehn Jahre alt. Der erste Flaum sproß auf meiner Oberlippe, und ich hegte und pflegte ihn, um bald einen Schnurrbart tragen zu können. Das eigentlich Männliche an mir aber waren meine lebhaften Augen, die Entschlossenheit ausdrückten. Da ich eine gewisse Arroganz zeigte, konnte man nicht genau unterscheiden, ob ich ein Kind mit dem Gebaren eines Erwachsenen oder ein Erwachsener mit den Zügen eines Jungen war. Alles in allem war ich ein hübscher junger Mann, kühn und verwegen, der gestiefelt und gespornt und mit einer Peitsche in der Hand ins Leben trat, dem das Blut heftig in den Adern pulste, der ein nervöses, starkes und schnelles Streitroß ritt, wie man es aus antiken Balladen kennt, und der sich aufmachte, die Romantik in einem mittelalterlichen Schloß zu suchen, um mit ihr durch die Straßen unseres Jahrhunderts zu ziehen. Er verausgabte sich dabei aber dermaßen, daß er schließlich liegenblieb, und so fand ihn der Realismus, zerfressen von Fäulnis und Würmern. Aus Mitleid überführte er ihn in seine Bücher.

Ja, dieser schöne, anmutige und wohlhabende Jüngling war ich, und man kann sich leicht vorstellen, daß nicht wenige Damen nachdenklich vor mir die Stirn senkten oder die begehrlich blickenden Augen zu mir hoben. Aber von allen fesselte mich nur eine ... eine ... ich weiß nicht, ob ich es sagen soll. Dieses Buch ist keusch, zumindest bemüht es sich darum, und in diesem Bestreben ist es geradezu heilig. Aber fahren wir fort. Man soll entweder alles oder gar nichts berichten. Die mich so sehr in ihren Bann zog, war eine Spanierin namens Marcela, »die schöne Marcela«, wie die jungen Männer sie nannten. Und sie hatten damit völlig recht. Sie war die Tochter eines Gemüsegärtners aus Asturien. Das hat sie selber mir in einem Anflug von Aufrichtigkeit gestanden. Allgemein wurde nämlich angenommen, ihr Vater sei Anwalt in Madrid gewesen und als Opfer der französischen Invasion verwundet, eingekerkert und erschossen worden, als sie kaum zwölf Jahre zählte.

Cosas de España. Der Vater mag gewesen sein, was er will, Anwalt oder Gemüsegärtner, Marcela jedenfalls war keine Unschuld vom Lande und hatte große Mühe, die einfachsten Gesetze der Moral zu begreifen. Sie war ein schönes, unbeschwertes und skrupelloses Mädchen, das die strengen Sitten der Zeit immer etwas behinderten, denn sie gestatteten ihm nicht, sich auf der Straße oder in der Berline nach Lust und Laune zu bewegen. Sie war ungeduldig, liebte den Luxus, das Geld und die Männer. In jenem Jahr wollte sie aus Liebe zu einem gewissen Xavier sterben, der wohlhabend und schwindsüchtig war – einfach eine Perle.

Zum erstenmal sah ich sie in Rocio Grande, in einer Nacht mit Festbeleuchtung, in der die Unabhängigkeitserklärung veröffentlicht wurde. Es war ein Frühlingsfest, ein Erwachen der Seele unserer Nation. Wir standen uns wie zwei Freunde gegenüber, das Volk und ich, der Kindheit entwachsen und voll jugendlicher Begeisterung. Ich sah Marcela aus einer Sänfte steigen. Sie war anmutig und vornehm, hatte einen schlanken, wogenden Körper und eine Eleganz, wie ich sie niemals bei einfachen Frauen gefunden habe.

»Folgen Sie mir«, sagte sie zu ihrem Pagen. Ich blieb in ihrer Nähe und war in diesem Augenblick ebenso Page wie der andere, als hätte die Anweisung mir gegolten. Ich überließ mich ganz dem mitreißenden Gefühl der Liebe, deren erste Morgenröte mich erfüllte. Unterwegs hörte ich, daß die Leute sie »schöne Marcela« nannten, und mir fiel ein, daß ich diesen Namen schon von meinem Onkel João gehört hatte. Ich gestehe, daß ich ganz verrückt wurde.

Drei Tage danach fragte mein Onkel mich unter vier Augen, ob ich an einem Abendessen teilnehmen wolle, das von einigen jungen Mädchen in Cajueiros gegeben wurde. Wir gingen hin. Es fand bei Marcela statt. Xavier mit all seinen Tuberkeln spielte den Hausherrn bei diesem nächtlichen Gastmahl, auf dem ich wenig oder gar nichts aß, weil ich nur Augen für die Dame des Hauses hatte. Wie reizend war diese Spanierin! Mehr als ein halbes Dutzend Frauen waren außerdem zugegen – jede für sich eine gute Partie –, alle hübsch und anmutig, aber die Spanierin . . . Die Begeisterung, einige Gläser Wein, mein unzähmbares Wesen und die Leichtfertigkeit verführten mich schließlich zu einer außergewöhnlichen Tat. Als wir uns verabschiedet hatten, an der Haustür, bat ich meinen Onkel, einen Augenblick zu warten, und stieg noch einmal die Treppe hinauf.

»Haben Sie etwas vergessen?« erkundigte sich Marcela, die auf dem Treppenabsatz stand.

»Ja, mein Taschentuch.«

Sie trat zur Seite, um mir den Weg ins Zimmer frei zu

machen. Da ergriff ich ihre Hände, zog sie an mich und gab ihr einen Kuß. Ich weiß nicht, ob sie etwas gesagt hat, ob sie geschrien oder nach jemandem gerufen hat. Ich weiß überhaupt nichts mehr. Ich erinnere mich nur, daß ich wie ein Taifun die Treppen hinunterraste und mich mit den unsicheren Schritten eines Betrunkenen entfernte.

Kapitel 15
Marcela

Ich benötigte dreißig Tage, um von Rocio Grande bis zum Herzen von Marcela zu gelangen, und ich ritt in dieser Zeit voller Angst und Zweifel nicht mehr das Streitroß blinden Verlangens, sondern den Esel der Geduld. Genaugenommen gibt es zwei Arten, die Gunst der Frauen zu gewinnen: die brutale des Stiers der Europa und die sanfte, wie wir sie vom Schwan der Leda und vom Goldregen der Danae kennen. Sie alle sind übrigens Erfindungen des Vaters Zeus, die, inzwischen aus der Mode gekommen, hier durch das Roß und den Esel ersetzt wurden. Ich will an dieser Stelle weder von den Kunstgriffen, den Bestechungsgeldern, den vertraulichen Mitteilungen und den Befürchtungen noch von den vergeblichen Erwartungen oder all den anderen Anfangsschwierigkeiten sprechen. Ich kann euch aber versichern, daß der Esel dem Streitroß durchaus ebenbürtig war – ein echter Philosoph wie der des Sancho. Als die Frist verstrichen war, brachte er mich an ihr Haus. Ich stieg ab, gab ihm eins auf den Hintern und schickte ihn auf die Weide.

Wie süß warst du, erste Leidenschaft meiner Jugend! Der allererste Sonnenstrahl, so wie er in der Schöpfungsgeschichte beschrieben wird, muß eine ähnliche Wirkung gehabt haben. Versuche dir dieses Aufleuchten vorzustellen, das mit einem Schlag die Erde in einen blühenden Garten verwandelt hat. So empfand ich es auch, lieber Leser, und wenn du jemals achtzehn Jahre alt warst, dann erinnerst du dich gewiß, daß es genauso gewesen ist.

Unsere Leidenschaft, unser Verhältnis – ich weiß nicht recht, wie ich es bezeichnen soll – durchlief zwei Phasen, eine konsularische und eine kaiserliche. In der ersten, sehr kurzen, regierten Xavier und ich, ohne daß er sich auch nur im entferntesten bereit fand, die Herrschaft über Rom mit mir zu teilen. Als ihn dann aber selbst seine Leichtgläubigkeit nicht mehr über den wahren Sachverhalt hinwegtäuschen konnte, legte er seine Insignien ab, und ich konzentrierte die gesamte Macht in meinen Händen. Das war die cäsarische Phase. Das Feld gehörte jetzt mir, aber – und das ist äußerst bedauerlich! – ich bekam es nicht geschenkt. Ich mußte Geld herbeischaffen, die Beträge immer wieder erhöhen und laufend neue Quellen ausfindig machen. Anfangs nutzte ich die Großzügigkeit meines Vaters aus, der mir unverzüglich, ohne Tadel und ohne saure Miene alles gab, worum ich ihn bat. Er erklärte allen, er verstehe mich, denn er sei auch einmal jung gewesen. Ich nutzte seine Freigebigkeit aber so grenzenlos aus, daß er mich allmählich doch kürzer hielt. Da wandte ich mich an meine Mutter und verleitete sie, etwas Geld abzuzweigen, um es mir heimlich zukommen zu lassen. Das Ergebnis war dürftig, und so griff ich schließlich auf eine letzte Reserve zurück: Ich stellte Wechsel auf das Vermögen meines Vaters aus, die ich irgendwann einlösen mußte, und zwar mit Wucherzinsen.

»Mir scheint«, sagte Marcela, wenn ich ihr kostbare Seide oder Juwelen mitbrachte, »daß du es mit mir verderben willst ... Das geht doch nicht ... ein so teures Geschenk ...«

Wenn es ein Edelstein war, dann betrachtete sie ihn bei diesen Worten, drehte ihn zwischen den Fingern, um den günstigsten Lichteinfall zu suchen, prüfte seine Echtheit, lachte und küßte mich mit ungestümer und aufrichtiger Hingabe. Noch während sie sich entrüstete, begannen ihre Augen vor Freude zu strahlen, und ich war glücklich, wenn ich sie so sah. Ganz besonderes Gefallen fand sie an unseren alten Golddobras, und ich brachte ihr so viele, wie ich nur auftreiben konnte. Marcela sammelte sie alle in einem eisernen Kästchen, dessen Schlüssel sie aus Angst vor den Sklaven sorgsam versteckt hielt. Das Haus, das sie in Cajueiros bewohnte, gehörte ihr. Die Palisanderholzmöbel waren massiv und gut gearbeitet, und auch die Schmuckgegenstände, die Spiegel, die Vasen und das Geschirr – es stammte aus Indien, ein Landgerichtsrat hatte es ihr geschenkt – waren sehr wertvoll. Dieses Teufelsgeschirr hat meine Nerven arg strapaziert. Das habe ich ihr selbst mehrmals gesagt und dabei nicht verschwiegen, welchen Verdruß mir dieser und anderer Nachlaß ihrer ehemaligen Liebhaber bereitete. Sie hörte mich an und lachte naiv – vielleicht drückte dieses Lachen auch etwas aus, was ich damals nicht genau zu deuten verstand. Wenn ich mich heute daran erinnere, so habe ich den Eindruck, daß es der rätselhafte Heiterkeitsausbruch eines Geschöpfes gewesen sein muß, das aus der Verbindung einer Hexe von Shakespeare mit einem Seraph von Klopstock hervorgegangen ist. Ich weiß nicht, ob ich mich klar genug ausgedrückt habe. Da sie aber von meiner späteren Eifersucht erfuhr, glaube ich, daß es ihr gefallen hat, sie anzustacheln. So geschah es eines Tages, daß ich ihr eine Kette nicht schenken konnte, die sie bei einem Juwelier gesehen hatte. Sie entgegnete, es sei nur ein Scherz gewesen, unsere Liebe bedürfe nicht einer solchen Äußerlichkeit.

»Ich könnte dir nie verzeihen, wenn du so etwas von mir dächtest«, beendete sie das Gespräch und drohte mit dem Finger.

Und dann breitete sie ihre Hände so plötzlich aus wie ein Vögelchen die Flügel, umfaßte mein Gesicht, zog mich an sich und tat, als wäre sie ein Kind. Nachdem sie sich wieder ins Sofa zurückgelehnt hatte, setzte sie die Unterhaltung in aller Schlichtheit und Offenheit fort. Sie würde nie einwilligen, ihre Liebe zu verkaufen; den äußeren Schein, ja, aber ihre wahren Gefühle behalte sie wenigen vor. Dem Fähnrich

Duarte zum Beispiel, den sie zwei Jahre zuvor aufrichtig geliebt habe, sei es nur mit Mühe gelungen, ihr etwas so Wertvolles zu schenken, wie sie es mir gestatte. Nur Geschenke von geringem Wert habe sie widerspruchslos angenommen, wie das goldene Kreuz, das sie an ein gemeinsames Fest erinnern sollte.

»Das Kreuz . . .«

Bei diesen Worten griff sie mit der Hand in ihren Busen und zog ein zierliches goldenes Kreuz heraus, das an einem blauen Halsband hing.

»Hast du mir nicht gesagt«, wandte ich ein, »daß es von deinem Vater . . .«

Marcela schüttelte bedauernd den Kopf. »Hast du noch nicht gemerkt, daß es eine Lüge war, die ich nur erfunden habe, um dich nicht zu verstimmen? Laß es dabei bewenden, Chiquito, und sei nicht so mißtrauisch . . . Ich habe einen anderen geliebt, aber was hat das zu bedeuten, wenn es vorüber ist? Wenn wir uns eines Tages trennen . . .«

»So etwas darfst du nicht sagen!« rief ich aus.

»Alles ist einmal zu Ende! Eines Tages . . .«

Sie konnte den Satz nicht beenden, ein Schluchzen erstickte ihre Stimme. Sie streckte die Hände aus, ergriff die meinen, schmiegte sich an mich und flüsterte mir ins Ohr: »Nie, niemals, mein Geliebter!«

Ich dankte ihr mit tränenfeuchten Augen. Am nächsten Tag brachte ich ihr die Kette, auf die sie vorher verzichtet hatte.

»Damit du dich an mich erinnerst, wenn wir auseinandergehen«, sagte ich.

Marcela verharrte erst in entrüstetem Schweigen, dann fiel ihr etwas Großartiges ein: Sie versuchte, die Kette auf die Straße zu werfen. Ich hielt ihren Arm fest und bat sie inständig, mir eine solche Schmach nicht anzutun und die Edelsteine zu behalten. Sie lächelte und war einverstanden.

Indessen entschädigte sie mich reichlich für alle Opfer. Sie las mir die geheimsten Gedanken von den Augen ab, und ich kann mich an keinen Wunsch erinnern, den sie mir nicht liebevoll und ohne viel Aufhebens erfüllte, so als handele es sich um ein ungeschriebenes Gesetz ihres Gewissens und um ein Herzensbedürfnis. Dabei waren meine Wünsche stets unvernünftig und entsprangen entweder einer Laune oder einer bloßen Kinderei. Bald wollte ich, daß sie diesen oder jenen Schmuck trug oder ein bestimmtes Kleid anzog, bald hatte ich Lust zu einem Spaziergang oder etwas Ähnlichem, und sie willigte immer ein, lachte und war guter Dinge.

»Du bist ein Teufelskerl«, sagte sie zu mir.

Und dann erschien sie in dem gewünschten Kleid, legte den Schmuck an, der mir gerade gefiel, und war bezaubernd folgsam.

Kapitel 16
Ein unmoralischer Gedanke

Mir kam ein unmoralischer Gedanke, der zugleich eine Berichtigung darstellt. Wenn ich mich recht erinnere, habe ich im Kapitel 14 davon gesprochen, daß Marcela aus Liebe zu Xavier sterben wollte. Sie starb aber nicht, sondern blieb am Leben. Leben ist nicht dasselbe wie Sterben; so behaupten jedenfalls alle Juweliere der Welt, und sie sind in der Grammatik sehr bewandert. Gute Juweliere, was würde aus der Liebe, wenn ihr nicht Schmuck verkauftet und uns Anleihen gewährtet? Es geht dabei um ein Drittel oder ein Fünftel des gesamten Handels mit Gefühlen. Das ist der unmoralische Gedanke, den ich darlegen wollte, der aber eher unverständlich als unmoralisch ist, weil niemand ganz begreifen wird, worauf es mir dabei ankommt. Ich will damit sagen, daß die schönste Stirn, die man sich vorstellen kann, nicht häßlicher wird, wenn man sie mit einem Diadem aus feinsten Edelsteinen schmückt. Sie verliert nicht an Schönheit und bleibt genauso liebenswert wie zuvor. Marcela zum Beispiel, die sehr schön war, Marcela liebte mich . . .

Kapitel 17
Vom Trapez und von anderen Dingen

Marcela liebte mich fünfzehn Monate lang und für elftausend Milréis. Als mein Vater dahinterkam, war er entsetzt, da seiner Meinung nach eine derartige Verschwendung die Grenzen jugendlichen Leichtsinns weit überschritt.

»Du gehst jetzt erst einmal nach Europa«, sagte er, »und wirst studieren, wahrscheinlich in Coimbra. Ich will, daß du ein ernsthafter Mann und nicht ein Herumtreiber und Gauner wirst.«

Ich konnte meine Bestürzung nicht verbergen.

»Jawohl, mein Lieber, ein Gauner. Anders kann ich einen Sohn nicht nennen, der mir so etwas antut . . .«

Er zog meine Schuldscheine, die er bereits eingelöst hatte, aus der Tasche und fuchtelte mir damit vor dem Gesicht herum.

»Sieh dir das an, Bürschchen! Darf man so leichtfertig mit dem Namen seiner Familie umgehen? Bildest du dir ein, daß wir, meine Vorfahren und ich, unser Geld in Spielsälen gewonnen oder auf der Straße gefunden haben? Du Nichtsnutz! Entweder nimmst du jetzt Vernunft an, oder ich enterbe dich.«

Er war wütend, blieb aber maßvoll und hatte sich bald wieder beruhigt. Ich hörte ihn schweigend an und wandte auch nichts gegen die Reise ein, ganz entgegen meiner sonstigen Gewohnheit. Ich gedachte, Marcela mitzunehmen. Ich besuchte sie, erklärte ihr die krisenhafte Situation und rückte dann mit meinem Vorschlag heraus. Während ich redete, sah sie an mir vorbei und zögerte mit der Antwort. Als ich nicht lockerließ, erklärte sie, daß sie daheim bleiben wolle und nicht nach Europa reisen könne.

»Warum nicht?«

»Ich kann nicht«, sagte sie mit schmerzlicher Miene, »weil die Luft, die ich dort atme, mich an meinen armen Vater erinnert, der Napoleon zum Opfer gefallen ist . . .«

»Welcher? Der Gemüsegärtner oder der Anwalt?«

Marcela runzelte die Stirn und trällerte mit verkniffenem Mund eine Seguidilla. Dann klagte sie über die Hitze und rief nach einem Glas Aluá. Ihre Leibsklavin servierte es auf einem silbernen Tablett, das auch zu meinen elftausend Milréis gehörte. Höflich bot Marcela mir die Erfrischung an, aber ich schlug ihr Glas und Tablett aus der Hand, so daß ihr Kleid ganz naß wurde. Die Negerin schrie auf, und ich fuhr sie an, sie solle sich zum Teufel scheren. Als wir wieder allein waren, entlud ich die ganze Verzweiflung, die sich in meinem Herzen angestaut hatte. Ich sagte Marcela, daß sie ein Scheusal sei, mich nie geliebt, sondern meinen völligen Zusammenbruch verschuldet habe und sich nicht einmal damit entschuldigen könne, aufrichtig gewesen zu sein. Ich belegte sie mit lauter häßlichen Namen und beleidigte sie mit Gesten. Marcela blieb ruhig sitzen, kaute an ihren Nägeln und war kalt wie Marmor. Es drängte mich, sie zu erwürgen oder zumindest zu erniedrigen und sie zu zwingen, sich mir zu Füßen zu werfen. Beinahe hätte ich es auch getan, aber meine Bewegungen verwandelten sich ins Gegenteil. Nun war ich es, der sich zerknirscht und flehend vor ihr niederwarf. Ich küßte ihr die Füße, erinnerte sie an all die glücklichen Monate, die wir gemeinsam verlebt hatten, und wiederholte die Kosenamen, die ich ihr früher gegeben hatte. Ich saß auf dem Boden, den Kopf zwischen ihren Knien, und preßte ihre Hände an mich. Außer Atem und fassungslos bat ich sie unter Tränen, mich nicht zu verlassen ... Mareela sah mich eine Zeitlang an, dann schwiegen wir beide, und schließlich schob sie mich behutsam und mit einem Ausdruck des Widerwillens von sich.

»Hör auf, mich zu langweilen«, sagte sie.

Sie erhob sich, schüttelte ihr Kleid, das noch immer feucht war, und wandte sich ihrem Schlafzimmer zu.

»Nein!« schrie ich. »Bleib hier ... Ich will nicht, daß du hineingehst ...«

Ich versuchte noch, sie festzuhalten, aber es war zu spät. Sie war bereits eingetreten und hatte die Tür hinter sich geschlossen.

Völlig verstört verließ ich das Haus. Die nächsten zwei Stunden waren schrecklich. Ich irrte durch die abgelegensten und verlassensten Stadtteile, wo ich nicht in Gefahr war, jemanden zu treffen. Ich nährte meine Verzweiflung mit einer Art krankhafter Selbstzerfleischung und beschwor Tage, Stunden und Augenblicke meines Deliriums wieder herauf. Bald gefiel ich mir darin zu glauben, daß es eine Ewigkeit angehalten und wie ein Alp auf meiner Seele gelegen habe, bald versuchte ich, mir selbst etwas vorzumachen und so zu tun, als könnte ich die Erinnerung daran wie einen unnützen Ballast abwerfen. Dann entschloß ich mich, sofort abzureisen, um diesen Lebensabschnitt zu beenden und einen zweiten zu beginnen. Ich ergötzte mich an dem Gedanken, daß Marcela von Sehnsucht und von Gewissensbissen geplagt würde, wenn sie von meiner Abreise erführe. Hatte sie mich auch nur ein ganz klein wenig geliebt, dann mußte sie etwas empfinden. Vielleicht erinnerte sie sich an mich wie an den Fähnrich Duarte . . . Bei diesem Namen bohrte sich der Stachel der Eifersucht in mein Herz. Alles in mir verlangte danach, Marcela mitzunehmen.

Mit Gewalt . . . ja, mit Gewalt . . ., sagte ich zu mir und schlug mit der Faust in die Luft.

Schließlich kam mir der rettende Einfall . . . Ach, Trapez meiner Extravaganzen und verworrenen Ideen! Der rettende Einfall turnte auf ihm wie die Erfindung des Balsams (im 2. Kapitel). Das war es, ich mußte sie faszinieren, hinreißen, begeistern, entzücken, sie nicht anflehen, sondern meiner Bitte konkret Nachdruck verleihen. Ohne an die Folgen zu denken, nahm ich eine allerletzte Anleihe auf, ging in die Goldschmiedestraße, kaufte den herrlichsten Schmuck der ganzen Stadt, einen Elfenbeinkamm, in den drei große Diamanten eingelassen waren, und eilte zu ihr.

Marcela lag in einer Hängematte, teilnahmslos und müde.

Sie ließ ein Bein herunterbaumeln, so daß man das Füßchen mit dem seidenen Strumpf sehen konnte. Ihr Haar war aufgelöst und wirr, ihr Blick ruhig und schläfrig.

»Komm mit«, bat ich, »ich habe einen Ausweg gefunden ... Wir besitzen jetzt viel Geld, du bekommst alles, was du willst ... Sieh her, das ist für dich.«

Ich zeigte ihr den Kamm mit den Diamanten ... Marcela war ziemlich überrascht, richtete sich auf, stützte sich auf den Ellenbogen und sah den Kamm einen Augenblick lang an. Dann schaute sie weg, sie hatte sich wieder in der Gewalt. Jetzt griff ich in ihre Haare, ordnete sie, band sie rasch zusammen und improvisierte ohne jede Sorgfalt eine Frisur, die ich mit dem Diamantenkamm krönte. Ich trat einige Schritte zurück, näherte mich ihr wieder, fingerte noch an einigen Haarsträhnen herum, die ich auf der einen Seite etwas herunterdrückte, versuchte, etwas Symmetrie in das Durcheinander zu bringen, und tat das alles so gewissenhaft und liebevoll wie eine Mutter.

»Fertig«, sagte ich.

»Du bist ja verrückt«, war ihre erste Antwort.

Die zweite bestand darin, daß sie mich an sich zog und mir meine Opfer mit einem Kuß belohnte, dem feurigsten, den sie mir je gegeben hatte. Dann nahm sie den Kamm aus ihrem Haar, bewunderte das Material und die feine Verarbeitung, blickte von Zeit zu Zeit zu mir herüber und schüttelte mißbilligend den Kopf.

»Also, weißt du ...!« tadelte sie.

»Kommst du mit?«

Marcella dachte kurz nach. Es beunruhigte mich, wie sie von mir zur Wand und von dort zu dem Schmuck blickte. Aber alle meine Bedenken zerstreuten sich, als sie entschlossen antwortete: »Ja. Wann reisen wir ab?«

»In zwei oder drei Tagen.«

»Einverstanden.«

Aus Dankbarkeit kniete ich vor ihr nieder. Ich hatte meine Marcela aus den ersten Tagen unseres Zusammenseins wiedergefunden und sagte es ihr. Sie lächelte und verwahrte das Kleinod, während ich die Treppe hinunterstieg.

Kapitel 18
Vision im Korridor

Auf der letzten Stufe, am hinteren Ende des Korridors, blieb ich einen Augenblick lang stehen, um Atem zu schöpfen, um mich tastend zu orientieren, um meine durcheinanderschwirrenden Gedanken zu ordnen und all die aufwühlenden und einander widersprechenden Empfindungen noch einmal zu durchleben. Ich war glücklich, aber ich kann nicht leugnen, daß die Diamanten dieses Gefühl verdarben. Andererseits darf man es einer schönen Frau nicht verübeln, wenn sie nicht nur die Griechen, sondern auch ihre Geschenke liebt. Und so hatte ich Vertrauen zu meiner schönen Marcela. Sie mochte ihre Fehler haben, aber sie liebte mich . . .

»Ein Engel!« murmelte ich und sah zur Decke des Korridors auf. Wie zum Spott gewahrte ich dort Marcelas Blick, den gleichen, der kurz vorher einen Schatten des Mißtrauens auf mich geworfen hatte und der jetzt über eine Nase hinwegglitt, die Bakbarahs und zugleich meine Nase war. Armer Verliebter aus »Tausendundeiner Nacht«! Ich habe dich dort, die Galerie entlang, hinter der Frau des Wesirs herlaufen sehen. Sie winkte dir, als könntest du sie besitzen, und du liefst, liefst und liefst bis in den riesigen Park, von wo aus du auf die Straße gelangtest. Dort verhöhnten und verprügelten dich alle Sattler. Dann hatte ich das Gefühl, daß dieser Korridor in Marcelas Haus der Park und daß die Straße in Bagdad war. Als ich zur Tür hinaussah, entdeckte ich auf dem Gehsteig tatsächlich drei Sattler, einen in der Soutane, den zweiten uniformiert und den dritten in Zivil. Alle drei traten in den Korridor, ergriffen mich an den Armen und setzten mich in eine Kutsche. Rechts neben mir erkannte ich meinen Vater, links meinen Onkel, den Domherrn. Der Uniformierte hatte auf dem Kutscherbock Platz genommen. Sie fuhren mich zum Haus des Polizeipräsidenten, von dort wurde ich auf einen Dreimaster gebracht, der nach Lissabon in See stechen sollte. Ihr könnt euch nicht vorstellen, wie sehr ich mich gewehrt habe, aber alles Sträuben war vergebens.

Drei Tage später war ich dann tatsächlich auf See. Ich fühlte mich niedergeschlagen und sprach mit niemandem. Ich weinte nicht einmal, sondern war nur von einer fixen Idee besessen . . . Verdammte fixe Ideen! Diesmal wollte ich ins Meer springen und immerfort Marcelas Namen wiederholen.

Kapitel 19
An Bord

Wir waren elf Passagiere, ein Wahnsinniger mit seiner Frau, zwei junge Männer auf einer Vergnügungsreise, vier Kaufleute und zwei Diener. Mein Vater empfahl mich allen, besonders dem Kapitän des Schiffes. Der hatte allerdings mit sich und seiner Frau genug zu tun, denn sie litt an Schwindsucht im letzten Stadium.

Ich bin nicht sicher, ob der Kapitän etwas von meinen düsteren Plänen ahnte oder ob mein Vater ihn gebeten hatte, gut auf mich achtzugeben. Jedenfalls ließ er mich nicht aus den Augen und blieb meistens in meiner Nähe. Wenn er keine Zeit hatte, brachte er mich zu seiner Frau. Sie lag fast immer auf einem flachen Kanapee, hustete viel und schwärmte davon, mir die Umgebung von Lissabon zu zeigen. Sie war nicht gerade mager, aber so durchsichtig, daß man ständig fürchtete, sie könnte jeden Augenblick sterben. Der Kapitän tat, als glaube er nicht an ihren bevorstehenden Tod, vielleicht machte er sich selbst etwas vor. Ich wußte nichts davon und plagte mich auch nicht mit unnötigen Gedanken. Was ging mich schließlich das Schicksal einer schwindsüchtigen Frau mitten auf dem Ozean an? Meine Welt war Marcela.

Eines Nachts am Ende der ersten Woche fand ich eine günstige Gelegenheit, aus dem Leben zu scheiden. Ich stieg vorsichtig an Deck, traf aber wieder auf den Kapitän, der an der Reling lehnte und zum Horizont blickte.

»Ist ein Unwetter zu erwarten?« wollte ich wissen.

»Nein«, antwortete er hastig. »Nein, ich schaue mir die herrliche Nacht an. Sehen Sie nur, einfach prachtvoll!«

Diese Begeisterung offenbarte, daß sich hinter dem ziemlich grobschlächtigen Mann, der offensichtlich jeder gewählten Ausdrucksweise abhold war, ein anderer Mensch verbarg. Ich sah ihn erstaunt an. Meine Verblüffung schien ihm zu gefallen. Einige Sekunden verstrichen, dann ergriff er meine Hand, zeigte auf den Mond und fragte mich, warum ich nicht eine Ode an die Nacht schriebe. Ich erklärte ihm, ich sei kein Dichter. Der Kapitän brummte etwas vor sich hin, trat zwei Schritt vor und zog ein völlig zerknittertes Stück Papier aus der Tasche. Im Licht einer Laterne las er mir eine horazische Ode über die Freiheit des Lebens auf See vor. Die Verse stammten von ihm.

»Wie gefällt Ihnen das?«

Ich erinnere mich nicht mehr, was ich gesagt habe. Ich weiß nur noch, daß er mir kräftig die Hand gedrückt und sich vielmals bedankt hat. Gleich darauf rezitierte er mir noch zwei Sonette. Er wollte gerade ein drittes hinzufügen, als wir seine Frau nach ihm rufen hörten.

»Ich gehe gleich«, sagte er und trug mir das dritte Sonett langsam und mit Hingabe vor.

Ich blieb allein zurück, aber die Muse des Kapitäns hatte meine selbstmörderischen Gedanken vertrieben. Jetzt zog ich es vor, mich schlafen zu legen, um sozusagen vorübergehend zu sterben. Am nächsten Tag wurden wir von einem Unwetter geweckt, das alle Passagiere in Angst und Schrecken versetzte. Nur der Wahnsinnige blieb davon unberührt. Er sprang herum und behauptete, seine Tochter habe eine Berline geschickt, um ihn abzuholen. Beim Tod seiner Tochter hatte er den Verstand verloren. Niemals werde ich die scheußliche Gestalt des armen Mannes vergessen, der ungeachtet der allgemeinen Erregung und des heulenden Orkans ein Lied trällerte, tanzte, bleich, mit langem, struppigem Haar, und die Augen aufriß, daß sie aus den Höhlen zu springen drohten. Mitunter hielt er inne, reckte die knochigen Hände hoch und bildete mit den Fingern ein Kreuz, dann ein Viereck und zum Schluß Ringe und lachte so unbändig, daß es zum Verzweifeln war. Seine Frau vermochte ihn nicht zu beruhigen. In ihrer Todesangst betete sie still für sich zu allen Heiligen des Himmels. Endlich ließ das Unwetter nach. Ich gestehe, daß es den Aufruhr in meinem Herzen wunderbar besänftigte. Ich, der ich mich dem Tod in die Arme werfen wollte, wagte nicht einmal, ihn anzusehen, als er auf mich zukam.

Der Kapitän fragte mich, ob ich Angst gehabt und um mein Leben gebangt oder alles als ein erhabenes Schauspiel empfunden hätte. Er erkundigte sich mit einem Interesse danach, wie man es einem Freund entgegenbringt. Unsere Gespräche drehten sich natürlich um das Leben auf See. Er wollte wissen, ob mir Fischeridylle gefielen. In meiner Naivität antwortete ich, daß ich nicht wisse, was das sei.

»Ich werde es Ihnen erklären«, versprach er.

Darauf trug er mir ein kleines Gedicht vor, dem ein zweites, ein Hirtenlied, und weitere fünf Sonette folgten. So endete dieser Tag, an dem sich der Literat in ihm mir anvertraut hatte. Am nächsten Tage, noch ehe der Kapitän etwas rezitiert hatte, erklärte er mir, er habe nur gezwungenermaßen den Beruf des Seemanns ergriffen. Sein Großvater hatte einen Priester aus ihm machen wollen, und er konnte sogar noch einige Brocken Latein, aber er war kein Geistlicher geworden. Er hatte hingegen nie aufgehört, Dichter zu sein; das sehe er als seine wahre Berufung an. Um das zu beweisen, rezitierte er mir sogleich wie bei einer Totenmesse an die hundert Verse. Ich bemerkte, daß er dabei die unglaublichsten Verrenkungen ausführte, so daß ich mir einmal das Lachen nicht verkneifen konnte. Aber während des Vortrages war der Kapitän so versunken, daß er nichts sah und hörte.

Die Tage vergingen wie die Wellen und die Verse, und mit ihnen neigte sich das Leben seiner Frau dem Ende zu. Ihr Zustand war hoffnungslos. Eines Tages, gleich nach dem Mittagessen, sagte der Kapitän zu mir, die Kranke werde kaum noch das Wochenende erleben.

»Um Himmels willen!« rief ich aus.

»Sie hat eine schlechte Nacht hinter sich.«

Ich ging zu ihr. Sie war wirklich fast an der Schwelle des Todes, sprach aber noch davon, sich einige Tage in Lissabon auszuruhen und mich dann nach Doimbra begleiten zu wollen. Sie hatte es sich in den Kopf gesetzt, mich zur Universität zu bringen. Tiefbewegt verließ ich die Kranke und fand ihren Mann, wie er in die Wogen starrte, die heranrollten und an der Bordwand des Schiffes zerschellten. Ich versuchte ihn zu trösten. Er bedankte sich, erzählte mir die Geschichte seiner Liebe, pries die Treue und die Hingabe seiner Frau, erinnerte sich der Verse, die er ihr gewidmet hatte, und trug sie mir vor. In diesem Augenblick wurde nach ihm gerufen. Wir liefen beide zu ihr. Sie befand sich in einer Krise. Dieser und der folgende Tag waren schrecklich, am dritten starb sie. Ich flüchtete, um das entsetzliche Schauspiel, gegen das ich Widerwillen empfand, nicht mit ansehen zu müssen. Eine halbe Stunde später traf ich den Kapitän. Er saß auf einem aufgeschossenen Tau, das Gesicht in den Händen vergraben. Ich sagte ihm ein paar Trostesworte.

»Sie ist wie eine Heilige gestorben«, murmelte er, und um zu verhindern, daß ich diese Äußerung als Schwäche auslegte, erhob er sich, schüttelte den Kopf und schaute lange und gedankenverloren zum Horizont.

»Wir wollen nicht länger zögern«, fuhr er fort, »bringen wir sie dorthin, von wo es kein Zurück gibt.«

Wenige Stunden später war die Verstorbene bereits mit dem üblichen Zeremoniell im Meer versenkt. Trauer spiegelte sich in den blassen Gesichtern der Umstehenden. Das Antlitz des Witwers glich dem Gipfel eines Berges, den ein Blitz jäh auseinandergesprengt hat. Tiefe Stille. Die Woge öffnete ihren Rachen, ergriff den Leichnam und schloß sich wieder.

Ein kleines Wellental – und unser Dreimaster setzte seine Reise fort. Ich blieb einige Minuten am Heck stehen und sah zu jenem unbestimmten Punkt im Meer hin, an dem einer von uns zurückgeblieben war ... Dann suchte ich den Kapitän auf, um ihn ein wenig zu zerstreuen.

»Danke«, sagte er, meine Absicht sehr wohl begreifend. »Sie können mir glauben, daß ich Ihre guten Dienste nie vergessen werden. Gott wird sie belohnen. Arme Leocádia! Du gedenkst unser jetzt im Himmel.«

Mit dem Ärmel wischte er sich eine lästige Träne ab. Ich versuchte, ihn mit der Dichtkunst, seiner Leidenschaft, abzulenken. Ich sprach von den Versen, die er mir vorgelesen hatte, und erbot mich, sie drucken zu lassen. Die Augen des Kapitäns belebten sich ein wenig.

»Vielleicht nehme ich Ihren Vorschlag an«, sagte er, »aber ich weiß nicht so recht ... Die Gedichte sind sehr schwach.«

Ich schwor, daß das nicht so sei, und bat ihn, sie zusammenzustellen und mir zu geben, bevor wir an Land gingen.

»Arme Leocádia!« murmelte er, ohne auf mein Ersuchen zu antworten. »Ein Leichnam ... das Meer ... der Himmel ... das Schiff ...«

Am folgenden Tag las er mir eine Elegie vor, die eben erst entstanden war und in der die Umstände des Todes und der Bestattung seiner Frau festgehalten waren. Er trug sie mit bewegter Stimme vor, seine Hand zitterte. Dann fragte er mich, ob die Verse des Schatzes würdig seien, den er verloren hatte.

»Ja«, antwortete ich.

»Ihnen fehlt der poetische Schwung«, gab er einen Augenblick später zu bedenken, »aber niemand wird mir echtes Empfinden absprechen können. Es ist aber auch möglich, daß gerade meine Gefühle wirklicher Vollendung im Wege standen . . .«

»In diesem Fall aber nicht, ich halte die Verse für ausgezeichnet.«

»Ja, ich glaube, daß . . . Es sind eben Verse eines Seemanns.«

»Eines zur See fahrenden Dichters.«

Er zuckte die Achseln, blickte auf das Blatt Papier und trug alles noch einmal vor, diesmal ohne zu zittern, brachte jetzt das literarische Anliegen richtig zur Geltung, verlieh den Bildern besonderen Nachdruck und achtete auf die Versmelodie. Am Ende gestand er mir, daß es sein vollendetstes Werk sei. Ich bestätigte es ihm. Darauf drückte er mir kräftig die Hand und sagte mir eine glänzende Zukunft voraus.

Kapitel 20
Ich lege mein Examen ab

Eine glänzende Zukunft! Während diese Worte in mir nachhallten, richtete ich den Blick in die Ferne auf einen geheimnisvollen und unbestimmbaren Horizont. Ein Gedanke jagte den anderen, das Streben nach Höherem entthronte Marcela. Eine glänzende Zukunft? Vielleicht als Naturforscher, Literat, Archäologe, Bankier, Politiker oder sogar als Bischof – Bischof, das wäre etwas, das wäre ein Amt, ein Rang, ein klangvoller Name, eine einflußreiche Stellung. Vergliche ich meine Ambitionen mit einem Adler, so wäre es ein ganz kleiner, der gerade aus dem Ei schlüpft und seine durchdringenden roten Augen öffnet. Ade, Liebe! Ade, Marcela! Tage des Deliriums, Edelsteine von unermeßlichem Wert, ungeordnetes Leben, ade! Ich gehe jetzt den rauhen Weg der Mühsal und des Ruhms und lasse euch mit den Strampelhosen zurück.

So ging ich in Lissabon von Bord und fuhr weiter nach Coimbra. Dort erwartete mich die Universität mit all ihren beschwerlichen Disziplinen, die ich nur mittelmäßig bewältigte. Dessenungeachtet erwarb ich das Diplom. Nachdem ich die gesetzlich vorgeschriebenen Jahre hinter mich gebracht hatte, wurde es mir mit der üblichen Feierlichkeit überreicht. Es war ein wunderbares Fest, das mich mit Stolz und Sehnsucht – vor allem mit Sehnsucht – erfüllte. Ich hatte mir in Coimbra als Witzbold einen Namen gemacht und war immer ein leichtsinniger, oberflächlicher, aufrührerischer und dreister Student gewesen, hatte mich in viele Abenteuer gestürzt, Romantik als praktikabel und Liberalismus als reine Theorie aufgefaßt und lediglich an dunkle Augen und schriftlich fixierte Verfassungen geglaubt. Ich muß gestehen, daß ich mich an dem Tag, an dem mir die Universität auf Pergament den Abschluß in einer Wissenschaft bescheinigte, die ich keineswegs beherrschte, doch irgendwie betrogen fühlte. Trotzdem war ich stolz. Ich will mich genauer ausdrücken: Das Diplom war eine Art Freibrief, der mich zwar unabhängig machte, mir zugleich aber auch Verantwortung aufbürdete. Ich verwahrte es gut, verließ das Ufer des Mondego und machte mich ziemlich mutlos auf den Weg. Schon spürte ich eine innere Unruhe und Neugierde, das Verlangen, andere beiseite zu stoßen, meinen Einfluß geltend zu machen, zu genießen und zu leben – die Universität auf mein künftiges Leben auszudehnen . . .

Kapitel 21
Der Eseltreiber

»Na, los doch!« Der Esel, auf dem ich ritt, bockte. Ich schlug ihn mit der Peitsche, er machte erst zwei, dann drei Sätze und warf mich schließlich mit einem Sprung aus dem Sattel, und ich fiel so unglücklich, daß ich mit dem linken Fuß im Steigbügel hängenblieb. Ich wollte mich an den

Körper des Tieres klammern, aber der Esel erschrak und galoppierte die Straße entlang. Was sage ich, er versuchte zu galoppieren und hatte schon zwei Sätze getan, da konnte ein Eseltreiber, der in der Nähe war, noch rechtzeitig die Zügel ergreifen und ihn zum Stehen bringen, allerdings nicht ohne Mühe und ohne Gefahr für sich selbst. Als er das Tier in der Gewalt hatte, befreite ich meinen Fuß aus dem Steigbügel und erhob mich.

»Sie hatten Glück, daß er nicht mit Ihnen durchgegangen ist«, sagte der Eseltreiber.

Er hatte recht, denn wäre der Esel tatsächlich davongaloppiert, dann hätte er mich womöglich zu Tode geschleift. So war ich mit einem aufgeschlagenen Kopf, einem Bluterguß und einem Schock davongekommen, nur die Wissenschaft war auf der Strecke geblieben.

Der Eseltreiber hatte mir das Leben gerettet, das war nicht zu bezweifeln. Ich spürte es an dem ungestümen Pochen meines Herzens. Guter Eseltreiber! Während ich das Bewußtsein wiedererlangte, bemühte er sich schon eifrig, das Geschirr des Esels mit großer Kunstfertigkeit in Ordnung zu bringen. Ich entschloß mich, ihm drei der fünf Goldmünzen zu geben, die ich bei mir hatte. Nicht etwa, weil das der Preis für mein Leben gewesen wäre – das war unbezahlbar –, sondern weil es eine angemessene Belohnung für die Hilfsbereitschaft war, die er mir erwiesen hatte. Abgemacht, die drei Münzen sollte er haben!

»Fertig«, sagte er und reichte mir die Zügel.

»Ganz ausgeschlossen«, wehrte ich ab. »Lassen Sie mich, ich bin noch nicht ganz bei mir . . .«

»Ach was!«

»Nun sagen Sie bloß, es hätte mich nicht beinahe das Leben gekostet.«

»Wenn der Esel wirklich durchgegangen wäre, dann wäre es durchaus möglich. Aber sehen Sie, dank der Hilfe des Allmächtigen ist Ihnen nichts zugestoßen.«

Ich öffnete einen der Quersäcke und zog eine alte Weste

heraus, in deren Tasche die fünf Goldmünzen staken. Währenddessen überlegte ich, ob die Belohnung nicht doch zu hoch sei und ob nicht auch zwei Münzen genügten. Vielleicht sogar schon eine. Ja, eine reichte aus, um ihn Freudentänze aufführen zu lassen. Ich sah mir seine Kleidung an. Er war ein armer Teufel, der noch nie eine Goldmünze vor Augen gehabt hatte. Eine genügte völlig. Ich nahm sie in die Hand und betrachtete sie, wie sie in der Sonne glänzte. Der Eseltreiber konnte sie nicht sehen, ich hatte ihm den Rücken zugewandt. Vielleicht ahnte er sie, denn er redete auf den Esel ein. Er gab ihm gute Ratschläge und ermahnte ihn, zu bedenken, daß der »Herr Doktor« ihn schlagen könne. Es war ein väterlicher Monolog. Du lieber Himmel, ich hörte sogar das Schmatzen eines Kusses! Es war der Eseltreiber, der dem Tier die Stirn küßte.

»He«, rief ich.

»Entschuldigen Sie, bitte, aber dieses Teufelstier sieht mich so zutraulich an . . .«

Ich lachte, zögerte, drückte ihm einen Silberkreuzer in die Hand, schwang mich auf den Esel und setzte meinen Weg in langsamem Trab fort, ein wenig unbehaglich, besser gesagt unsicher, weil ich die Wirkung der Silbermünze nicht abzuschätzen vermochte. Als ich ein ganzes Stück weit geritten war, sah ich mich um. Der Eseltreiber verneigte sich tief und war offensichtlich zufrieden. Meiner Meinung nach hatte er auch allen Anlaß, denn er war reichlich entlohnt worden, vielleicht sogar übermäßig. Ich griff in meine Westentasche und entdeckte einige Kupfermünzen. Die hätte ich ihm an Stelle des Silberkreuzers geben sollen, denn schließlich hatte er keine Belohnung erwartet und auch keine besondere Charakterstärke gezeigt. Er war lediglich einem natürlichen Trieb gefolgt, hatte seinem Temperament freien Lauf gelassen und aus Routine gehandelt, die zu seinem Beruf gehörte. Hinzu kommt, daß er während des Unglücks zufällig in meiner Nähe gewesen war und deshalb als ein bloßes Instrument der Vorsehung betrachtet werden muß. Man konnte es so oder so ansehen, ein Verdienst hatte er sich durch sein Verhalten nicht erworben. Diese Überlegung verstimmte mich, ich warf mir vor, den Kreuzer vergeudet zu haben, und machte meine frühere Verschwendungssucht dafür verantwortlich. Ich hatte – warum soll ich nicht alles gestehen –, ich hatte Gewissensbisse.

Kapitel 22
Rückkehr nach Rio

Verdammter Esel, du hast mich ganz aus dem Konzept gebracht. Ich habe weder die Gedanken beschrieben, die mich auf dem Weg nach Lissabon bewegten, noch erwähnt, was ich in dieser Stadt, auf der Iberischen Halbinsel und anderswo in Europa, im alten Europa, das sich damals zu verjüngen schien, getrieben habe. Nein, ich will nicht darüber sprechen, daß ich die Morgendämmerung der Romantik miterlebt und im Schoße Italiens selber Gedichte geschrieben habe. Nichts werde ich davon sagen. Eigentlich hätte ich ein Reisetagebuch schreiben müssen, nicht Erinnerungen wie diese, in die nur das Wesentliche des Lebens Eingang findet.

Nach einigen Jahren des Umherirrens gab ich den inständigen Bitten meines Vaters nach. »Komm«, hatte er im letzten Brief geschrieben, »wenn Du Dich nicht sehr beeilst, findest Du Deine Mutter nur noch tot vor!« Diese Zeilen trafen mich wie ein Schlag. Ich liebte meine Mutter und bewahrte mir noch immer die Erinnerung daran, wie sie mich an Bord des Schiffes zum letztenmal gesegnet hatte. »Mein armer Junge, ich werde dich nie wiedersehen«, hatte die Unglückliche geschluchzt und mich an die Brust gedrückt. Und diese Worte schwangen jetzt in mir nach wie eine Prophezeiung, die in Erfüllung ging.

Ich muß zur Erklärung hinzufügen, daß ich mich in Venedig befand, das noch immer unter dem Eindruck der Verse von Lord Byron stand. Ganz in meine Träume versunken, die Vergangenheit noch einmal durchlebend, fühlte ich mich in die altehrwürdige Republik zurückversetzt. Das ging so weit, daß ich einmal einen Schankwirt fragte, ob der Doge an diesem Tag ausgehen würde. »Was für ein Doge, signor mio?« Ich kam zu mir, gestand aber nicht ein, daß ich geträumt hatte. Ich machte ihm weis, meine Frage sei etwas wie ein amerikanisches Silbenrätsel gewesen. Er nickte verständnisvoll und erklärte, amerikanische Silbenrätsel gefielen ihm sehr gut. Er war eben ein echter Schankwirt. Und dann ließ ich alles zurück, den Schankwirt, den Dogen, die Seufzerbrücke, die Gondel, die Verse des Lords, die Damen vom Rialto, alles, und startete Hals über Kopf nach Rio de Janeiro.

Ich kam ... Aber nein, wir wollen dieses Kapitel nicht unnötig in die Länge ziehen. Manchmal vergesse ich mich beim Schreiben, und meine Feder verschlingt dann eine Unmenge Papier, was mir, dem Autor, ernsthaften Schaden zufügt. Lange Kapitel passen nämlich mehr zu schwerfälligen Lesern, und wir sind doch kein Publikum in Folio, sondern in Duodez. Wenig Text, breiter Rand, elegante Typen, Goldschnitt und Vignetten ... besonders Vignetten ... Aber halt, das Kapitel sollte ja nicht länger werden.

Kapitel 23
Traurig, aber kurz

Ich war angekommen. Bei der Rückkehr in meine Vaterstadt entdeckte ich ein ganz neues Gefühl in mir, das nicht der Wiederbegegnung mit dem politischen Vaterland, sondern mit den Stätten meiner Kindheit entsprang. Da waren die Straße, der Turm, der Brunnen an der Ecke, die Frau mit der Mantilla und der Sklave, den sein Herr vermietet hatte. Dinge und Begebenheiten, die sich mir aus meinen ersten Lebensjahren eingeprägt hatten, erwachten zu neuem Leben. Der Geist, der sich wie ein Vogel nicht um den Fluß der Jahre kümmert, kehrte um und flog zur Quelle seines Ursprungs zurück, um frisches, klares Wasser zu trinken, das noch nicht vom Leben verunreinigt worden war.

Allerdings fehlte es hier auch nicht an Gemeinplätzen. Betrüblich hohl war die Bestürzung der Familie. Mein Vater umarmte mich, in seinen Augen standen Tränen. »Deine Mutter wird nicht mehr lange leben«, sagte er zu mir. Nicht der Rheumatismus, sondern Magenkrebs setzte ihrem Leben ein Ende. Die Unglückliche litt gewiß fürchterliche Qualen. Die Tugenden seines Opfers sind dem Krebs völlig gleichgültig. Wenn er erst sein zerstörerisches Werk begonnen hat, dann nagt er immer weiter. Nagen ist sein Handwerk. Meine Schwester Sabina, die damals schon mit Cotrim verheiratet war, fiel vor Müdigkeit fast um. Das arme Mädchen! Sie schlief jede Nacht nur drei Stunden. Selbst Onkel João ging bedrückt und traurig umher. Dona Eusébia und einige andere Frauen waren auch zugegen, genauso verzweifelt und ebenso aufopferungsvoll.

»Mein Junge!«

Die Schmerzen ließen ein wenig nach, und ein Lächeln, über dem der Tod mit seinem Ewigkeitsflügel schlug, erhellte das Gesicht der Kranken. Es war bereits kein Antlitz mehr, sondern glich eher einem Totenschädel. Die Schönheit war wie ein strahlender Tag vergangen, und nur die Knochen, die nie abmagern, waren unverändert. Ich erkannte sie kaum wieder, acht oder neun Jahre hatten wir uns nicht gesehen. Ich kniete stumm neben dem Bett, hielt ihre Hände in den meinen und wagte nicht zu sprechen, weil jedes Wort doch nur ein Schluchzer gewesen wäre. Wir fürchteten zu verraten, daß es mit ihr zu Ende ging. Unnötige Sorge! Sie wußte genau, wie es um sie stand, und sprach sogar mit mir darüber. Der nächste Morgen bestätigte unsere Vorahnung.

Ihr Todeskampf dauerte lange und war von einer so minutiösen, kalten und anhaltenden Grausamkeit, daß mich Schmerz und Verzweiflung fast überwältigten. Es war das erste Mal, daß ich einen Menschen sterben sah. Ich hatte den Tod vorher nur vom Hörensagen gekannt und ihn höchstens zu Stein erstarrt im Gesicht eines Verstorbenen erblickt, den ich auf den Friedhof geleitete. Die unklare Vorstellung, die ich mir von ihm machte, gründete sich auf die Ausführungen von Professoren, die über Alte Geschichte gelesen hatten – über den heimtückischen Tod Cäsars, den nüchternen Sokrates' oder den stolzen Catos. Aber dieses Duell zwischen dem Sein und dem Nichtsein, den Tod bei seinem schmerzlichen, zuckenden und von Krämpfen begleiteten Werk ohne politische oder philosophische Rechtfertigung, diesen Tod eines geliebten Menschen erlebte ich zum erstenmal. Ich weinte nicht, ich erinnere mich genau, daß ich während dieses Schauspiels keine Träne vergoß. Meine Augen waren stumpf, die Kehle war wie zugeschnürt, das Bewußtsein gelähmt. War es denn möglich? Ein so weiches, zärtliches und beinahe heiliges Geschöpf, das niemanden eine Träne des Kummers hatte vergießen lassen, eine liebevolle Mutter und makellose Gattin sollte so elend zugrunde gehen, gemartert und zerfetzt von den gierigen Zähnen einer Krankheit, die kein Erbarmen kennt? Ich gestehe, daß mir dieser Vorgang unerklärlich, ungerecht und ungesund schien . . .

Das war ein trauriges Kapitel. Wenden wir uns jetzt einem erfreulicheren zu.

Kapitel 24
Kurz, aber heiter

Ich war verzweifelt. Trotzdem blieb ich in dieser Zeit oberflächlich und dünkelhaft. Über das Problem Leben und Tod hatte ich mir niemals den Kopf zerbrochen, und bisher hatte ich mich auch noch nicht über den Abgrund des Unerklärbaren gebeugt. Das Entscheidende, das Schwindelgefühl, das dazu reizt, hatte mir gefehlt . . .

Um euch die ganze Wahrheit zu sagen: ich fühlte mich von

den Ansichten eines Frisörs angezogen, den ich in Modena kennengelernt hatte und der sich dadurch auszeichnete, daß er nie zu einer Frage Stellung bezog. Er war eine Perle unter den Figaros. Das Frisieren konnte so viel Zeit in Anspruch nehmen, wie es wollte, er wurde nie ungehalten. Während er mit dem Kamm durch die Haare fuhr, gab er eine Menge Sprüche und Witze zum besten, die spritzig waren und originell ... Eine andere Philosophie hatte er nicht. Ich übrigens auch nicht. Ich will damit nicht sagen, daß mir die Universität nichts vermittelt hätte, aber lediglich die Formeln und das Vokabular, kurzum, das Skelett war mir im Gedächtnis haftengeblieben. Mit der Universität hielt ich es wie mit dem Latein. Um die Konversation bestreiten zu können, steckte ich mir drei Verse von Vergil, zwei von Horaz und ein Dutzend moralische und politische Sinnsprüche ein, die ich wiederum wie die Geschichte und die Jurisprudenz behandelte. Allen entnahm ich nur die Phraseologie, die äußere Hülle, das Beiwerk ...

Vielleicht verblüfft dich, geschätzter Leser, die Offenheit, mit der ich über meine Mittelmäßigkeit schreibe, aber ich möchte dir dazu erklären, daß Aufrichtigkeit die vornehmste Tugend eines Verstorbenen ist. Die wachsame öffentliche Meinung, die einander entgegengesetzten Interessen und der Wettstreit der Leidenschaften verpflichten einen zu Lebzeiten, die alten Lumpen mit ihren Löchern und Flicken zu verdecken, um der Welt nicht zu offenbaren, was man vor seinem Gewissen nicht verbergen kann. Das Beste daran ist, daß man in dem Bestreben, andere hinters Licht zu führen, sich selbst täuscht, weil man sich in einem solchen Fall Verdruß erspart, der zu den schmerzlichen Gefühlen gehört, und um eine Heuchelei herumkommt, die zu den scheußlichsten Lastern gerechnet werden muß. Aber wenn man tot ist, welch ein Unterschied! welch eine Erleichterung! welche Freiheit! Wie unbeschwert kann man jetzt den Mantel ablegen, sich des Flitterkrams entledigen, sich von allem losreißen, die Schminke entfernen, alte Gewohnheiten über Bord werfen und einfach bekennen, was war und was nicht mehr existiert! Und all das, weil man keine Nachbarn, Freunde oder Feinde, keine Bekannten oder Mitmenschen, weil man keine Zuschauer mehr hat. Die wachsame öffentliche Meinung, deren Blick so scharf und unbestechlich ist, verliert ihre Bedeutung, sobald wir das Land des Todes betreten. Ich behaupte damit nicht, daß sie nicht auch bis dorthin reicht und uns weiter beobachtet und beurteilt, aber der Unterschied besteht darin, daß uns dann weder eine Kontrolle noch eine Kritik berührt. Meine Herren Lebenden, es gibt nichts, was sich mit der Verachtung der Toten vergleichen ließe.

Kapitel 25
In Tijuca

Oje, da ist meine Feder doch ins Pathetische abgerutscht! Wir wollen einfach bleiben, so ungekünstelt wie das Leben, das ich in den ersten Wochen nach dem Tod meiner Mutter in Tijuca führte.

Am siebten Tag, nachdem die Totenmesse gelesen worden war, ergriff ich meine Flinte, packte einige Bücher, Wäsche und Zigarren zusammen, befahl einem Negerjungen – dem Prudêncio aus dem 11. Kapitel –, mich zu begleiten, und zog mich in ein altes Haus zurück, das zu unserem Besitztum gehörte. Mein Vater bemühte sich, mich davon abzuhalten, aber ich konnte und wollte ihm nicht gehorchen. Sabina hatte mich eingeladen, bei ihr einige Zeit – wenigstens zwei Wochen – zu wohnen, und mein Schwager war schon drauf und dran gewesen, mich mit sanfter Gewalt dorthin zu befördern. Dieser Cotrim war ein feiner Junge, der die leichtsinnigen Geschäfte aufgegeben hatte und jetzt nur noch weitblickend mit seriösen Waren handelte. Mit Feuereifer und Beharrlichkeit arbeitete er von früh bis spät. Abends saß er am Fenster, kraulte sich den Backenbart und dachte nur an seine Geschäfte. Er liebte seine Frau und den Jungen, der einige Jahre später starb. Man sagte ihm nach, er sei geizig.

Ich wollte von alledem nichts wissen und war nur bestürzt. Ich glaube, daß sich damals in mir die Hypochondrie, diese bleiche, einsame und krankhafte Blüte, zu entfalten begann, die so berauschend und mild duftet. »Wie schön ist es doch, traurig zu sein und zu schweigen!« Ich gestehe, daß ich ein wunderbares Echo in mir vernahm, als diese Worte Shakespeares meine Aufmerksamkeit erregten. Wie ich mich erinnere, saß ich damals unter einer Tamarinde, hielt das aufgeschlagene Buch des Dichters in den Händen und fühlte mich noch bedrückter, als diese Gestalt es war – so wehmütig, wie man es melanchonischen Schwächlingen nachsagt. Der stille Schmerz lastete schwer auf meiner Brust, vermittelte mir aber ein einzigartiges Gefühl, das man Wollust des Widerwillens nennen könnte. Wollust des Widerwillens – präge dir diesen Begriff gut ein, geschätzter Leser! Behalte und prüfe ihn, und wenn es dir nicht gelingt, ihn zu verstehen, dann magst du daraus schließen, daß dir eine der zartesten Empfindungen dieser Welt und jener Zeit unbekannt geblieben ist.

Manchmal ging ich auf die Jagd, mitunter schlief ich oder nahm ein Buch zur Hand – ich las sehr viel –, dann wieder tat ich gar nichts. Wie ein verspielter oder hungriger Schmetterling gaukelte ich von einem Gedanken zum anderen und von Vorstellung zu Vorstellung. Die Stunden vergingen eine nach der anderen wie fallende Tropfen. Die Sonne vollendete ihre Bahn, die Schatten der Nacht verhüllten die Berge und die Stadt. Niemand besuchte mich. Ich hatte ausdrücklich darum gebeten, allein gelassen zu werden. Einen Tag, einen zweiten und dritten, eine ganze Woche verbrachte ich so, ohne ein einziges Wort zu sprechen. Das reichte aus, mir Tijuca zu verleiden und mich für das gewohnte unruhige Leben wiederherzustellen. Ja, nach sieben Tagen war ich der Einsamkeit überdrüssig. Der Schmerz hatte sich gelegt, und mein Geist gab sich nicht mehr mit Jagen und Lesen, einem

Spaziergang im Wäldchen oder mit dem Betrachten des Himmels zufrieden. Die Jugend verlangte ihr Recht, ich mußte weiterleben. Ich packte das Problem des Lebens und des Todes, die Hypochondrie des Dichters, die Hemden, die Meditationen und die Krawatten in einen Koffer und war eben dabei, ihn zu schließen, als Prudêncio mir mitteilte, eine meiner Bekannten sei am Vortag in ein rotes Haus gezogen, das zweihundert Schritte von unserem entfernt sei.

»Wer?«

»Nhonhô, vielleicht erinnern Sie sich nicht mehr an Dona Eusébia . . .«

»Ich erinnere mich. Ist sie es?«

Sie und ihre Tochter. Beide sind gestern vormittag angekommen.«

Mir fiel sofort die Episode vom Jahre 1814 ein, und ich war beklommen. Aber ich bemerkte, daß der Lauf der Dinge mir recht gegeben hatte. Tatsächlich hatte man intime Beziehungen zwischen Vilaça und der Schwester des Feldwebels nicht verhindern können. Schon vor meiner Abreise waren mysteriöse Gerüchte über die Geburt eines Mädchens umgelaufen. Mein Onkel João schrieb mir später, Vilaça habe nach seinem Tode Dona Eusébia ein hübsches Andenken hinterlassen, das dem ganzen Stadtviertel genügend Gesprächsstoff liefere. Onkel João selbst war auf Skandale geradezu versessen und behandelte in seinem Brief, der übrigens sehr lang geraten war, nur diesen einen Fall. Der Lauf der Dinge hatte mir also recht gegeben. Aber wenn nun alles ganz anders war . . . Das Jahr 1814 lag weit zurück, ebenso jener Lausbubenstreich, Vilaça und der heimliche Kuß im Gebüsch. Außerdem hatten nie enge Beziehungen zwischen ihr und mir bestanden. Diese Gedanken gingen mir durch den Kopf, als ich den Koffer zumachte.

»Nhonhô, werden Sie Dona Eusébia nicht besuchen?« erkundigte sich Prudêncio. »Sie hat doch meine verstorbene Herrin angekleidet.«

Ich entsann mich, sie unter den anderen Frauen gesehen zu

haben, die nach dem Tod meiner Mutter in unser Haus gekommen und auch beim Begräbnis zugegen gewesen waren; allerdings wußte ich nicht, daß sie ihr diesen letzten Dienst erwiesen hatte. Die Bemerkung des Negers war richtig, ich schuldete ihr einen Besuch. Ich entschloß mich, sofort hinzugehen.

Kapitel 26
Der Autor zögert

Plötzlich vernahm ich eine Stimme. »Hör mal, mein Junge, das ist doch kein Leben!« Es war mein Vater, der mich aufsuchte, um mir zwei Vorschläge zu unterbreiten. Ich setzte mich auf den Koffer und empfing ihn ohne jede Begeisterung. Er blieb einen Augenblick lang stehen und sah mich an. Dann reichte er mir gerührt die Hand.

»Mein Sohn, ergib dich in den Willen Gottes.«

»Das habe ich bereits getan«, antwortete ich und küßte ihm die Hand.

Er hatte noch nicht gegessen, und so nahmen wir das Mittagsmahl gemeinsam ein. Keiner von uns beiden erwähnte den traurigen Grund meiner Abgeschlossenheit. Nur einmal sprachen wir flüchtig darüber, als mein Vater die Unterhaltung auf die Obrigkeit brachte. Er wies in diesem Zusammenhang auf das Beileidsschreiben hin, das ihm eins der Staatsoberhäupter übersandt hatte. Er trug den Brief, der schon ziemlich zerknittert war, bei sich. Offenbar hatte er ihn schon vielen Leuten vorgelesen. Ich glaube gesagt zu haben, daß er von einem der Staatsoberhäupter war. Er las ihn mir zweimal vor.

»Ich war bereits dort, um ihm für dieses Zeichen seiner Anteilnahme zu danken«, schloß mein Vater, »und ich bin der Meinung, du solltest das auch tun.«

»Ich?«

»Ja, du. Er ist ein bedeutender Mann und vertritt manchmal sogar den Kaiser. Außerdem trage ich eine Idee mit mir herum, einen Plan oder . . . ja, ich werde dir alles sagen. Es sind nämlich zwei Projekte, die ich dir unterbreiten möchte, ein Abgeordnetensitz und eine Heirat.«

Mein Vater brachte alles mit Unterbrechungen und in unterschiedlichem Ton hervor, verlieh seinen Worten aber einen gewissen Nachdruck und ordnete sie so an, daß sie sich mir fest einprägen mußten. Sein Vorschlag stand indes in so krassem Widerspruch zu meinen letzten Empfindungen, daß ich ihn nicht gleich begriff. Er ließ es sich aber nicht verdrießen, wiederholte sein Anliegen und schilderte mir das Amt und die Braut.

»Nimmst du an?«

»Ich verstehe nichts von Politik«, sagte ich einen Augenblick später. »Und was die Braut anbetrifft . . . laß mich leben wie ein Bär, der ich nun einmal bin.«

»Aber auch Bären heiraten«, wandte er ein.

»Dann schaff mir eine Bärin herbei. Sieh mal, die große Bärin dort am Himmel . . .«

Mein Vater lachte, dann beruhigte er sich und sprach sehr ernst auf mich ein. Er erklärte mir, daß ich die politische Laufbahn einschlagen müsse. Dafür gebe es zwanzig und mehr Gründe, die er nur flüchtig streifte und die er mit Beispielen aus unserem Bekanntenkreis belegte. Was nun die Braut anging, so brauchte ich sie nur einmal in Augenschein zu nehmen. Wenn ich sie sähe, würde ich sofort, ohne einen einzigen Tag zu zögern, bei ihrem Vater um ihre Hand anhalten. So versuchte er, mich erst zu begeistern, dann zu überzeugen und schließlich zu nötigen. Ich antwortete nicht, spitzte einen Zahnstocher an oder knetete Brotkügelchen, lachte dabei oder dachte nach. Der Vollständigkeit halber muß ich hinzufügen, daß ich mich seinem Vorschlag gegenüber nicht willig, aber auch nicht aufrührerisch zeigte. Ich war einfach ratlos. Ein Teil meines Wesens bejahte, daß eine schöne Gattin und eine politische Stellung durchaus erstrebenswert wären, ein anderer Teil sagte nein dazu. Der Tod meiner Mutter war mir wie ein Beispiel für die Vergänglichkeit der Dinge, der Liebe und der Familie erschienen.

»Ich gehe nicht, ohne eine definitive Antwort erhalten zu haben«, sagte mein Vater. »Eine de-fi-ni-ti-ve!« wiederholte er und unterstich jede Silbe mit einem Schlag seines Fingers.

Er trank den letzten Schluck seines Kaffees, rekelte sich und redete dann über alles mögliche, über den Senat, die Abgeordnetenkammer, die Regierung, die Restauration, über Evaristo, über eine Kutsche, die er zu kaufen beabsichtigte, und über unser Haus in Matacavalos . . . Ich stand am Ende des Tisches und malte mit einem Bleistiftstummel wirres Zeug auf ein Stück Papier. Ich schrieb ein Wort, einen Satz, einen Vers, zeichnete eine Nase und ein Dreieck und wiederholte alles mehrmals, ohne System, aufs Geratewohl, und das sah etwa so aus:

arma virumque cano
A
Arma virumque cano
arma virumque cano
arma virumque
arma virumque cano
virumque

Ich tat das alles mechanisch, trotzdem wohnte diesem Spiel eine gewisse Logik und Deduktion inne. So kam ich zum Beispiel durch virumque auf den Namen des Dichters, und zwar durch die erste Silbe. Ich wollte virumque schreiben – und Virgílio kam dabei heraus. Und so fuhr ich fort:

Vir Virgílio
Virgílio Virgílio
Virgílio
Virgílio

Mein Vater, über so viel Gleichgültigkeit etwas ärgerlich, erhob sich, trat zu mir und blickte auf das Papier . . .

»Virgílio!« rief er aus. »Du hast es, mein Junge, deine Braut heißt Virgília.«

Kapitel 27
Virgília?

Virgília? Also handelte es sich um dieselbe Frau, die einige Jahre später . . .? Ja, um dieselbe. Sie war es, die 1869 meine letzten Tage miterleben mußte und die vorher, sehr lange vorher, viel Raum in meiner Gefühlswelt eingenommen hatte. Damals zählte sie kaum fünfzehn oder sechzehn Jahre und war vielleicht das dreisteste Wesen unseres Volkes, ganz gewiß aber das eigenwilligste. Ich sage nicht, daß sie die Schönste unter den Mädchen jener Zeit gewesen sei, denn dieser Roman soll nicht zu denen gehören, deren Autoren die Wirklichkeit übertünchen und die Augen vor Sommersprossen und Mitessern verschließen, womit ich aber nicht ausdrücken will, daß ihr Gesicht durch Sommersprossen oder Mitesser verunreinigt gewesen wäre. Nein, sie war hübsch und frisch und kam mit jenem wechselhaften und doch ewig gleichen Zauber aus dem Schoß der Natur, der von Mensch zu Mensch weitergereicht wird, um die unerforschliche Absicht der Schöpfung zu erfüllen. So war Virgília, rein, sehr rein, anmutig, unwissend, kindlich und erfüllt von einem geheimnisvollen Ungestüm. Sie war bequem und ein wenig fromm – fromm oder ängstlich, ich glaube ängstlich.

Hier habe ich dir, lieber Leser, mit wenigen Strichen das physische und moralische Bild einer Frau gezeichnet, die mein späteres Leben so entscheidend beeinflussen sollte und die damals sechzehn Jahre alt war. Wenn du mein Buch liest – vorausgesetzt, daß du noch am Leben bist, wenn diese Seiten erscheinen –, wenn du also mein Buch liest, geliebte Virgília, bemerkst du dann auch den Unterschied zwischen meiner heutigen Ausdrucksweise und der Art, in der ich zu dir sprach, als ich dich zum erstenmal sah? Du kannst mir glauben, daß ich damals ebenso aufrichtig war wie heute. Der Tod hat mich weder verbittert noch ungerecht werden lassen.

Aber, wirst du jetzt einwenden, wie kannst du dich an alles aus jener Zeit so genau erinnern und es nach so vielen Jahren wahrheitsgetreu niederschreiben?

Oh, du Voreilige! Oh, du großes Dummerchen! Gerade die Fähigkeit, das Vergangene neu zu beleben, um die Unbeständigkeit unserer Eindrücke und die Nichtigkeit unserer Liebe zu überwinden, macht uns doch zu Beherrschern der Erde. Laß Pascal ruhig behaupten, der Mensch sei ein denkendes Rohr. Nein, er ist ein denkendes Druckfehlerverzeichnis, das ja. Jede Station unseres Lebens ist eine neue Auflage, die die vorhergehende korrigiert und die selbst von der folgenden verbessert wird, bis hin zur allerletzten Auflage, die der Verleger den Würmern ganz umsonst überläßt.

Kapitel 28
Vorausgesetzt, daß . . .

»Virgília?« unterbrach ich ihn.

»Ja, Senhor, so heißt deine Braut. Sie ist ein Engel, du Dummkopf, ein Engel ohne Flügel. Du mußt dir solch ein Mädchen vorstellen, so groß, lebendig wie Quecksilber und mit Augen . . . Sie ist die Tochter von Dutra . . .«

»Von welchem Dutra?«

»Kennst du den Gerichtsrat Dutra nicht? Er ist ein Mann mit großem politischem Einfluß. Also, nimmst du an?«

Ich antwortete nicht sofort. Ich sah einige Sekunden lang auf die Spitzen meines Stiefels hinunter und erklärte mich dann bereit, beide Vorschläge, die Kandidatur und die Heirat, zu prüfen, vorausgesetzt, daß . . .

»Vorausgesetzt, was?«

»Vorausgesetzt, daß ich nicht verpflichtet bin, beide zu

akzeptieren. Ich glaube, daß ich unabhängig voneinander Ehemann und Politiker sein kann . . .«

»Jeder Politiker muß verheiratet sein«, unterbrach mich mein Vater in belehrendem Ton. »Aber mach, was du willst, ich bin mit allem einverstanden. Für mich steht fest, daß dich ein Besuch bei ihr überzeugen wird! Im übrigen sind die Braut und das Parlament ein und dasselbe . . . das heißt, nein . . . Du wirst es später begreifen . . . Einverstanden. Ich billige den Aufschub, vorausgesetzt, daß . . .«

»Vorausgesetzt, was?« fiel ich ihm ins Wort, seine Stimme imitierend.

»Oh, du Flegel! Vorausgesetzt, daß du hier nicht unnütz, verborgen und traurig herumlungerst. Ich habe nicht Geld, Sorgen und Mühen aufgewandt, um dich am Ende nicht berühmt zu sehen, wie es deine Pflicht ist und wie es dir und uns allen zusteht. Du mußt unseren Namen fortsetzen und ihn noch klangvoller machen. Schau mal, ich bin jetzt sechzig Jahre alt, aber wenn es darauf ankäme, ein neues Leben anzufangen, so täte ich es sofort, ohne eine einzige Minute zu zögern. Fürchte dich davor, unbekannt zu bleiben, Brás, und meide das Niedrige. Sieh, die Menschen verschaffen sich Ansehen auf die verschiedenste Art, das sicherste ist aber immer, in der Meinung der anderen etwas zu gelten. Vergeude nicht die Vorteile deiner Stellung, deine Möglichkeiten . . .«

Und der Magiker fuhr fort, eine Blechklapper vor mir zu schütteln, so wie es meine Mutter in meiner frühen Kindheit getan hatte, um meine Schritte zu beschleunigen. Die Blüte der Hypochondrie bildete sich zur Knospe zurück, während eine weniger bleiche, aber durchaus gesunde ihre Stelle einnahm – die Liebe zum Ruhm, der Brás-Cubas-Balsam.

Kapitel 29

Der Besuch

Mein Vater hatte gewonnen. Ich erklärte mich bereit, die Stellung und die Heirat anzunehmen, Virgília und die Abgeordnetenkammer. »Die beiden Virgílias«, sagte er mit einer Rührung, die berechnet war. Ich hatte beides akzeptiert. Mein Vater umarmte mich zweimal kräftig. Es war sein eigenes Blut, das er endlich in mir wiedererkannte.

»Gehst du gleich mit mir?«

»Ich komme morgen nach. Vorher will ich noch Dona Eusébia besuchen.«

Mein Vater rümpfte die Nase, sagte aber nichts. Er verabschiedete sich und ging. Am Nachmittag desselben Tages stattete ich Dona Eusébia einen Besuch ab. Bei meinem Eintreffen wies sie gerade einen schwarzen Gärtner zurecht, ließ aber sofort alles stehen und liegen, um sich nur noch mit mir zu unterhalten. Sie war so begeistert und freute sich so herzlich, daß sich meine Befangenheit im Nu löste. Ich glaube, sie ist mir mit ihren kräftigen Armen sogar um den Hals gefallen. Auf der Veranda ließ sie mich neben sich Platz nehmen und rief immer wieder vergnügt aus: »Also, der Bràsinho! Ein richtiger Mann! Wer vor einigen Jahren gesagt hätte . . . Ein Hüne! Und gut sieht er aus! Ich muß schon sagen! Erinnerst du dich noch an mich?«

Ich bejahte und fügte hinzu, daß man eine so vertraute Freundin unserer Familie nicht vergessen könne. Darauf begann Dona Eusébia so sehnsuchtsvoll von meiner Mutter zu sprechen, daß sie mich sofort für sich gewann, obgleich ich dabei traurig wurde. Sie las dieses Gefühl in meinen Augen und gab dem Gespräch eine andere Wendung. Sie bat mich, ihr von der Reise, dem Studium und meinen Liebschaften zu erzählen. Ja, auch von meinen Damenbekanntschaften. Sie gestand mir, eine alte Genießerin zu sein. Dabei erinnerte ich mich an die Episode im Jahre 1814, an sie, an den Vilaça, das Gebüsch, den Kuß und meinen Schrei, und während ich noch so zurückdachte, hörte ich auf einmal eine Tür quietschen, Röcke rascheln und eine Stimme: »Mutti ... Mutti ...«

Kapitel 30
Die Blume aus dem Gebüsch

Die Stimme und die Röcke gehörten zu einem brünetten Mädchen, das, als es einen Fremden erblickte, einige Sekunden in der Tür stehenblieb. Kurzes, verlegenes Schweigen. Dona Eusébia brach es schließlich resolut und freimütig.

»Komm her, Eugênia«, sagte sie, »begrüß Herrn Doktor Brás Cubas. Er ist der Sohn von Senhor Cubas und vor kurzem aus Europa zurückgekehrt.«

Und zu mir gewandt: »Meine Tochter Eugênia.«

Eugênia, die Blume aus dem Gebüsch, dankte kaum für die höfliche Geste, mit der ich sie begrüßte. Sie schaute mich nur verwundert und schüchtern an und näherte sich langsam dem Stuhl ihrer Mutter. Diese brachte einen ihrer Zöpfe in Ordnung, der sich am Ende gelöst hatte. »Oh, du Wildfang!« rief sie aus. »Sie glauben gar nicht, Herr Doktor, was das für ein Racker ist.« Sie küßte das Mädchen so überströmend zärtlich, daß ich ein wenig gerührt wurde. Ich erinnerte mich an meine Mutter, und – auch das will ich nicht verschweigen – ich bekam sogar Lust, Papa zu werden.

»Wildfang?« wiederholte ich. »Dann ist sie ja gar nicht so alt, wie sie aussieht.«

»Was schätzen Sie?«

»Siebzehn.«

»Eins weniger.«

»Sechzehn. Also schon eine richtige junge Dame!«

Eugênia konnte ihre Genugtuung nicht verbergen, die sie bei meinen Worten empfand, beherrschte sich aber und stand da wie zuvor, kerzengerade, ausdruckslos und stumm. Sie erschien in der Tat fraulicher, als sie eigentlich war.

Gemessen an ihrem Übermut, war sie noch ein Kind, aber wie sie so dastand, ruhig und leidenschaftslos, hatte sie die Haltung einer verheirateten Frau. Vielleicht beeinträchtigte das sogar ihren jungfräulichen Reiz. Rasch freundeten wir uns miteinander an. Ihre Mutter lobte sie überschwenglich, ich hörte mir alles an und nickte zustimmend. Sie lachte und hatte dabei einen so strahlenden Blick, als flattere dort drinnen hinter ihrer Stirn ein kleiner Schmetterling mit goldenen Flügeln und diamantenen Augen ...

Ich sagte drinnen, denn was hier draußen herumflog, war ein schwarzer Falter, der plötzlich in der Verand aufgetaucht war und Dona Eusébia mit hastigem Flügelschlag umkreiste. Sie schrie auf, erhob sich und stieß unbeherrscht Verwünschungen aus: »Ich verfluche dich! ... Hebe dich hinweg, Satan! ... Heilige Mutter Gottes! ...«

»Haben Sie keine Angst«, beruhigte ich sie. Dann nahm ich mein Taschentuch und vertrieb das Tier. Dona Eusébia setzte sich wieder. Sie war außer Atem und schämte sich ein wenig. Ihre Tochter, die vor Angst ganz blaß geworden war, verbarg ihren Schrecken mit großer Willensanstrengung. Ich schüttelte beiden die Hand und entfernte mich, im stillen lachend über den Aberglauben der beiden Frauen. Es war ein philosophisches, unbeteiligtes und überlegenes Lachen. Am Abend sah ich Dona Eusébias Tochter, von einem Pagen begleitet, an mir vorbeireiten. Mit dem Ende ihrer Peitsche winkte sie mir einen Gruß zu, und ich gestehe, mir mit dem Gedanken geschmeichelt zu haben, daß sie sich ein Stück weiter noch einmal umwenden würde. Aber sie wandte sich nicht um.

Kapitel 31
Der schwarze Schmetterling

Am nächsten Tag, als ich mich gerade zum Fortgehen fertig machte, flatterte ein Schmetterling in mein Zimmer. Er war so schwarz wie der andere, aber viel größer. Mir fiel die Begebenheit vom Vortag ein, und ich mußte lachen. Dann dachte ich an die Tochter der Dona Eusébia, an den Schreck, den sie bekommen hatte, und an die Würde, die sie trotzdem zu wahren gewußt hatte. Der Schmetterling setzte sich, nachdem er mehrmals um mich herumgeflogen war, auf meine Stirn. Ich verjagte ihn, er entwich an die Fensterscheibe, und da ich ihn auch von dort wieder vertrieb, ließ er sich auf einem alten Bild meines Vaters nieder. Er war schwarz wie die Nacht. Wenn er saß, bewegte er kaum merklich die Flügel. Das war wie eine spöttische Geste, die mich aufregte. Ich wandte mich ab und verließ das Zimmer, aber als ich es einige Minuten später wieder betrat und ihn noch immer an derselben Stelle vorfand, gingen die Nerven mit mir durch. Ich ergriff ein Handtuch, schlug zu, und er fiel herab.

Er war nicht tot, sondern krümmte noch den Körper und bewegte den kleinen Rüssel. Ich erbarmte mich, nahm ihn auf die Hand und brachte ihn aufs Fensterbrett. Es war zu spät. Einige Sekunden danach starb der Unglückliche. Ich war ein wenig verstimmt und gereizt.

Warum, zum Teufel, war er nicht blau? fragte ich mich.

Diese Überlegung – eine der tiefstschürfenden, die seit der Erfindung der Schmetterlinge angestellt worden ist –, tröstete mich über meine böse Tat hinweg und versöhnte mich wieder mit mir selbst. Ich betrachtete das tote Tier, und ich gestehe, daß ich einige Sympathie dabei empfand. Ich stellte mir vor, wie er das Buschwerk verlassen hatte, zufrieden und glücklich. Der Morgen war wundervoll. Er kam von dort draußen, bescheiden und schwarz, vollführte seine Schmetterlingskapriolen unter der weiten Kuppel des blauen Himmels, der immer blau ist, für alle Flügel. Dann gelangte er an mein Fenster, flatterte ins Zimmer und entdeckte mich. Ich nehme an, daß er nie zuvor einen Menschen gesehen hatte. Darum wußte er auch nicht, was ein Mensch eigentlich ist. Er umkreiste meinen Körper unzählige Male und gewahrte, daß ich mich bewegte, daß ich Augen, Arme, Beine, ein göttliches Aussehen und eine riesige Gestalt hatte. Daraufhin sagte er zu sich: Das ist wahrscheinlich der Erfinder der Schmetterlinge. Dieser Gedanke überwältigte und entsetzte ihn, aber die Angst, die auch suggestiv ist, gab ihm ein, daß er seinem Schöpfer am meisten gefalle, wenn er ihn auf die Stirn küsse. Und so küßte er mich auf die Stirn. Als er von mir verscheucht wurde, setzte er sich auf die Fensterscheibe und sah von dort das Bild meines Vaters. Es ist durchaus möglich, daß ihm der richtige Zusammenhang klar wurde, daß dort nämlich der Vater des Erfinders der Schmetterlinge dargestellt war, und er flog hin, um von ihm Erbarmen zu erbitten.

Ein Schlag mit dem Handtuch setzte diesem Abenteuer ein Ende. Weder die blaue Unendlichkeit und die Freude der Blumen noch die Pracht der grünen Blätter retteten ihn vor einem Handtuch, vor zwei Handbreit groben Leinens. Seht ihr, wie gut es ist, Schmetterlingen überlegen zu sein! Denn – es ist richtig, das auszusprechen – ob blau oder orangefarben, sein Leben wäre auch nicht sicherer gewesen. Es war ja nicht ausgeschlossen, daß ich ihn mit einer Nadel aufgespießt hätte, um mich an seinen Farben zu erfreuen. Nein, das war nicht unmöglich. Dieser letzte Gedanke tröstete mich endgültig. Ich legte den Mittelfinger auf den Daumen, schnipste, und der tote Schmetterling fiel in den Garten. Es wurde auch Zeit. Dort kamen die vorsorglichen Ameisen . . . Nein, ich kehre zu dem ersten Gedanken zurück. Ich glaube, für ihn wäre es doch besser gewesen, blau geboren zu sein.

Kapitel 32

Angeborene Lahmheit

Ich ging nun daran, die letzten Reisevorbereitungen zu treffen. Ich verweile auch nicht länger und mache mich unverzüglich auf den Weg, denn ein aufmerksamer Leser könnte mich aufhalten und fragen, ob das vorige Kapitel nur eine Abgeschmacktheit sei oder gar als eine Verspottung angesehen werden müsse ... Ach, herrje, mit Dona Eusébia hatte ich nicht mehr gerechnet. Ich war gerade fertig, als sie das Haus betrat. Sie ersuchte mich, meinen Aufbruch zu verschieben, und lud mich zum Abendessen ein. Ich lehnte ab, aber sie bat und bat und bat so inständig, daß mir nichts übrigblieb, als anzunehmen. Zuviel der Bitten, ich schuldete ihr diese Zusage. So ging ich mit.

Eugênia hatte an diesem Tag meinetwegen auf jeglichen Schmuck verzichtet. Ich glaube, es war meinetwegen – es sei denn, sie tat es öfter. Nicht einmal die goldenen Ringe, die sie am Vortage getragen hatte, zierten jetzt die Ohren, die sich an ihrem Nymphenkopf fein abzeichneten. Sie trug ein einfaches weißes Musselinkleid ohne schmückendes Beiwerk und hatte an der Brust einen Perlmutterknopf anstelle einer Brosche. An den Manschetten waren ebenfalls Knöpfe, die die Ärmel schlossen. Nicht die Spur eines Armbandes war zu entdecken.

Das war ihr Äußeres. Nicht anders stand es um ihr Wesen. Sie sprach klare Gedanken aus, gab sich ungekünstelt und mit einer gewissen natürlichen Anmut und hatte die Haltung einer reifen Frau. Ich weiß nicht, ob noch etwas Bemerkenswertes an ihr war. Doch, der Mund. Er glich genau dem ihrer Mutter, der mich an die Episode im Jahre 1814 erinnerte und der mich reizte, Improvisationen zum selben Thema für die Tochter zu erfinden.

»Ich werde Ihnen jetzt unser Landhaus zeigen«, sagte die Mutter, als wir den letzten Tropfen Kaffee getrunken hatten. Wir gingen über die Veranda hinaus, und dabei fiel mir etwas auf. Eugênia hinkte ein wenig, so geringfügig, daß ich sie fragte, ob sie der Schuh drücke. Die Mutter schwieg, aber das Mädchen antwortete mit fester Stimme: »Nein, Senhor, es ist eine angeborene Lahmheit.«

Ich wünschte mich zu allen Teufeln und nannte mich einen Tolpatsch und einen Flegel. Natürlich hätte die bloße Möglichkeit, daß sie lahm war, ausreichen müssen, ihr nicht eine solche Frage zu stellen. Dann erinnerte ich mich unserer ersten Begegnung am Vortage, als das Mädchen sich langsam dem Stuhl der Mutter genähert hatte. Danach sah ich sie erst, als sie schon am Mittagstisch saß. Vielleicht wollte sie ihr Leiden auf diese Weise verbergen, aber warum gestand sie es jetzt? Ich blickte zu ihr hinüber und bemerkte, daß sie traurig war.

Ich bemühte mich nun, die Spuren meiner Ungeschicklichkeit zu tilgen. Das fiel mir nicht sonderlich schwer, denn die Mutter war, wie sie selbst offenbart hatte, eine alte Genießerin und knüpfte sofort ein Gespräch mit mir an. Wir besichtigten das ganze Landhaus, betrachteten die Bäume, die Blumen, den Enten- und den Waschteich und eine Vielzahl anderer Dinge, die sie mir zeigte und erklärte, während ich Eugênias Augen von der Seite her erforschte.

Ich verbürge mich dafür, daß Eugênias Blick nicht lahm war, sondern in Ordnung und kerngesund. Sie hatte dunkle und ruhige Augen. Ich glaube, daß sie sich zwei- oder dreimal senkten und ein wenig getrübt waren. Aber nur zwei- oder dreimal. Im allgemeinen sahen sie mich offen an, ohne Verwegenheit, aber auch ohne falsche Bescheidenheit.

Kapitel 33
Selig sind, die da nicht fortgehen

Am schlimmsten war, daß sie hinkte. Solche strahlenden Augen, so ein frischer Mund, so eine würdevolle Haltung – und lahm! Dieser Gegensatz könnte vermuten lassen, daß die Natur manchmal ein einziger Hohn ist. Warum war sie schön, wenn sie hinkte? Warum hinkte sie, wenn sie schön war? Dergleichen Fragen bewegten mich abends auf dem Heimweg, aber es gelang mir nicht, das Rätsel zu lösen. Wenn man ein Problem nicht entwirren kann, wirft man es am besten aus dem Fenster, und das tat ich dann auch. Ich ergriff ein Handtuch und verjagte diesen zweiten schwarzen Schmetterling, der durch mein Hirn gaukelte. Ich fühlte mich erleichtert und ging schlafen. Aber der Traum, der wie ein Spalt durch unser Bewußtsein verläuft, ließ das kleine Tier wieder herein, und so rang ich die ganze Nacht hindurch mit dem Mysterium, ohne eine Erklärung dafür zu finden.

Als der Morgen graute, regnete es, und ich verschob meine Abreise. Der nächste Tag brach rein und blau an, trotzdem blieb ich, wie auch am dritten und vierten, bis zum Wochenende. Die Morgenstunden waren herrlich, frisch und einladend. Dort unten riefen meine Angehörigen, eine Braut und das Parlament nach mir, aber ich verharrte, ohne etwas zu unternehmen, verzückt bei meiner beschädigten Venus. Verzückt, das ist ein Ausdruck, der den Stil etwas geschraubt macht. Es war gar nicht Verzückung, sondern Gefallen, eine Art physische und moralische Befriedigung. Ich mochte sie gern, das stimmt. In der Nähe dieses schlichten Geschöpfes, eines unehelichen Kindes, das hinkte und das aus Liebe und Verachtung gezeugt worden war, fühlte ich mich wohl, und ich glaube, sie fühlte sich in meiner Nähe noch wohler. Und all das in Tijuca. Es war einfach ein Hirtengedicht. Dona Eusébia beobachtete uns, aber in Maßen. Sie stimmte wohl Notwendigkeit und Schicklichkeit aufeinander ab. Die Tochter, in der die Natur zum erstenmal kraftvoll erwachte, bot mir ihre blühende Seele dar.

»Reisen Sie morgen ab?« fragte sie mich am Sonnabend.

»Ich habe es vor.«

»Tun Sie es nicht.«

Ich blieb und fügte dem Evangelium eine neue Seligpreisung hinzu: Selig sind, die da nicht fortgehen, denn der erste Kuß der Mädchen ist ihrer. Diesen ersten Kuß von Eugênia erhielt ich dann tatsächlich am Sonntag – den allerersten, den kein anderer Mann je bekommen würde. Er war nicht erzwungen oder geraubt, sie gab ihn mir so arglos, wie ein ehrlicher Schuldner etwas Geliehenes zurückzahlt. Arme Eugênia! Wenn du gewußt hättest, welche Gedanken mir dabei durch den Sinn gingen! Du, zitternd vor Erregung, hattest mir die Arme um die Schultern geschlungen und sahst in mir deinen willkommenen Gatten. Ich dagegen richtete den Blick auf das Jahr 1814, auf das Gebüsch und den Vilaça, und mutmaßte dabei, daß du dein Blut und deine Herkunft nicht verleugnen könntest.

Unerwartet trat Dona Eusébia ein, aber nicht so plötzlich, daß sie uns dicht beieinander ertappt hätte. Ich ging ans Fenster. Eugênia setzte sich, um ihre Frisur in Ordnung zu bringen. Welch reizende Verstellung, welch grenzenlose, auserlesene Kunst, welch abgrundtiefe Heuchelei! Und all das ganz und gar natürlich und lebendig, nicht etwa einstudiert, sondern so natürlich wie der Appetit oder der Schlaf. Um so besser! Dona Eusébia ahnte nichts.

Kapitel 34
An eine empfindsame Seele

Unter den fünf oder zehn Lesern dieses Buches wird eine empfindsame Seele sein, die sicherlich über das vorige Kapitel etwas verärgert ist, die um das Glück Eugênias zittert und vielleicht . . . ja, die mich vielleicht tief in ihrem Inneren zynisch nennt. Ich soll zynisch sein, empfindsame Seele? Beim Hinkefuß der Diana, diese Beleidigung müßte mit Blut gesühnt werden, wenn Blut überhaupt etwas reinwaschen kann auf dieser Welt. Nein, empfindsame Seele, ich bin nicht zynisch, ich war einfach ein Mann. Mein Gehirn war eine Bühne, auf der Stücke aller Genres aufgeführt wurden. Sakrale, nüchterne und sentimentale Dramen, flotte Komödien, wirre Farcen, Einakter und Possenspiele. Es war ein höllisches Durcheinander, empfindsame Seele, ein Wirrwarr von Dingen und Menschen, in dem du alles hättest entdecken können, von der Smyrnarose bis zur Raute in deinem Garten, vom prachtvollen Bett der Kleopatra bis zu dem Winkel am Strand, wo der Bettler im Schlaf vor Kälte zittert. In meinem Kopf kreuzten sich Gedanken unterschiedlichster Art und Gestalt. Dort herrschte nicht nur die Stimmung des Adlers und des Kolibris, sondern auch die der Nacktschnecke und der Kröte. Nimm also diesen Ausdruck zurück, empfindsame Seele, strafe die Nerven, reinige die Brille – mitunter liegt es an ihr –, und dann wollen wir die Blume aus dem Gebüsch ein für allemal verlassen.

Kapitel 35
Der Weg nach Damaskus

Nun geschah es, daß ich acht Tage später, so als wäre ich auf dem Weg nach Damaskus gewesen, eine geheimnisvolle Stimme hörte, die mir die Worte der Heiligen Schrift zuflüsterte (Apg. 9,6): »Stehe auf und gehe in die Stadt.« Diese Stimme kam aus meinem Innern und hatte zweierlei Ursprung: die Frömmigkeit, die mich angesichts der Unschuld der Kleinen entwaffnete, und die Angst, mich wirklich in sie zu verlieben und sie zu heiraten. Eine hinkende Frau! Was diesen Grund meiner Abreise betraf, so fand sie ihn zweifellos heraus und nannte ihn mir. Es war auf der Veranda an einem Montagnachmittag, als ich ihr eröffnete, daß ich am nächsten Morgen aufbrechen wolle. »Adieu«, seufzte sie und reichte mir schlicht die Hand. »Du tust gut daran.« Und da ich nichts erwiderte, fuhr sie fort: »Du tust gut daran, daß du davor flüchtest, dich durch eine Heirat mit mir lächerlich zu machen.« Ich versicherte ihr, so sei es nicht. Sie zog sich langsam zurück, die Tränen unterdrückend. Ich holte sie mit wenigen Schritten ein und schwor ihr bei allen Heiligen des Himmels, daß ich zwar verpflichtet sei, abzureisen, darum aber nicht aufhören würde, sie leidenschaftlich zu lieben. Lauter frostige Übertreibungen, die sie anhörte, ohne etwas zu entgegnen.

»Glaubst du mir?« fragte ich schließlich.

»Nein, aber ich sage dir, daß du gut daran tust.«

Ich wollte sie festhalten, aber der Blick, den sie mir zuwarf, war nicht mehr flehend, sondern befehlend. Am nächsten Morgen verließ ich Tijuca etwas verbittert, aber auch ein wenig zufrieden. Ich sagte mir, daß es ebenso richtig sei, meinem Vater zu gehorchen, wie angebracht, mich der politischen Laufbahn zuzuwenden ... dem Parlament ... der Braut ... meinem Reitpferd ...

Kapitel 36
Apropos Stiefel

Mein Vater hatte mich nicht erwartet und umarmte mich voller Rührung und Dankbarkeit. »Ist es denn wirklich wahr?« fragte er. »Kann ich nun endlich ...?«

Ich verließ ihn bei diesem fragmentarischen Satz und zog meine Stiefel aus, weil sie drückten. Nachdem ich mich so erleichtert hatte, atmete ich tief durch und machte mich lang, während die Füße und mein übriges Ich sich verhältnismäßig glücklich fühlten. Da kam mir der Gedanke, daß drückende Stiefel zu den köstlichsten Dingen der Erde gehören, denn indem sie an den Füßen Schmerzen verursachen, bereiten sie das Vergnügen, sie auszuziehen. Kasteie deine Füße, du Unglücklicher, hör' dann damit auf, und du gelangst billig zu Glück, so ganz nach dem Geschmack der Schuster und des Epikur. Während diese Idee auf jenem berühmten Trapez turnte, richtete ich meinen Blick zurück nach Tijuca und gewahrte, daß sich die arme Verkrüppelte am Horizont des Vergangenen verlor. Ich spürte, daß auch mein Herz nicht zögern würde, sich seiner Stiefel zu entledigen. Und das Schamlose zog sie tatsächlich aus. Vier oder fünf Tage später erlebte es diesen vergänglichen, unaussprechlichen und unvermeidbaren Augenblick des Genießens, der einem stechenden Schmerz, einer Verzagtheit oder einem Verdruß folgt . . . Ich schloß daraus, daß das Leben das findigste aller Phänomene sei, weil es den Hunger nur anstachelt, um eine Gelegenheit zum Essen zu bieten, und es erfand die Hühneraugen einzig und allein, um das irdische Glück zu vervollkommnen. Ich sage euch ehrlich, daß die gesamte menschliche Weisheit ein Paar drückende Stiefel nicht aufwiegen kann.

Du, meine Eugênia, hast sie niemals ausgezogen. Du hast die Straße des Lebens durchmessen, hinkend und mit zerbrochener Liebe, traurig wie ein Armenbegräbnis, einsam, schweigend und fleißig, bis du schließlich auch jenes andere Gestade erreicht hast . . . Ich weiß nicht, ob deine Existenz dem Jahrhundert sehr nützlich gewesen ist. Wer vermag das zu sagen? Vielleicht wäre die menschliche Tragödie, hätte sie einen Statisten zuwenig gehabt, ausgepfiffen worden.

Kapitel 37
Endlich!

Endlich taucht Virgília auf! Bevor wir zu dem Gerichtsrat Dutra gingen, erkundigte ich mich bei meinem Vater, ob bereits ein Vorvertrag für meine Heirat geschlossen worden sei.

»Keine Spur. Als wir vor einiger Zeit über dich sprachen, gab ich ihm zu verstehen, daß ich dich gern als Abgeordneten sehen würde. Ich habe das so geschickt vorgebracht, daß er mir zugesichert hat, etwas für dich zu tun, und ich glaube, er wird sein Wort halten. Was nun die Braut angeht, so kann ich dieses zarte Geschöpf nur mit einem Edelstein, einer Blume, einem Stern, mit etwas ganz Seltenem vergleichen . . .

sie ist seine Tochter. Ich denke, je rascher du sie heiratest, um so eher bist du Abgeordneter.«

»Nur deswegen?«

»Nur deswegen.«

So machten wir uns auf den Weg zu Dutra. Dieser Mann war ein Original, heiter, jovial, patriotisch, etwas verstimmt wegen der allgemeinen Misere, aber voller Hoffnung, sie bald zu überwinden. Er meinte, daß meine Kandidatur durchaus rechtmäßig sei, erachtete es aber für nützlich, noch einige Monate zu warten. Gleich darauf stellte er mich seiner Gattin vor – einer ehrenwerten Frau – und seiner Tochter, die in nichts hinter den farbigen Schilderungen meines Vaters zurückblieb. In nichts, schwöre ich euch. Lest das 27. Kapitel noch einmal. Ich, der bezüglich der Kleinen einige Absichten hegte, nahm sie auf gewisse Weise in Augenschein. Sie, von der ich nicht wußte, ob sie ähnliche Absichten hatte, prüfte mich in der gleichen Art. Unser erstes gegenseitiges Betrachten glich also einfach einer Musterung für die Ehe. Einen Monat später waren wir gute Freunde.

Kapitel 38
Die vierte Auflage

»Kommen Sie morgen zum Essen zu uns«, lud mich Dutra eines Abends ein.

Ich nahm an. Am folgenden Tag ließ ich die Kutsche am São-Francisco-de-Paula-Platz warten und schlenderte ein wenig durch die Straßen. Erinnert ihr euch noch meiner Theorie von den Auflagen des menschlichen Lebens? Dann müßt ihr wissen, daß ich mich damals in der vierten überarbeiteten und verbesserten Ausgabe befand, die aber noch eine Menge Fehler und Sprachwidrigkeiten enthielt. Diese Mängel wurden jedoch einigermaßen durch die eleganten Typen und den luxuriösen Einband ausgeglichen. Als ich meinen kleinen Ausflug beendet hatte und die Rua dos Ourives hinunterging, sah ich auf die Uhr, und dabei fiel mir das Glas zu Boden. Ich betrat den ersten besten Laden, den ich gerade zur Hand hatte; es war ein verstaubtes finsteres Loch, anders kann man es nicht bezeichnen.

Im Hintergrund, auf der anderen Seite des Ladentisches, saß eine Frau, deren gelbes, pockennarbiges Gesicht sich in der Dunkelheit nicht sofort deutlich abhob. Sobald es aber zu erkennen war, bot sich ein ungewöhnlicher Anblick. Die Frau war sicherlich nicht häßlich gewesen, im Gegenteil. Man sah ihr die frühere Schönheit, die nicht unbedeutend gewesen sein konnte, noch immer an. Aber die Krankheit und vorzeitiges Altern hatten die blühende Anmut zerstört. Die Pocken hatten furchtbar gewütet, ihre unzähligen auffallenden Spuren durchzogen als Vorsprünge und Vertiefungen, als Hügel und Täler das Gesicht und erinnerten an besonders grobes Sandpapier. In diesem Antlitz waren nur die Augen rein, aber sie hatten einen sonderbaren und geradezu abstoßenden Ausdruck, der indes gleich verschwand, als ich zu sprechen begann. Das Haar war grau und fast so staubig wie der Eingang des Ladens. An einem Finger der linken Hand funkelte ein Brillant. Könnt ihr es glauben, ihr Nachgeborenen? – diese Frau war Marcela.

Ich erkannte sie nicht sofort, das war auch sehr schwierig, aber sie wußte, gleich nachdem ich sie angesprochen hatte, wer vor ihr stand. Ihre Augen blitzten auf, veränderten den üblichen Ausdruck und wurden sanft und traurig zugleich. Ich sah sie eine Bewegung ausführen, als wolle sie sich verstecken oder entfliehen. Es war der Instinkt der Eitelkeit, der aber nur einen Augenblick lang anhielt. Marcela fügte sich in ihre Lage und lächelte.

»Möchtest du etwas kaufen?« fragte sie und reichte mir die Hand.

Ich antwortete nicht. Marcela begriff, weshalb ich schwieg – das war ja nicht schwierig –, und ich glaube, sie wagte nicht zu entscheiden, was bei mir die Oberhand hatte, das Entsetzen vor dem Gegenwärtigen oder die Erinnerung an Vergangenes. Sie bot mir einen Stuhl an und sprach über den Ladentisch hinweg lange über sich, über das Leben, das sie geführt, und die Tränen, die sie meinetwegen vergossen hatte, über ihre Sehnsucht und ihr Unglück und schließlich über die Pocken, die ihr Gesicht verunstaltet hatten, und die Zeit, die die Krankheit geheilt und den eigenen Niedergang beschleunigt hatte. Ihr Wesen war tatsächlich schon greisenhaft. Sie verkaufte alles oder fast alles. Ein Mann, ihr früherer Liebhaber, der in ihren Armen gestorben war, hatte ihr dieses Juweliergeschäft hinterlassen; aber um das Unglück vollkommen zu machen, ging es jetzt schlecht – möglicherweise wegen der Abnormität, daß eine Frau es führte. Dann bat sie mich, ihr von meinem Leben zu erzählen. Ich verwandte wenig Zeit auf diese Schilderung, die nicht lang und auch nicht interessant wurde.

»Bist du verheiratet?« erkundigte sich Marcela, nachdem ich geendet hatte.

»Noch nicht«, antwortete ich trocken.

Marcela sah auf die Straße hinaus, so abwesend wie jemand, der überlegt oder sich erinnert. Ich versetzte mich noch einmal in die Vergangenheit zurück und fragte mich inmitten all der Erinnerungen, weshalb es soviel Widersinn gab. Diese Frau war bestimmt nicht die Marcela vom Jahre 1822. Wog ihre frühere Schönheit auch nur den dritten Teil meiner Opfer auf? Auf der Suche nach einer Antwort durchforschte ich Marcelas Gesicht. Es verneinte meine Frage. Zugleich verrieten mir ihre Augen, daß in ihnen damals wie heute die Flamme der Begierde loderte. Diese Erkenntnis kam mir erst jetzt, weil ich sie vorher nur mit den Augen der ersten Auflage betrachtet hatte.

»Warum bist du hereingekommen? Hast du mich von der Straße aus gesehen?« fragte sie, als sich ihre Benommenheit löste.

»Nein, ich glaubte, es sei ein Uhrmacherladen. Ich wollte nämlich ein Glas für meine Uhr kaufen. Ich gehe jetzt in das

Geschäft auf der anderen Seite. Entschuldige mich, ich habe es sehr eilig.«

Marcela seufzte traurig. Ich war betrübt und ärgerlich zugleich, das ist wahr, und ich wünschte, längst draußen zu sein. Marcela rief unterdessen einen Negerjungen, gab ihm die Uhr und schickte ihn trotz meiner Einwände in den benachbarten Laden, um das Glas zu besorgen. Es half nichts, ich mußte mich noch einmal setzen. Sie eröffnete mir dann, daß sie sich um die Protektion ihrer alten Bekannten bemühe, hielt es für ganz natürlich, daß ich früher oder später heiratete, und versprach, mir auserlesene Edelsteine billig zu überlassen. Sie sagte nicht billig, sondern gebrauchte eine wohlgewählte, aber leicht durchschaubare Metapher. Ich begann zu bezweifeln, daß sie wirklich vom Unglück verfolgt sei – die Krankheit ausgenommen –, und war überzeugt, daß sie genügend Geld auf der hohen Kante hatte und diesen Handel einzig und allein zur Befriedigung ihrer Gewinnsucht betrieb, die wie ein Wurm an ihrer Existenz nagte. Das bestätigten mir später auch andere.

Kapitel 39
Der Nachbar

Während ich noch diesen Gedanken nachging, betrat ein kleiner Mann den Laden. Er trug keinen Hut und führte ein vierjähriges Mädchen an der Hand.

»Wie ging es heute vormittag?« fragte er Marcela.

»Soso. Komm mal her, Maricota.«

Der Mann ergriff das Kind an den Armen und hob es über den Ladentisch.

»Na los«, sagte er, »frag Dona Marcela, ob sie gut geschlafen hat. Sie war ganz versessen darauf, herzukommen, aber die Mutter fand nichts Rechtes zum Anziehen für sie ... Also, was ist, Maricota? Laß dich segnen ... Sieh mal, hier hab ich einen Quittenstock! So ... Sie können sich nicht vorstellen, wie sie zu Hause ist. Andauernd spricht sie von Ihnen, und hier tut sie so schüchtern. Erst gestern . . . Soll ich es erzählen, Maricota?«

»Nein, Papa, sag es nicht.«

»Dann war es also etwas Schlechtes?« fragte Marcela und gab dem Mädchen ein paar Patscher auf die Wangen.

»Ich werde es Ihnen erklären. Meine Frau bringt ihr bei, jeden Abend ein Vaterunser und ein Ave-Maria für die Mutter Gottes aufzusagen. Aber gestern bat mich die Kleine ganz demütig – können Sie sich das vorstellen? –, das Gebet an die heilige Marcela richten zu dürfen.«

»Mein Liebling«, rief Marcela aus und küßte sie.

»Diese Liebe und Leidenschaft können Sie sich nicht vorstellen . . . Ihre Mutter hält es für Zauber.«

Der Mann erzählte noch einige sehr reizvolle Begebenheiten. Schließlich ging er mit dem Mädchen wieder fort, allerdings nicht, ohne mir einen fragenden oder argwöhnischen Blick zugeworfen zu haben. Ich erkundigte mich bei Marcela, wer er sei.

»Ein Uhrmacher aus der Nachbarschaft, ein feiner Mensch, und auch seine Frau. Die Tochter ist gut erzogen, nicht wahr? Ich scheine ihnen sehr zu gefallen . . . es sind nette Leute.«

Als Marcela das sagte, zitterte ihre Stimme vor Freude, und eine Welle des Glücks breitete sich über ihr Gesicht aus.

Kapitel 40
In der Kutsche

In diesem Augenblick trat der Negerjunge ein und brachte die Uhr mit dem neuen Glas. Es war höchste Zeit, denn es hatte mich schon einiges gekostet, überhaupt so lange auszuharren. Ich gab ihm eine Silbermünze, erklärte Marcela, ich käme später wieder, und stürmte mit Riesenschritten davon. Um nichts zu unterschlagen, muß ich gestehen, daß mir das Herz ein wenig klopfte. Ich empfand es als eine Art Trauergeläut. In meinem Innern trafen die widersprüchlichsten Empfindungen aufeinander. Ich erinnere daran, daß dieser Tag freudig für mich begonnen hatte. Beim Frühstück hatte mir mein Vater schon die erste Rede vorgesprochen; die ich in der Abgeordnetenkammer halten sollte. Wir amüsierten uns köstlich dabei, und auch die Sonne strahlte wie an den schönsten Tagen der Welt. So würde auch Virgília lachen müssen, wenn ich ihr von unseren morgendlichen Hirngespinsten erzählte. Und dann fällt mir plötzlich das Uhrglas herunter. Ich betrete den ersten besten Laden, den ich gerade zur Hand habe, und begegne der Vergangenheit, die mich quält und küßt und die mich mit einem von Sehnsucht und Pocken zerfurchten Gesicht fragend anschaut . . .

Ich wandte mich von ihr ab, stieg hastig in die Kutsche, die am São-Francisco-de-Paula-Platz auf mich gewartet hatte, und wies den Kutscher an, schnell davonzufahren. Der Mann trieb die Pferde an, der Wagen schüttelte mich durch, die Federn ächzten, die Räder zerteilten in raschem Lauf den Schlamm, den der letzte Regen hinterlassen hatte, und doch hatte ich bei alldem das Gefühl, stillzustehen. Weht nicht manchmal ein lauer Wind, der weder frisch noch kühl ist, sondern einfach muffig, der uns nicht den Hut vom Kopf bläst, auch nicht den Frauen unter die Röcke fährt und dennoch schlimmer ist oder scheint, als wenn er sich anders gebärdete, weil er einen niederdrückt, entkräftet und den Geist lähmt? Ein solcher Wind machte sich in mir auf, und in der Gewißheit, daß er nur blies, weil er mich an jener engpaßähnlichen Stelle zwischen Vergangenheit und Gegenwart fand, sehnte ich mich nach der Ebene der Zukunft. Am schlimmsten war es, daß die Kutsche nicht vorankam.

»João«, schrie ich den Kutscher an, »fährt der Wagen nun oder nicht?«

»Nanu, Nhonho! Wir sind doch schon vor der Tür des Herrn Gerichtsrats.«

Kapitel 41
Die Halluzination

Es stimmte. Ich ging rasch hinein und traf Virgília unruhig, mißgestimmt und mit düsterer Stirn an. Ihre taube Mutter war ebenfalls im Zimmer. Als wir uns begrüßt hatten, sagte das Mädchen frostig zu mir: »Wir hatten Sie früher erwartet.«

Ich verteidigte mich, so gut ich konnte, sprach von dem störrischen Pferd und von einem Freund, der mich aufgehalten habe. Plötzlich erstarb mir die Stimme auf den Lippen, und ich war starr vor Entsetzen. Virgília . . . Sollte sie jene Frau sein? Ich betrachtete sie genau und empfand dabei einen solchen Schmerz, daß ich einen Schritt zurücktrat und die Augen von ihr abwandte. Dann schaute ich sie wieder an. Die Pocken hatten das Gesicht zerfressen, ihre Haut, die noch gestern so zart, rosig und rein gewesen war, erschien mir jetzt gelb und von derselben Geißel gezeichnet, die das Antlitz der Spanierin verheert hatte. Ihre schielenden Augen schauten teilnahmslos drein, der Mund war traurig, ihre Haltung drückte Müdigkeit aus. Ich sah sie voll an, ergriff ihre Hand und zog sie sacht an mich. Ich täuschte mich nicht, es waren die Pocken. Ich glaube, ich machte eine abwehrende Bewegung.

Virgília wich zurück und setzte sich auf das Sofa. Ich blieb stehen und sah eine Zeitlang auf meine Füße hinab. Sollte ich gehen oder bleiben? Ich verwarf die erste Möglichkeit, die einfach absurd war, und näherte mich Virgília, die schweigend auf ihrem Platz saß. Bei allen Himmeln, jetzt war sie wieder die frische, jugendliche und blühende Virgília! Vergebens suchte ich in ihrem Gesicht nach Spuren der Krankheit. Es waren keine mehr da. Sie hatte wieder die zarte weiße Haut wie immer.

»Haben Sie mich noch nie gesehen?« fragte Virgília, als sie bemerkte, daß ich sie unverwandt anstarrte.

»So schön niemals.«

Ich setzte mich, Virgília schwieg und knackte mit den Fingernägeln. Eine Pause von wenigen Sekunden trat ein. Dann erzählte ich ihr einige seltsame Begebenheiten, wie sie mir gerade einfielen, aber sie reagierte nicht darauf und sah mich auch nicht an. Bis auf das Knackgeräusch war sie eine Statue des Schweigens. Nur ein einziges Mal warf sie mir einen Blick zu, aber sehr von oben herab, mit leicht angehobenem linkem Mundwinkel. Die Augenbrauen waren dabei so zusammengezogen, daß sie einander fast berührten. Alles zusammen gab ihrem Gesicht einen halb komischen, halb tragischen Ausdruck.

Ihre Verachtung wirkte ziemlich affektiert, ihre ganze Haltung war Tünche. Im Inneren litt sie, und nicht zuwenig – es kann echter Schmerz oder einfach Verärgerung gewesen sein. Da nun unterdrücktes Leid besonders weh tut, ist es sehr wahrscheinlich, daß Virgília das Doppelte von dem ertrug, was sie wirklich durchzustehen hatte. Ich glaube, das ist Metaphysik.

Kapitel 42
Was Aristoteles entgangen ist

Ebenfalls metaphysisch scheint mir folgendes: Man bringt zum Beispiel eine Kugel ins Rollen. Sie bewegt sich fort, trifft auf eine andere, übermittelt ihr den Impuls, und siehe da, die zweite übernimmt die Bewegung der ersten. Sagen wir einmal, die erste Kugel heiße . . . Marcela – das ist eine bloße Annahme. Die zweite wäre Brás Cubas und die dritte Virgília. Dann ergibt sich, daß Marcela, die von der Vergangenheit einen Schnipser erhielt, so lange rollte, bis sie auf Brás Cubas traf, der den Impuls aufnahm und sich ebenfalls fortbewegte, bis er Virgília anstieß, die nichts mit der ersten Kugel zu tun hatte. Hieraus wird ersichtlich, daß sich durch eine einfache Kraftübertragung soziale Extreme berühren und daß sich etwas herausbildet, was wir . . . Solidarität des menschlichen Überdrusses nennen könnten. Wie ist es möglich, daß Aristoteles dieses Kapitel entgangen ist?

Kapitel 43
Marquise, weil ich Marquis sein werde

Offen gestanden, Virgília war ein kleiner Teufel, ein engelhaftes Teufelchen, wenn ihr so wollt, aber diabolisch war sie, und dann . . .

Dann erschien Lôbo Neves, ein Mann, der nicht schlanker, nicht eleganter, nicht belesener und auch nicht sympathischer war als ich und der dennoch binnen weniger Wochen Virgília und die Kandidatur mit wahrhaft cäsarischem Ungestüm an sich riß. Er erregte nirgends Anstoß und übte nicht den geringsten Druck auf die Familie aus. Eines Tages kam Dutra und riet mir, eine andere günstige Gelegenheit abzuwarten, da die Kandidatur Lôbo Neves' von einflußreichen Leuten unterstützt werde. Ich trat zurück. Das war der Beginn meines Unglücks. Eine Woche später fragte Virgília Lobo Neves lachend, wann er Minister werde.

»Wenn es nach mir ginge, sofort. Da es an den anderen liegt, erst in einem Jahr.«

Virgília fuhr fort: »Versprichst du mir, daß du mich eines Tages zur Baronin machen wirst?«

»Zur Marquise, weil ich Marquis sein werde.«

Von da an war ich verloren. Virgília verglich den Adler mit dem Pfau, wählte den Aar und überließ der Pfau seinem Schrecken, seinem Verdruß und drei oder vier Küssen, die sie ihm gegeben hatte. Vielleicht auch fünf, aber selbst wenn es zehn gewesen wären, will das gar nichts besagen. Der Mund des Mannes ist nicht wie der Huf von Attilas Pferd, der den Boden, den er berührte, unfruchtbar machte, sondern genau das Gegenteil.

Kapitel 44
Ein Cubas!

Mein Vater war über diesen Ausgang entsetzt, und mir scheint, daß er daran auch gestorben ist. Die Luftschlösser, die er gebaut hatte, waren zu prunkvoll und die Träume zu vielverheißend, als daß er sie jetzt einstürzen sehen konnte, ohne einen heftigen organischen Schock zu erleiden. Ein Cubas! ein Sproß vom berühmten Baum der Cubas! Er sprach das mit einer solchen Überzeugung aus, daß ich, obgleich mir damals schon die Böttcherei in unserer Familie zu Ohren gekommen war, einen Augenblick lang die flatterhafte Dame vergaß, um jenes nicht seltene, aber merkwürdige Phänomen näher zu betrachten: eine Sinnestäuschung, die Bewußtsein geworden war.

»Ein Cubas!« wiederholte er am nächsten Morgen beim Frühstück.

Es war kein heiteres Mahl. Ich selbst war todmüde, denn ich hatte einen Teil der Nacht durchwacht. Aus Liebeskummer? Das war ausgeschlossen. Man liebt dieselbe Frau nicht zweimal, und ich, der jene erst viel später lieben sollte, war vorläufig durch nichts anderes an sie gebunden als durch eine unbeständige Phantasie, einen gewissen Gehorsam und grenzenlose Dummheit. Das reicht aus, meine Schlaflosigkeit zu erklären. Es war Ärger, und zwar so ein ganz kleiner, der wie eine Nadelspitze stach und der sich nur mit Zigarren, Faustschlägen und sporadischem Lesen bekämpfen ließ, bis er schließlich an der Morgenröte, der friedvollsten, die es je gegeben hatte, zerbrach.

Ich war indessen noch jung und trug das Heilmittel in mir selbst. Mein Vater dagegen verwand den Schicksalsschlag nicht so leicht. Wohlgemerkt, es kann sein, daß das Unglück nicht unmittelbar seinen Tod zur Folge hatte. Daß es aber seine letzten Schmerzen verschlimmerte, ist erwiesen. Er starb vier Monate danach, bedrückt und traurig, in tiefer und ständiger Sorge, geplagt von Gewissensbissen und von einer zerstörerischen Enttäuschung, die bei ihm die Stelle des Rheumatismus und des Hustens einnahm. Eine freudige halbe Stunde war ihm noch vergönnt, als einer der Minister ihn besuchte. Ich sah ihn – ich erinnere mich ganz genau – so dankbar lachen wie früher, in seinen Augen sammelte sich das Licht, das, um es so auszudrücken, das letzte Aufflackern einer sterbenden Seele war. Aber die Traurigkeit kehrte sofort zurück, die Traurigkeit darüber, daß er würde sterben müssen, ohne mich einen hohen Posten bekleiden zu sehen, der mir nun einmal zustand.

»Ein Cubas!«

Er starb wenige Tage nach dem Besuch des Ministers, an einem Morgen im Mai, umgeben von seinen beiden Kindern, Sabina und mir, dem Onkel Ildefonso und meinem Schwager. Er verschied, ohne daß ihm die ärztliche Wissenschaft und unsere Liebe, das vielfältige Umsorgtsein oder sonst etwas hätte helfen können. Er mußte sterben, und er starb.

»Ein Cubas!«

Kapitel 45
Notizen

Schluchzer, Tränen, ein mit Trauerflor behangenes Haus, schwarzer Samt an den Haupteingängen, ein Mann, der den Leichnam ankleidete, ein zweiter, der die Maße für den Sarg nahm, der Sarg selbst, Fackelbeleuchtung, Einladungen und Besucher, die langsam und geräuschlos eintraten und den Familienangehörigen die Hand drückten, einige traurig, alle ernst und schweigsam, Priester und Küster, Gebete, Weihwassersprengen, das Schließen des Sarges mit Nagel und Hammer, sechs der Anwesenden, die ihn aufbahrten, hochhoben, mühsam die Treppe hinuntertrugen, ungeachtet der Schreie, der Schluchzer und der erneuten Tränen der Hinterbliebenen, und ihn zum Leichenwagen brachten, dort aufstellten, überführten, die Riemen festzogen, das Rollen des

Wagens und der Kutschen, eine nach der anderen ... Was hier als einfache Bestandsaufnahme erscheint, sind die Notizen, die ich für ein trauriges und ganz alltägliches Kapitel gesammelt habe, das ich nicht niederschreibe.

Kapitel 46
Die Erbschaft

Der Leser möge uns nun acht Tage nach dem Tode meines Vaters wieder aufsuchen – er findet meine Schwester, auf einem Sofa sitzend, in ihrer Nähe Cotrim, stehend, an eine Konsole gelehnt, mit verschränkten Armen, an seinem Schnurrbart kauend, und mich, hin und her wandernd, mit gesenktem Blick. Bedrückende Trauer. Tiefes Schweigen.

»Aber schließlich«, sagte Cotrim, »kann dieses Haus kaum mehr als dreißig Contos kosten. Nehmen wir einmal an, es sei fünfunddreißig wert ...«

»Fünfzig«, wandte ich ein, »Sabina weiß, daß es achtundfünfzig gekostet hat.«

»Mögen es sechzig gewesen sein«, begann Cotrim von neuem, »aber hör auf zu erzählen, was es euch gekostet hat, und besonders, was es euch heute noch bedeutet. Du weißt, daß die Grundstückspreise hier vor Jahren stark gesunken sind. Sieh mal, wenn das hier fünfzig Contos wert ist, wie hoch sollen wir dann das Landhaus veranschlagen, das du für dich beanspruchst?«

»Sprich nicht davon! Das ist ein alter Bau.«

»Alt!« rief Sabina aus und hob die Hände zur Decke.

»Hältst du es etwa für neu?«

»Ach, Bruder, laß das doch«, sagte Sabina und stand vom Sofa auf. »Wir können alles in Freundschaft und gutem Einvernehmen regeln. Cotrim, zum Beispiel, will die Schwarzen gar nicht haben, er beansprucht lediglich Vaters Kutscher und den Paulo ...«

»Den Kutscher, nein«, fuhr ich dazwischen, »der bleibt

waren. Aber jetzt zürnten wir einander. Es war wie mit Marcelas Schönheit, die sich mit den Pocken verflüchtigt hatte.

Kapitel 47
Der Häftling

Marcela, Sabina, Virgília . . . hier vereinige ich alle Kontraste, so als wären diese Namen und diese Personen nicht mehr als Daseinsformen meiner inneren Zuneigung. Leide unter schlechten Angewohnheiten, binde eine Krawatte um, wie sie gerade Mode ist, zieh dir eine weniger schmutzige Weste an und dann, ja dann folge mir in dieses Haus, strecke dich in dieser Hängematte aus, die mich in den besten Jahren, die nach dem Tode meines Vaters bis 1842 verflossen sind, gewiegt hat. Komm. Wenn du den aromatischen Duft eines Toilettenartikels wahrnehmen solltest, so achte nicht darauf, ich habe ihn zu meiner Freude versprühen lassen. Es sind Spuren der N., der Z. oder der U. – alle diese großen Buchstaben verbergen hier ihre elegante Verworfenheit. Aber wenn du außer Aroma etwas anderes begehrst, so behalte deinen Wunsch für dich, denn ich habe weder Bilder noch Briefe noch Erinnerungen aufbewahrt. Selbst die Erregung hat sich in Dunst aufgelöst, und mir sind lediglich die Anfangsbuchstaben geblieben.

Ich lebte halb in Gefangenschaft und ging nur hin und wieder zu irgendeinem Tanzvergnügen, ins Theater oder zu einem Diskussionsabend. Den größten Teil der Zeit verbrachte ich jedoch mit mir selbst. Ich lebte einfach. Ich ließ mich vom Kommen und Gehen der Ereignisse und der Tage treiben, rege oder teilnahmslos, zwischen Ambitionen und Niedergeschlagenheit. Ich verfaßte politische Artikel und betätigte mich literarisch, schickte den Tageszeitungen Beiträge und Gedichte und erwarb mir einen gewissen Ruf als Polemiker und Dichter. Wenn ich an Lôbo Neves dachte, der inzwischen Abgeordneter geworden war, und an Virgília, die künftige Marquise, dann fragte ich mich, warum ich nicht ein besserer Abgeordneter und würdigerer Marquis war als Lôbo Neves – ich, der sehr viel mehr wert war als er – und sagte das vor mich hin, während ich auf meine Nasenspitze schaute . . .

Kapitel 48
Ein Vetter Virgílias

»Weißt du schon, wer gestern aus São Paulo eingetroffen ist?« fragte mich Luís Dutra eines Abends.

Luís Dutra war ein Vetter Virgílias, der ebenfalls in der Gunst der Musen stand. Seine Gedichte kamen besser an und waren auch wertvoller als die meinen. Er brauchte allerdings die Bestätigung einiger Leute, die ihn des Beifalls der anderen versicherten. Da er schüchtern war, befragte er keinen, aber er lebte auf, sobald er ein lobendes Wort hörte. Das verlieh ihm neue Kräfte, und mit jugendlichem Elan stürzte er sich auf die Arbeit.

Armer Luís Dutra! Kaum hatte er etwas veröffentlicht, da kam er gleich zu mir gerannt und scharwenzelte um mich herum, immer auf der Lauer nach einem Urteil, einer Bemerkung oder einer Geste, die sein jüngstes Werk anerkennen sollten. Ich sprach mit ihm über tausenderlei – über die letzte Tanzveranstaltung bei Catete, über die Debatte in der Abgeordnetenkammer, über Berlinen und Pferde, über alles mögliche, nur nicht über seine Verse und seine Prosa. Anfangs antwortete er mir aufmerksam, dann etwas zerstreuter, brachte das Gespräch schließlich wieder auf seine Arbeiten, schlug ein Buch auf und erkundigte sich, ob ich etwas Neues geschrieben habe. Ich antwortete mit Ja oder Nein, wechselte von neuem das Thema, und er lief wieder hinter mir her, bis er es aufgab und traurig von dannen zog. Ich beabsichtigte, ihn an sich selbst zweifeln zu lassen, ihn zu entmutigen und auszuschalten. Und all das, während ich auf meine Nasenspitze schaute ...

Kapitel 49
Die Nasenspitze

Nase, Gewissen ohne Selbstanklage, du hast mir im Leben viel bedeutet ... Hast du, lieber Leser, schon einmal über die Bestimmung der Nase nachgedacht? Nach der Erklärung des Doktor Panglos ist die Nase geschaffen, um die Brille zu halten – und ich gestehe, daß mir diese Auslegung eine Zeitlang als definitiv erschienen war. Aber eines Tages, als ich diesen und andere dunkle Punkte der Philosophie durchdachte, fand ich die einzige, wahrhafte und endgültige Deutung.

Ich brauchte in der Tat nur die Gewohnheiten eines Fakirs zu studieren. Weißt du, daß er viele Stunden damit verbringt, seine Nasenspitze zu betrachten, nur um das Licht des Himmels zu sehen? Wenn er den Blick fest auf die Nasenspitze richtet, dann verliert er das Gefühl für die Äußerlichkeiten, er erbaut sich am Unsichtbaren, gewahrt das Unfaßliche, entfernt sich von der Erde, löst sich auf und wird zu Äther. Diese Sublimierung des Seins durch die Nasenspitze ist das erhabenste Phänomen des Geistes, und die Fähigkeit, sie vorzunehmen, ist nicht allein dem Fakir vorbehalten: sie ist universell. Jeder Mensch hat das Bedürfnis und die Kraft, die eigene Nase anzuschauen, um das Himmelslicht wahrzunehmen. Eine solche Kontemplation, deren Wirkung lediglich in der Unterordnung des Universums unter eine Nase besteht, stellt das Gleichgewicht der Gesellschaften dar. Wenn die Nasen sich ausschließlich gegenseitig betrachteten, dann würde das Menschengeschlecht keine zwei Jahrhunderte überdauern, es würde sich mit den ersten Stämmen selbst auslöschen.

Hier höre ich einen Einwand des Lesers.

»Wie kann es so sein«, fragt er, »wenn niemand je die Menschen beim Betrachten ihrer eigenen Nasen beobachtet hat?«

Begriffsstutziger Leser, das beweist, daß du niemals in die Gedankenwelt eines Hutmachers eingedrungen bist. Ein Hutmacher geht durch einen Hutladen, den ein Konkurrent zwei Jahre zuvor eröffnet hat. Er hatte damals zwei Eingänge, heute hat er bereits vier, und alles deutet darauf hin, daß er bald über sechs oder acht verfügen wird. In den Schaufenstern sind die Kopfbedeckungen des Konkurrenten ausgestellt, durch die Türen strömen die Kunden. Der Hutmacher vergleicht diesen Laden mit dem eigenen, der älter ist und nur zwei Eingänge hat, und diese Hüte mit den seinen, die weniger gefragt sind, obgleich sie sich im Preis nicht unterscheiden. Das kränkt ihn natürlich, aber er setzt seinen Weg fort, konzentriert, mit gesenktem oder gehobenem Blick, und er sucht die Gründe dafür, daß das Geschäft des anderen blüht und das eigene dahinter zurückbleibt, obgleich er doch ein viel besserer Hutmacher ist als sein Gegenspieler ... In diesem Augenblick heften sich seine Blicke auf die Nasenspitze.

Die Schlußfolgerung besteht nun darin, daß es zwei entscheidende Kräfte gibt: die Liebe, die die Art vervielfacht, und die Nase, die sie dem Individuum unterordnet. Zeugung, Gleichgewicht.

Kapitel 50
Virgília verheiratet

»Wer aus São Paulo kam, war meine Cousine Virgília, die jetzt mit Lôbo Neves verheiratet ist«, fuhr Luís Dutra fort.

»Ach!«

»Und erst heute habe ich etwas erfahren, du Schwerenöter ...«

»Was denn?«

»Daß du sie heiraten wolltest.«

»Ideen meines Vaters. Wer hat dir das gesagt?«

»Sie selbst. Sie sprach viel von dir, und dann hat sie mir alles erzählt.«

Am folgenden Tag, als ich in der Rua do Ouvidor am Eingang der Druckerei Plancher stand, sah ich in der Ferne eine wundervolle Frau auftauchen. Das war sie. Ich erkannte sie erst, als sie sich mir bis auf wenige Schritt genähert hatte, so sehr hatte sie sich verändert, in einem solchen Maße hatten Natur und Kunst ihr letzte Vollkommenheit verliehen. Wir grüßten uns. Sie ging weiter und stieg mit ihrem Mann in einen Wagen, der ein Stück entfernt auf sie wartete. Ich war fassungslos.

Acht Tage darauf traf ich sie bei einem Ball wieder. Ich glaube, wir haben sogar zwei, drei Worte miteinander gewechselt. Aber auf einem anderen Tanzvergnügen, das ungefähr einen Monat später im Hause einer Senhora stattfand, die die Gemächer des ersten Imperiums ausgestattet und die des zweiten damals noch nicht von ihrem Putz befreit hatte, kamen wir uns schon sehr viel näher, denn wir unterhielten uns und tanzten Walzer. Der Walzer ist etwas Köstliches. Wir tanzten ihn, und ich bestreite nicht, daß ich, als mein Körper ihren geschmeidigen und vollendeten Leib berührte, etwas ganz Sonderbares empfand, das Gefühl eines bestohlenen Mannes.

»Hier ist es furchtbar heiß«, sagte sie unmittelbar nach dem Ende des Tanzes. »Wollen wir auf die Terrasse gehen?«

»Nein, du könntest dich erkälten. Begeben wir uns lieber in ein anderes Zimmer.«

Dort hielt sich Lôbo Neves auf, der mich überschwenglich zu meinen politischen Schriften beglückwünschte und hinzufügte, zu den literarischen könne er nichts sagen, da er nichts davon verstehe. Aber die politischen seien ausgezeichnet, gut durchdacht und blendend geschrieben. Ich antwortete ihm mit ähnlichen Höflichkeitstiraden, und wir trennten uns, einer mit dem anderen zufrieden.

Etwa drei Wochen später erhielt ich von ihm eine Einladung zu einem Beisammensein im engsten Familienkreise. Ich ging hin. Virgília empfing mich mit den beglückenden Worten: »Senhor, heute müssen Sie mit mir Walzer tanzen.« Ja, ich war schon berühmt und galt als verdienstvoller Walzertänzer. Wundere dich darum nicht, daß sie mir den Vorzug gab. Wir tanzten einmal und ein zweites Mal. Francesca verlor ein Buch. Hier war es der Walzer, der uns zu Verlorenen machte. Ich glaube, ich habe ihr an diesem Abend sehr kräftig die Hand gedrückt, sie ließ sie in der meinen, als hätte sie sie vergessen. Ich umarmte sie. Alle sahen uns und die anderen, die sich ebenfalls umschlungen hielten und im Kreise herumwirbelten . . . Ein Delirium.

Kapitel 51
Sie ist mein!

Sie ist mein! sagte ich zu mir, als ich sie einem anderen Tänzer überließ. Ich gestehe, daß dieser Gedanke den Rest des Abends über von meinem Bewußtsein Besitz ergriff, nicht gewaltsam, wie mit einem Hammer hineingetrieben, sondern eingesenkt wie von einem Bohrer, der behutsamer arbeitet.

Sie ist mein! wiederholte ich, als ich an meiner Haustür angelangt war.

Aber dort – als erinnere sich das Schicksal, der Zufall oder was immer es gewesen sein mochte, daß es meiner Verzückung als Besitzender weitere Nahrung zuführen müsse – leuchtete mir vom Boden etwas Rundes und Gelbes entgegen. Ich bückte mich. Es war eine Goldmünze, eine halbe Dobra.

Sie ist mein! frohlockte ich noch einmal, lachte und steckte sie in die Tasche.

An diesem Abend dachte ich nicht mehr an die Münze, aber am nächsten Tag, als ich mich des Fundes erinnerte, meldete sich mein Gewissen, und eine Stimme fragte mich, warum zum Teufel eine Münze mir gehöre, die ich nicht geerbt und auch nicht verdient, sondern einfach auf der Straße gefunden hatte. Offensichtlich war nicht ich der Eigentümer, sondern ein anderer, der sie verloren hatte. Er mochte arm oder reich sein, vielleicht war er mittellos, ein Arbeiter, der seiner Frau und den Kindern nichts zu essen geben konnte. Aber selbst wenn er reich wäre, bliebe meine Pflicht die gleiche. Ich nahm mir vor, die Münze zurückzugeben. Die beste, die einzige Möglichkeit bestand darin, eine Anzeige zu veröffentlichen oder die Polizei einzuschalten. Ich sandte das gefundene Geldstück in einem Brief dem Polizeichef und bat ihn, die ihm zur Verfügung stehenden Mittel einzusetzen, um es in die Hände des rechtmäßigen Eigentümers gelangen zu lassen.

Ich gab den Brief auf und frühstückte beruhigt, ich kann beinahe sagen, fröhlich. Meine Seele hatte am Abend zuvor so überschwenglich Walzer getanzt, daß sie nach Atem ringen mußte und dem Ersticken nahe war. Aber die Rückgabe der halben Dobra glich einem Fenster, das sich zur anderen Seite der Moral hin öffnete. Eine Welle klarer Luft strömte herein, und die bedauernswerte Dame atmete tief durch. Versorgt euer Bewußtsein mit Frischluft! Mehr kann ich euch nicht raten. Auch unter anderen Voraussetzungen wäre meine Handlungsweise vorbildlich gewesen, weil sie Ausdruck eines echten Skrupels war und das Gefühl einer vornehmen Seele widerspiegelte. Ich befolgte das, was meine innere Dame mir streng und zärtlich zugleich nahelegte. Auf die Brüstung des offenen Fensters gelehnt, sagte sie zu mir: »Das hast du gut gemacht, Cubas, du hast dich völlig richtig verhalten. Diese Luft ist nicht nur rein, sondern balsamisch, sie ist ein Hauch aus den ewigen Gärten. Willst du mal sehen, was du getan hast, Cubas?«

Und die gute Dame zog einen Spiegel aus der Tasche und hielt ihn mir vor die Augen. Ich sah die halbe Dobra vom Vortage deutlich, rund, glänzend und sich selbst vermehrend

– erst zu zehn, dann zu dreißig, darauf zu fünfhundert –, und so wurde mir die Wohltat vergegenwärtigt, die mir im Leben und im Tod durch eine einfache Rückerstattung zugute kam. Und ich verwandte mein ganzes Sein auf die Betrachtung dieser Tat, spiegelte mich in ihr, fand mich gut, vielleicht auch groß. Eine einfache Münze, was? Seht nur, was es bedeutet, ein ganz klein wenig mehr getanzt zu haben.

So entdeckte ich, Brás Cubas, ein ehernes Gesetz, das Gesetz von der Gleichwertigkeit der Fenster, und fügte meinerseits hinzu, daß man ein geschlossenes Fenster ausgleicht, indem man ein anderes öffnet, damit die Moral unser Bewußtsein ständig mit frischer Luft versorgen kann. Vielleicht verstehst du das hier nicht, vielleicht möchtest du etwas Konkreteres, ein Paket zum Beispiel, ein geheimnisvolles Paket. Gut, dann nimm dieses hier.

Kapitel 52
Das geheimnisvolle Paket

Nun geschah es, als ich einige Tage darauf nach Botafogo ging, daß ich über ein Paket stolperte, das am Strand lag. Genauer gesagt war es weniger ein Straucheln als vielmehr ein Fußtritt. Ich erinnere mich, daß ich beim Anblick eines Paketes, das nicht groß, aber sauber und ordentlich gepackt und mit einem festen Bindfaden verschnürt war und das wirklich nach etwas aussah, mit dem Fuß dagegenstieß, nur probeweise – ich stieß also dagegen, und das Paket leistete Widerstand. Ich schaute um mich, der Strand war leer. In der Ferne spielten einige Kinder, noch weiter ab flickte ein Fischer die Netze – niemand konnte mich also beobachten. Ich bückte mich, ergriff das Paket und setzte meinen Weg fort.

Ich ging zwar weiter, aber nicht ohne Befürchtungen. Es konnte ja ein Lausbubenstreich sein. Ich war auch nahe daran, es an den Strand zurückzubringen, aber ich tastete es ab und verwarf diesen Gedanken. Kurz darauf ging ich den Weg zurück und eilte nach Hause.

»Wollen doch mal sehen«, sagte ich, als ich mein Arbeitszimmer betrat.

Einen Augenblick zögerte ich noch, ich glaube, weil ich mich schämte, und wieder befiel mich die Angst vor einem Streich. Sicher ist, daß es keinen äußeren Zeugen gab. Aber in meinem Inneren saß ein Lümmel, der pfeifen, kreischen, grunzen, stampfen, zischen, gackern und der Teufel weiß was sonst noch anstellen würde, wenn er zusähe, wie ich das Paket öffnete und ein Dutzend alter Fetzen oder doppelt so viele verfaulte Guajaven darin fände. Es war spät geworden. Die Neugierde plagte mich so, wie sie jetzt wohl dem Leser zusetzt. Ich öffnete das Paket und sah . . . fand . . . zählte . . . und zählte noch einmal nicht weniger als fünf Contos de Réis. Nicht weniger, eher zehn oder zwanzig Milréis mehr. Fünf Contos in guten Noten und Münzen, alles fein säuberlich gebündelt, ein seltener Fund. Ich packte sie wieder zusammen. Beim Essen war mir, als teilte einer der Negerjungen dem anderen durch Blicke etwas mit. Ob sie mich beobachtet hatten? Ich befragte sie unauffällig und kam zu dem Schluß, daß es nicht der Fall war. Nach der Mahlzeit ging ich noch einmal in mein Arbeitszimmer, überprüfte das Geld und lachte über meine mütterliche Besorgtheit, die ich den fünf Contos angedeihen ließ, obgleich ich doch wohlhabend war.

Um nicht mehr daran denken zu müssen, begab ich mich am Abend zu Lôbo Neves, der mich dringend bat, die Empfänge seiner Frau weiter zu besuchen. Dort traf ich auch den Polizeichef. Ich wurde ihm vorgestellt, und er erinnerte sich sofort an meinen Brief mit der halben Dobra, den ich ihm einige Tage zuvor übersandt hatte. Er brachte die Sache zur Sprache. Virgília schien sich über meine Handlungsweise zu freuen, und jeder der Anwesenden gab eine ähnliche Begebenheit zum besten, die ich mit der Ungeduld einer hysterischen Frau anhörte.

In der Nacht, am nächsten Tag und in der ganzen folgenden Woche dachte ich so wenig wie möglich an die fünf Contos, und ich kann sogar gestehen, daß ich sie ruhig in der Schublade meines Sekretärs liegenließ. Ich sprach gern über alles, nur nicht über Geld und schon gar nicht über gefundenes. Immerhin war es ja kein Verbrechen, Geld zu finden, es war Glück, ein günstiger Zufall, vielleicht ein Fingerzeig der Vorsehung. Etwas anderes konnte es nicht sein. Man verliert schließlich nicht fünf Contos wie einen Tabaksbeutel, sondern trägt sie mit dreißigtausend angespannten Sinnen, tastet sie öfters ab, wendet weder die Augen noch die Hände, noch die Gedanken davon ab, und um sie so vollständig an einem Strand zu verlieren, ist es schon erforderlich, daß . . . Ein Verbrechen kann mit dem Fund nicht zusammenhängen. Weder eine Gewalttat noch eine Ehrlosigkeit und auch nichts, was den Charakter eines Mannes beflecken könnte. Es war ein Fund, ein glücklicher Treffer, wie das Große Los, wie eine gewonnene Wette beim Pferderennen, wie der Gewinn bei einem ehrlichen Spiel, und fast versteige ich mich zu der Behauptung, daß mein Glück verdient war, denn ich fühlte mich dabei weder elend noch der Wohltat der Vorsehung unwürdig.

Diese fünf Contos, sagte ich mir drei Wochen später, muß ich für eine gute Tat verwenden, vielleicht irgendeinem armen Mädchen schenken oder dergleichen . . . ich werde mal sehen . . .

Noch am selben Tage brachte ich sie auf die Bank von Brasilien. Dort wurde ich mit vielen höflichen Anspielungen auf die Sache mit der halben Dobra empfangen. Die Kunde davon hatte sich schon unter meinen Bekannten verbreitet. Ich antwortete verärgert, die Angelegenheit sei einer solchen Beachtung nicht wert. Daraufhin wurde ich zurückhaltend gelobt, und da ich nun zornig wurde, entgegnete man mir, ich sei einfach großartig.

Kapitel 53

. . . .

Virgília hatte die halbe Dobra bereits vergessen. Ihr ganzes Wesen floß in mir zusammen, in meinen Augen, meinem Leben, meiner Gedankenwelt – das sagte sie mir, und es war die Wahrheit.

Es gibt einige Pflanzen, die rasch sprießen und wachsen. Andere entwickeln sich langsam und reifen spät. Zu jenen gehörte unsere Liebe. Sie brach so heftig und so kraftvoll auf, daß sie sehr bald das stattlichste, am dichtesten belaubte und üppigste Gewächs der Wälder war. Ich kann euch nicht genau sagen, wie viele Tage dieses Wachstum dauerte. Ich entsinne mich jedoch, daß die Blüte sich eines Nachts schloß, oder, wenn ihr es so nennen wollt, der Kuß, den sie mir zitternd gab – die Ärmste –, zitternd vor Angst, denn es geschah am Tor des Landhauses. Er vereinte uns, dieser Kuß, der kurz wie die Gelegenheit selbst und brennend wie die Liebe war, der den Prolog zu einem Leben voller Wonne, Schrecken, Gewissensbisse und Freuden bildete, die in Schmerzen endeten, und voller Kümmernisse, die sich in Glückseligkeit auflösten – eine geduldige und systematische Heuchelei, die das einzige Hindernis für eine grenzenlose Leidenschaft darstellte. Es war ein Leben voller Unruhe, voller Zorn, Verzweiflung und Eifersucht, wovon eine Stunde mitunter mehr als genug zu bieten hatte. Aber dann folgte eine andere, die alles wettmachte, um die Aufregungen, das Restliche und den Rest des Restlichen, Widerwillen und Überdruß, an der Oberfläche abgleiten zu lassen. So sah das Buch aus, dem jener Prolog vorangestellt war.

Kapitel 54
Die Pendeluhr

Ich ging von dannen und schwelgte noch in dem Kuß. Ich fand keinen Schlaf. Zwar legte ich mich ins Bett, das schon, aber es bewirkte so gut wie gar nichts. Ich hörte jede einzelne Stunde der Nacht. Wenn ich sonst nicht schlafen konnte, raubte mir das Schlagen der Pendeluhr die Nerven, und dieses schwermütige, langsame und trockene Ticktack schien mit jeder neuen Schwingung sagen zu wollen, daß ich einen winzigen Augenblick Leben weniger hatte. Ich stellte mir dann einen alten Teufel vor, der zwischen zwei Säcken – dem Leben und dem Tod – saß, Münzen aus dem des Lebens herausnahm, in den des Todes warf und sie folgendermaßen zählte:

Wieder eine weniger . . .

Wieder eine weniger . . .

Wieder eine weniger . . .

Wieder eine weniger . . .

Das eigenartigste war dabei, daß ich die Uhr, wenn sie stehenblieb, sofort wieder aufzog, damit sie immer weiterging und ich die verlorenen Augenblicke registrieren konnte. Es gibt Erfindungen, die sich verändern oder die veralten, und selbst Institutionen sterben ab. Die Uhr dagegen ist endgültig und unvergänglich. Der letzte Mensch muß, wenn er sich von der kalten, verglühten Sonne verabschiedet, eine Uhr in der Tasche haben, um die Stunde, in der er stirbt, genau bestimmen zu können.

In jener Nacht litt ich nicht unter diesem ängstlichen Gefühl, sondern es war ein anderes, ein köstliches. Die Phantasie überschlug sich in meinem Inneren, ein Gedanke verdrängte den anderen, wie Glaubenseiferer, die einander beiseite stoßen, um den Vorsänger sehen zu können. Ich nahm jetzt nicht die verlorenen Sekunden, sondern die gewonnenen Minuten wahr. Von einem gewissen Augenblick an hörte ich nichts mehr, weil sich meine listige und mutwillige

Vorstellung aus dem Fenster schwang und mit kräftigem Flügelschlag auf Virgílias Haus zusteuerte. Dort traf sie auf einem Fensterbrett mit der ihren zusammen, beide begrüßten sich und plauderten miteinander. Wir dagegen wälzten uns ruhebedürftig im Bett, vielleicht froren wir auch. Die beiden Herumtreiber dort draußen wiederholten indessen den alten Dialog zwischen Adam und Eva.

Kapitel 55
Der alte Dialog zwischen Adam und Eva

BRÁS CUBAS

. . . ?

VIRGÍLIA

. . . .

BRÁS CUBAS

. . . .
. . . .

VIRGÍLIA

. . . . . !

BRÁS CUBAS

. . . . . .

VIRGÍLIA

. . . .
. . . . . ? . . . . .
. . . .

BRÁS CUBAS

. . . .

VIRGÍLIA

. . . . .

BRÁS CUBAS

. . . .
. . . .
. . . . ! . .
. . ! . . . .

. . . . !

VIRGÍLIA

. . . . ?

BRÁS CUBAS

. . . . . . !

VIRGÍLIA

. . . . . . !

Kapitel 56
Der günstige Augenblick

Aber, verdammt noch mal! Wer erklärt mir diesen Unterschied? An einem Tag sahen wir uns, bereiteten die Hochzeit vor, machten alles wieder rückgängig und trennten uns kalt und schmerzlos, weil keinerlei Leidenschaft vorhanden gewesen war. Der Ärger plagte mich ein wenig, weiter nichts. Jahre vergingen, ich sah sie wieder, wir tanzten drei oder vier Runden Walzer miteinander, und eben dabei verliebten wir uns bis zum Wahnsinn. Virgílias Schönheit hatte gewiß den höchsten Grad der Vollkommenheit erreicht, aber im großen und ganzen waren wir die gleichen geblieben. Ich selbst war weder hübscher noch eleganter geworden. Wer gibt mir eine Erklärung für diesen Unterschied?

Sie kann nur im Abpassen des günstigsten Augenblicks zu finden sein. Das erste Zusammentreffen war ungeeignet gewesen. Wenn wir beide noch nicht reif genug waren für die Liebe, so waren wir doch auf *unsere* Liebe vorbereitet. Das ist ein fundamentaler Unterschied. Keine Liebe kann entstehen, ohne daß die Partner einander in einem günstigen Augenblick begegnen. Diese Erklärung fand ich ganz allein, zwei Jahre nach dem ersten Kuß, an einem Tag, an dem sich Virgília bei mir über einen Laffen beklagte, der ihr hartnäckig den Hof machte.

»Ach, ist der lästig!« stöhnte sie und verzog ärgerlich das Gesicht.

Ich zuckte zusammen, sah sie prüfend an und merkte, daß ihre Entrüstung echt war. Dann kam mir der Gedanke, daß ich früher bei ihr eine ähnliche Geste des Mißfallens ausgelöst haben könnte, und erfaßte im selben Augenblick den ganzen Umfang meiner Entwicklung. Ich war vom Abgewiesenen zum Willkommenen geworden.

Kapitel 57
Schicksal

Ja, Senhor, wir liebten uns. Jetzt, da es uns alle sozialen Gesetze nicht mehr verwehrten, liebten wir uns wirklich. Wir waren miteinander wie die beiden Seelen verbunden, die der Dichter im Fegefeuer getroffen hatte:

Di pari, come buoi, che vanno a giogo.

Doch ich drücke mich schlecht aus, wenn ich uns mit Ochsen vergleiche, denn wir gehörten zu einer anderen Art von Tieren, die weniger schwerfällig, dafür aber durchtriebener und lasziver war. So gingen wir, ohne zu wissen, wohin und über welche verborgenen Straßen. Dieses Problem belastete mich einige Wochen lang, aber ich überließ seine Lösung dem Schicksal. Armes Schicksal! Wo magst du jetzt wandeln, großer Sachwalter der menschlichen Obliegenheiten? Vielleicht bist du gerade dabei, eine neue Haut, ein anderes Gesicht, eine veränderte Lebensart oder einen neuen Namen zu schaffen, und es ist nicht ausgeschlossen, daß . . . Ich weiß nicht mehr, wo ich stehengeblieben war . . . Ach ja, bei den verborgenen Straßen. Ich sagte mir, daß bereits jetzt der Wille Gottes geschähe. Er bestand in dem Glück, uns zu lieben. Wenn das nicht so wäre, wie sollten wir dann den Walzer und alles andere erklären? Virgília dachte ebenso. Eines Tages, nachdem sie mir gestanden, daß sie Augenblicke mit Gewissensbissen durchlebte, und ich ihr erwidert hatte, daß sie mich dann nicht lieben könne, schlang sie ihre wundervollen Arme um mich und flüsterte: »Ich liebe dich, das ist der Wille des Himmels.«

So etwas sagte sie nicht gedankenlos. Virgília war ein bißchen religiös. An den Sonntagen hörte sie zwar keine Messen, das ist wahr, und ich nehme sogar an, daß sie nur an Feiertagen, wenn auf irgendeiner Empore noch ein Platz frei war, in die Kirche ging, aber sie betete jeden Abend hingebungsvoll oder zumindest schläfrig. Sie hatte Angst vor Gewittern. Bei solchen Gelegenheiten hielt sie sich die Ohren zu und murmelte den ganzen Katechismus vor sich hin. In ihrem Alkoven hatte sie einen kleinen Hausaltar, der aus Palisanderholz geschnitzt und drei Handbreit hoch war und drei Bilder enthielt. Aber mit ihren Freundinnen sprach sie nie darüber. Im Gegenteil. Sie bezeichnete alle, die einfach nur religiös waren, als Betschwestern. Eine Zeitlang vermutete ich, es bereite ihr Verdruß, gläubig zu sein, und ihre Religion sei nur eine Art schützendes und verborgenes Flanellhemd. Aber offenbar irrte ich mich.

Kapitel 58
Vertrauliche Mitteilung

Lôbo Neves jagte mir zunächst entsetzliche Angst ein. Reine Einbildung! Da er seine Frau anbetete, machte es ihm nichts aus, es mir oft zu sagen. Für ihn war Virgília die Vollkommenheit selbst, und er fand, daß sie die beständigsten und feinsten Eigenschaften in sich vereinigte, daß sie zärtlich, elegant und würdevoll, mit einem Wort, vorbildlich war. Sein Vertrauen endete hier aber noch nicht. Der Spalt wurde weit geöffnete Tür. Eines Tages vertraute er mir an, in seinem Dasein gebe es einen nagenden Wurm, ihm bleibe der öffentliche Ruhm versagt. Ich ermutigte ihn und sagte ihm eine Menge angenehmer Dinge, die er mit religiöser Inbrunst anhörte, wie einen Wunsch, der nicht sterben kann. Alsdann begriff ich, daß seine Ambition es müde war, mit den Flügeln zu schlagen, ohne sich zum Flug aufschwingen zu können. Tage danach schilderte er mir alles, seinen Überdruß und die Ohnmacht, die unterdrückte Bitterkeit und den bezwungenen Zorn. Er eröffnete mir, daß das politische Leben ein Gewebe von Neid, Ärger, Intrigen, Falschheit, Selbstsucht und Nichtigkeiten sei. Offensichtlich war er in einer Krise der Schwermut, die ich zu bekämpfen versuchte.

»Ich weiß, was ich Ihnen sage«, antwortete er mir traurig. »Sie können sich nicht vorstellen, was ich durchgemacht habe. Aus Liebhaberei und aus familiären Gründen wurde ich Politiker. Dabei folgte ich meinen Ambitionen und auch ein wenig meiner Eitelkeit. Sie sehen schon, daß ich mir alles vereinigte, was einen Mann ins öffentliche Leben führt. Mir fehlte einzig und allein das Interesse, das einer anderen Natur entspringt. Ich hatte das Theater nur vom Parkett aus gesehen, und, mein Ehrenwort, es war hinreißend! Eine prächtige Szenerie, Leben, Bewegung und Anmut. Ich verpflichtete mich. Man gab mir eine Rolle, die . . . Aber warum langweile ich Sie damit? Lassen Sie mich nur mit meinen Kümmernissen allein. Sie können mir glauben, daß ich Stunden und Tage hinter mir habe . . . Es gibt weder eine Gesinnung, die Bestand hat, noch Dankbarkeit, es gibt nichts . . . nichts . . . rein gar nichts . . .«

Er verstummte völlig niedergeschlagen und starrte ins Leere. Er schien nichts wahrzunehmen als das Echo seiner eigenen Gedanken. Einige Augenblicke später erhob er sich und reichte mir die Hand. »Sie werden über mich lächeln«, sagte er. »Entschuldigen Sie meinen Gefühlsausbruch. Ich hatte da eine leidige Sache, die mir sehr zusetzte.« Und er lachte, düster und traurig. Dann bat er mich, niemandem zu erzählen, was zwischen uns vorgefallen war. Ich wandte ein, daß ja gar nichts geschehen sei. Zwei Abgeordnete und ein führender Politiker der Parochie kamen herein. Lôbo Neves empfing sie freudig, anfangs sehr gekünstelt, aber bald durchaus natürlich. Eine halbe Stunde später hätte niemand bestritten, daß er der vom Glück meistbegünstigte Mann sei. Er unterhielt sich, spottete und lachte. Alle lachten.

Kapitel 59
Eine Begegnung

Die Politik muß ein herber Wein sein, sagte ich mir, als ich Lôbo Neves' Haus verließ. Und ich ging und ging, bis ich in der Rua dos Barbonos eine Kutsche erblickte, in der ein Minister saß, mein ehemaliger Schulkamerad im College. Wir grüßten uns freundschaftlich. Dann rollte der Wagen davon, und ich setzte meinen Weg fort . . . lief weiter . . . immer weiter . . .

Warum werde ich nicht Minister?

Diese glänzende und großartige Idee – bizarr umkleidet, würde Pater Bernardes sagen –, diese Idee begann schwindelerregende Luftsprünge zu vollführen. Ich blieb stehen, schaute ihr zu und fand sie bestechend. Ich dachte nicht mehr an Lôbo Neves' Niedergeschlagenheit, jetzt war es der Abgrund, von dem ich mich angezogen fühlte. Ich erinnerte mich an meinen Schulfreund, an unsere Streifzüge auf den Hügeln, an den Spaß, den wir miteinander hatten, und an unsere Lausbubenstreiche, und dann verglich ich den Jungen mit dem Mann. Ich fragte mich, warum ich nicht so war wie er. Dann bog ich in den Passeio Público ein, und alles ringsum schien mir von der gleichen Frage bewegt. Warum wirst du nicht Minister, Cubas? Warum wirst du nicht Staatsminister? Als ich das vernahm, durchrieselte ein köstliches Gefühl meinen ganzen Körper. Ich bog also in den Passeio Público ein und setzte mich auf eine Bank, um mir den Gedanken noch einmal durch den Kopf gehen zu lassen. Wie mußte er Virgília erst gefallen! Einige Minuten später sah ich jemanden auf mich zukommen, dessen Gesicht mir nicht unbekannt war. Ich hatte es bestimmt schon irgendwo gesehen.

Stellt euch einen Mann von achtunddreißig oder vierzig Jahren vor, groß, hager und blaß. Seine Kleidung schien, abgesehen von der Machart, aus der Babylonischen Gefangenschaft entsprungen zu sein, der Hut war ein Zeitgenosse des Geßlerschen. Denkt euch jetzt einen Gehrock, der länger war, als es der Körper oder buchstäblich die Knochen meines Gegenübers erforderten, und dessen schwarze Farbe einem glanzlosen Gelb den Vortritt ließ. Er war abgetragen, und von den acht primitiven Knöpfen waren nur noch drei vorhanden. An den grauen Segeltuchhosen saßen zwei starke Knieleder, und der untere Saum war von den Absätzen der ungeputzten Halbstiefel erbarmungslos zerschlissen. Am Hals flatterten die Enden einer verblichenen zweifarbigen Krawatte, die um einen acht Tage alten Umlegekragen gebunden war. Ich glaube, er hatte auch eine Weste an aus dunkler Seide, die aufgeknöpft und stellenweise löchrig war.

»Ich wette, Sie erkennen mich nicht, Senhor Doktor Cubas«, sagte er.

»Ich kann mich nicht erinnern . . .«

»Ich bin Borba, Quincas Borba.«

Erschrocken wich ich zurück . . . Wer wird mir jetzt die feierlichen Worte eines Bossuet oder eines Vieira eingeben, um diese abgrundtiefe Untröstlichkeit zu beschreiben! Es war tatsächlich Quincas Borba, der pfiffige Junge von ehedem, mein intelligenter und wohlhabender Schulfreund. Quincas Borba! Nein, ausgeschlossen, das konnte nicht sein. Es wollte mir einfach nicht in den Sinn, daß diese schmutzige Gestalt, deren Bart schon weiß schimmerte, daß dieser zerlumpte, vorzeitig gealterte Kerl, diese ganze Ruine Quincas Borba sei. Aber er war es. Die Augen hatten noch ein wenig von ihrem früheren Ausdruck bewahrt, und seinem Lächeln war der ihm eigene, etwas spöttische Zug erhalten geblieben. Indessen ertrug er mein Entsetzen mit Standhaftigkeit. Nach einer Weile wandte ich den Blick ab. Wenn ich diese Erscheinung in jene Zeit zurückversetzte – der Vergleich war niederschmetternd.

»Ich brauche Ihnen nichts zu erzählen«, sagte er schließlich. »Sie erraten bereits alles. Ein Leben voller Elend, Kummer und voller Kämpfe. Erinnern Sie sich an unsere Feste, auf denen ich den König spielte. So ein Reinfall! Ich ende als Bettler . . .«

Teilnahmslos hob er die rechte Hand und die Schultern. So schien er den Schicksalsschlägen gegenüber zu resignieren, und ich weiß nicht, ob er nicht gar mit seinem Los zufrieden war. Vielleicht. Gewiß aber war er gleichgültig. In seinem Wesen fanden sich weder christliche Resignation noch philosophische Konformität. Das Elend hatte wohl seine Seele verhärtet und war gerade im Begriff, ihn die Schmach nicht mehr empfinden zu lassen. Er trug die Lumpen wie früher den Purpur: mit einer gewissen lässigen Eleganz.

»Besuchen Sie mich mal«, sagte ich, »ich könnte Ihnen etwas verschaffen.«

Ein sarkastisches Lächeln trennte seine Lippen.

»Sie sind nicht der erste, der mir etwas verspricht«, entgegnete er, »und ich weiß nicht, ob Sie der letzte sein werden, der nichts für mich unternimmt. Warum auch? Ich bitte um nichts, von Geld einmal abgesehen. Geld, ja, denn man muß essen, und die Speisehäuser schreiben nicht an. Nicht einmal die fliegenden Händlerinnen. Man will ja rein gar nichts, vielleicht für zwei Vinténs Maisbrei, aber diese verdammten Krämer stunden nicht mal das . . . Eine Hölle ist das, mein . . . beinahe hätte ich mein Freund gesagt . . . Ein Inferno! Teufel! Bei allen Teufeln! Stellen Sie sich vor, heute habe ich noch nichts gegessen.«

»Nichts?«

»Nichts. Ich bin sehr früh aus dem Haus gegangen. Wissen Sie, wo ich wohne? Auf der dritten Stufe der Treppe von São Francisco, auf der linken Seite, wenn man hinaufsteigt. Man braucht nicht anzuklopfen. Frisch ist es in dem Haus, äußerst frisch. Darum bin ich auch früh fortgegangen, und bis jetzt habe ich nichts gegessen . . .«

Ich zog die Brieftasche, suchte eine Fünfmilréisnote – die

schmutzigste – heraus und gab sie ihm. Er ergriff sie mit gierig funkelnden Augen, hob sie hoch und schwenkte sie begeistert.

»In hoc signo vinces!« rief er aus.

Dann küßte er sie mit überschwenglicher Zärtlichkeit und so geräuschvollem Gefühlserguß, daß er in mir Ekel und zugleich Mitleid erregte. Er war gescheit genug, mich zu verstehen, wurde ernst, lächerlich ernst, entschuldigte sich für den Freudentanz und fügte hinzu, es sei der Jubel eines Armen, der seit vielen Jahren keinen Fünfmilréisschein mehr zu Gesicht bekommen habe.

»Es liegt bei Ihnen selbst, noch viele andere zu sehen«, sagte ich.

»Ja?« entgegnete er und winkte ab.

»Wenn Sie arbeiten«, schloß ich.

Er machte eine verächtliche Handbewegung, schwieg einige Augenblicke lang und erklärte mir dann unmißverständlich, er wolle nicht arbeiten. Mir wurde schlecht bei soviel komischer und trauriger Nichtswürdigkeit, und ich wandte mich ab.

»Gehen Sie nicht, bevor ich Ihnen meine Elendsphilosophie auseinandergesetzt habe«, sagte er und ließ sich rittlings vor mir nieder.

Kapitel 60
Die Umarmung

Ich fürchtete, daß der arme Teufel krank war, und wollte mich zurückziehen, aber er ergriff mein Handgelenk und starrte sekundenlang den Brillanten an, den ich am Finger trug. In seiner Hand spürte ich ein gieriges Zucken und das Verlangen, ihn zu besitzen.

»Wundervoll!« sagte er.

Dann lief er um mich herum und musterte mich eingehend.

»Sie sind wohlhabend«, stellte er fest. »Edelsteine, feine

Kleider, elegant und ... Vergleichen Sie Ihre Schuhe mit meinen. Welch ein Unterschied! Ist ja auch kein Wunder! Ich muß schon sagen, Ihnen geht es wirklich gut. Und die kleinen Mädchen? Wie steht es damit? Sind Sie verheiratet?«

»Nein.«

»Ich auch nicht.«

»Ich wohne in der Rua ...«

»Ich möchte nicht wissen, wo Sie wohnen«, unterbrach mich Quincas Borba. »Wenn wir uns irgendwann wieder begegnen, geben Sie mir noch eine Fünfmilréisnote, aber erlauben Sie mir, Sie nicht zu Hause aufzusuchen. Das ist so eine Art Stolz ... Und nun adieu, ich sehe, Sie werden ungeduldig.«

»Adieu!«

»Und vielen Dank. Darf ich meine Erkenntlichkeit mehr in Ihrer Nähe ausdrücken?«

Bei diesen Worten umarmte er mich so ungestüm, daß ich nichts dagegen tun konnte. Schließlich trennten wir uns. Ich entfernte mich mit langen Schritten, verstimmt und traurig, mein Hemd war von der Umarmung zerknittert. Das zwiespältige Gefühl in mir wurde nicht mehr von der Sympathie, sondern von jener anderen Empfindung beherrscht. Ich wollte ihn würdevoll im Elend sehen. Indessen konnte ich es nicht unterlassen, den jetzigen Mann abermals mit dem von früher zu vergleichen. Das machte mich traurig, und ich vergegenwärtigte mir den Abgrund, der zwischen den damaligen Hoffnungen und der heutigen Wirklichkeit klaffte.

Also adieu! Gehen wir zu Abend essen, sagte ich zu mir.

Ich steckte die Hand in die Weste und fand meine Uhr nicht mehr. Die letzte Desillusion! Borba hatte mich während der Umarmung bestohlen.

Kapitel 61
Ein Plan

Es wurde ein trauriges Abendessen. Nicht die gestohlene Uhr, sondern das Bild des Diebes, die Kindheitserinnerungen, der wiederholte Vergleich und die Schlußfolgerungen setzten mir zu ... Schon bei der Suppe begann sich die bleiche, krankhafte Blüte aus dem 25. Kapitel in mir zu entfalten, und dann aß ich rascher, um zu Virgília zu eilen. Sie verkörperte die Gegenwart, zu der ich Zuflucht nehmen wollte, um dem Alpdruck des Zurückliegenden zu entrinnen; denn das Zusammentreffen mit Quincas Borba hatte mir die Vergangenheit wieder vor Augen geführt, nicht wie sie wirklich gewesen war, sondern zerlumpt, niederträchtig, bettelnd und diebisch.

Ich verließ das Haus, aber es war noch zu früh, ich würde sie bei Tisch antreffen. Wieder beschäftigte ich mich mit Quincas Borba, dann wollte ich zum Passeio Público zurückgehen und sehen, ob ich ihn noch einmal traf. Plötzlich drängte sich mir der Gedanke auf, ich müsse ihn wieder auf den rechten Weg bringen. Ich begab mich dorthin, konnte ihn aber nirgends mehr entdecken und fragte einen Polizisten nach ihm. Er erklärte mir, »dieses Subjekt« laufe tatsächlich manchmal hier herum.

»Wann?«

»Er hat keine bestimmte Zeit.«

Es war nicht ausgeschlossen, ihm bei einer anderen Gelegenheit zu begegnen, und ich versprach mir selbst, abermals dort hinzugehen. Der Wunsch, aus ihm wieder einen ordentlichen Menschen zu machen, ihn für eine Arbeit zu gewinnen und ihm die Achtung vor sich selbst zurückzugeben, erfüllte mein Herz. Wohlbehagen, ein Gefühl der Erhebung und der Selbstbewunderung ergriffen von mir Besitz ... Unterdessen war es Abend geworden, und ich suchte Virgília auf.

Kapitel 62

Das Kopfkissen

Ich suchte Virgília auf und vergaß Quincas Borba sehr rasch. Sie bildete das weiche, warme und aromatische Kopfkissen meines Inneren, das mit Batist und Brüsseler Spitzen bezogen war. Dort ruhte es sich gewöhnlich von allem Empfindungen aus, von den einfach lästigen bis hin zu den schmerzlichen. Und selbst wenn es sich um schwerwiegende Dinge handelte, Virgílias Daseinsberechtigung blieb genau die gleiche und konnte keine andere sein. Fünf Minuten genügten, Quincas Borba vollständig zu vergessen, fünf Minuten gegenseitigen Betrachtens mit ineinandergepreßten Händen, fünf Minuten eines Kusses. Und die Erinnerung an Quincas Borba schwand ... Skrofel des Lebens, Lumpen aus der Vergangenheit, was kümmert es mich, daß ihr existiert, daß ihr den anderen in die Augen stecht, wenn ich zwei Handbreit eines himmlischen Kissens besitze, um die Augen zu schließen und zu schlafen?

Kapitel 63

Fliehen wir!

Ach, man kann ja nicht immer schlafen! Drei Wochen danach, als ich zu Virgília kam – es war vier Uhr nachmittags –, traf ich sie traurig und bedrückt an. Sie wollte mir den Grund nicht verraten, aber da ich unablässig in sie drang, sagte sie: »Ich glaube, Damião ahnt etwas. Ich spüre einiges Ungewohnte an ihm ... Er ist zweifellos nett zu mir, aber sein Blick scheint sich verändert zu haben. Ich schlafe schlecht. Erst diese Nacht fuhr ich entsetzt hoch, denn ich hatte geträumt, daß er mich umbringen wollte. Vielleicht ist es Einbildung, aber ich glaube, er vermutet ...«

Ich beruhigte sie, so gut ich konnte, und erklärte ihr, es sei sicherlich politische Vorsicht. Virgília hielt das für durchaus möglich, blieb aber unruhig und nervös. Wir waren im Empfangszimmer, das gerade zu dem Landhaus hin gelegen war, in dem wir uns das erste Mal geküßt hatten. Ein offenes Fenster ließ Wind herein, der die Gardinen schwach blähte. Ich sah dorthin, ohne sie wahrzunehmen. Ich hatte den Opergucker der Phantasie ergriffen und entdeckte in der Ferne ein Haus für uns, ein Leben, das uns gehörte, und eine Welt, die die unsere war, in der es weder einen Lôbo Neves noch Ehe, Moral oder eine andere Bindung gab, die uns hinderte, unseren Willen durchzusetzen. Dieser Gedanke berauschte mich. Wenn so die Welt, die Moral und der Ehemann beseitigt wären, dann brauchten wir uns nur noch in jene himmlische Wohnstatt zurückzuziehen.

»Virgília«, sagte ich, »ich möchte dir etwas vorschlagen.«

»Was denn?«

»Liebst du mich?«

»Oh«, seufzte sie und umarmte mich.

Virgília liebte mich rasend. Ihre Antwort war die lautere Wahrheit. Die Arme um meinen Hals geschlungen, schweigend und heftig atmend, ließ sie ihre großen, ausdrucksvollen Augen auf mir ruhen, die eigenartig an feuchtes Licht erinnerten. Ich sah sie nur an und begehrte ihren Mund, der frisch war wie der Morgen und unersättlich wie der Tod. Virgílias Schönheit war jetzt in einem Maße vollkommen, wie sie es vor ihrer Heirat nicht aufzuweisen hatte. Sie gehörte zu jenen Geschöpfen, die wie in kunstvoller Arbeit aus pentelischem Marmor geschaffen sind, stattlich, rein und von ruhiger Schönheit, und an Statuen gemahnen, aber nicht so apathisch und kalt sind. Ihr Äußeres glich vielmehr dem feuriger Naturen, und man konnte sagen, daß sie eigentlich alles, was zur Liebe gehörte, in sich vereinigte, vor allem in jener Situation, in der sie mir stumm all das offenbarte, was die menschliche Pupille auszudrücken vermag. Aber die Zeit drängte. Ich löste ihre Hände, ergriff sie an den Gelenken, sah ihr fest in die Augen und fragte sie, ob sie Mut hätte.

»Wozu?«

»Zur Flucht. Wir gehen irgendwohin, wo wir es leichter haben, suchen uns ein großes oder ein kleines Haus, ganz wie du es haben möchtest, auf dem Lande, in der Stadt oder in Europa, wie du meinst, wo uns niemand auf die Nerven geht und keine Gefahr für dich besteht, wo wir füreinander leben ... Wollen wir fortgehen, ja? Früher oder später kann er etwas merken, und dann bist du verloren ... Hörst du? Verloren ... tot ... auch er, weil ich ihn umbringen werde, das schwöre ich dir.«

Ich hielt inne. Virgília wurde leichenblaß, ließ die Arme sinken und setzte sich auf das Kanapee. So verharrte sie einige Augenblicke, ohne mir zu antworten, und ich weiß nicht, ob sie in ihrer Entscheidung schwankte oder ob der Gedanke an Entdeckung und Tod sie niederschmetterte. Ich trat zu ihr, beharrte auf meinem Vorschlag und zählte ihr alle Vorteile eines gemeinsamen Lebens ohne Eifersucht, ohne Schrecken und Aufregungen auf. Virgília hörte mich schweigend an und sagte dann: »Vielleicht könnten wir ihm gar nicht entrinnen. Er würde mich aufstöbern und mich auf dieselbe Art töten.«

Ich widersprach ihr heftig. Die Welt sei groß genug, und ich hätte die Mittel, überall zu leben, wo es reine Luft und viel Sonne gebe. Dorthin würde er nicht kommen. Nur große Leidenschaften befähigten zu großen Taten, er aber liebe sie nicht so sehr, daß er sie zurückholen würde, wenn sie weit fort wäre. Virgília machte eine betroffene, fast empörte Geste und murmelte, ihr Mann verehre sie sehr.

»Das mag sein«, antwortete ich, »möglich, daß es so ist ...«

Ich trat ans Fenster und trommelte mit den Fingern auf das Fensterbrett. Virgília rief mich, aber ich blieb stehen, nährte meine Eifersucht und den Wunsch, ihren Mann zu erdrosseln, wenn ich ihn jetzt in die Hand bekäme ... Genau in diesem Augenblick tauchte Lôbo Neves im Landhaus auf. Zittere nicht so, erbleichte Leserin, beruhige dich, ich brauche diese Seite nicht mit einem Blutstropfen zu zeichnen. Als er auf dem Grundstück erschien, winkte ich ihm freundschaftlich zu und sagte ihm ein nettes Wort. Virgília zog sich schnell aus dem Zimmer zurück, das er drei Minuten später betrat.

»Sind Sie schon lange hier?« fragte er.

»Nein.«

Er war ernst und bedrückt, sah, wie er es immer tat, mit unstetem und etwas zerstreutem Blick um sich, dessen Ausdruck sich aber in ein wahres heiteres Leuchten verwandelte, als er seinen Sohn, den Nhonhô, den künftigen Bakkalaureus des 6. Kapitels, kommen sah. Er nahm ihn in die Arme, hob ihn hoch und küßte ihn viele Male. Da ich den Jungen haßte, ließ ich die beiden allein. Virgília kehrte ins Zimmer zurück.

»Ach!« entfuhr es Lôbo Neves, der sich träge auf das Sofa setzte.

»Sind Sie müde?« fragte ich.

»Zum Umfallen. Ich mußte mich mit zwei höchst unangenehmen Sachen herumschlagen, in der Abgeordnetenkammer und auf der Straße. Und dann ist da noch eine dritte«, fügte er hinzu und sah seine Frau an.

»Was denn?« erkundigte sich Virgília.

»Ein . . . Na, rate mal!«

Virgília setzte sich neben ihn, hielt seine Hand, rückte ihm die Krawatte zurecht und fragte noch einmal, worum es sich handele.

»Um nichts weniger als um eine Loge.«

»Für die Candiani?«

»Für die Candiani.«

Virgília klatschte in die Hände, erhob sich und küßte ihren Jungen mit einer kindlichen Freude, die gar nicht zu ihrer Erscheinung paßte. Dann wollte sie wissen, ob die Plätze vorn oder in der Mitte seien, fragte ihren Mann leise, in welcher Toilette sie erscheinen solle, welche Oper gespielt werde, und ich weiß nicht, was noch alles.

»Sie werden mit uns zu Abend essen, Doktor«, sagte Lôbo Neves zu mir.

»Deswegen ist er ja gekommen«, bestätigte sie. »Er sagt, du hast den besten Wein von ganz Rio de Janeiro.«

»Nicht einmal das veranlaßt ihn, viel zu trinken.«

Beim Essen widerlegte ich seine Behauptung. Ich trank mehr als sonst, aber immerhin nicht genug, um die Selbstkontrolle zu verlieren. Schon vorher war ich erregt gewesen, jetzt steigerte sich jedoch die Erregung noch ein wenig.

Es war mein erster großer Zorn auf Virgília. Ich sah sie während des ganzen Soupers nicht ein einziges Mal an. Ich redete über Politik, die Presse, das Ministerium, und ich glaube, ich wäre sogar auf die Theologie eingegangen, wenn ich etwas davon verstanden oder mich zumindest daran erinnert hätte. Lôbo Neves hörte mir gleichmütig, würdevoll und mit beinahe herablassendem Wohlwollen zu. All das reizte mich ebenfalls und machte mir die Mahlzeit noch bitterer und länger. Kaum hatten wir uns erhoben, da verabschiedete ich mich.

»Bis bald, nicht wahr?« fragte Lôbo Neves.

»Kann sein.«

Und ich ging.

Kapitel 64
Die Übereinkunft

Ich schlenderte durch die Straßen und begab mich um neun Uhr zur Ruhe. Da ich nicht schlafen konnte, beschäftigte ich mich mit Lesen und Schreiben. Um elf Uhr tat es mir bereits leid, nicht ins Theater gegangen zu sein. Ich sah auf die Uhr, wollte mich ankleiden und aufbrechen, aber ich überlegte mir, daß ich zu spät kommen und es überdies ein Beweis meiner Schwäche sein würde. Offenbar wird Virgília allmählich meiner überdrüssig, dachte ich, und dieser Gedanke machte mich erst mutlos und dann gefühllos, und ich war bereit, sie zu vergessen und umzubringen. Ich sah sie dort in der Loge zurückgelehnt sitzen, mit ihren herrlichen bloßen

Armen, die mir gehörten, mir allein, ich sah, daß beim Anblick ihres prächtigen Kleides, das sie bestimmt trug, allen die Augen übergingen, ich sah ihren milchweißen Busen, ihre glattgescheitelte Frisur, wie sie damals Mode war, und die Brillanten, die die Leuchtkraft ihrer Augen nicht zu überstrahlen vermochten ... So hatte ich sie vor mir, und es schmerzte mich, daß andere sie anschauten. Dann begann ich, sie zu entkleiden, Edelsteine und Seide beiseite zu legen, sie mit meinen gierigen und lüsternen Händen zu zerzausen und sie – ich weiß nicht, ob schöner oder natürlicher –, sie mein werden zu lassen, nur mein, ganz allein mein.

Am nächsten Tag hielt ich es nicht länger aus. Ich ging zeitig zu Virgília, die ich mit rotgeweinten Augen antraf.

»Was ist geschehen?« fragte ich.

»Du liebst mich nicht«, antwortete sie, »du hast nie auch nur ein Fünkchen Liebe für mich empfunden. Du warst gestern zu mir, als haßtest du mich. Wenn ich wenigstens wüßte, was ich getan habe. Aber ich weiß es nicht. Willst du mir nicht sagen, was vorgefallen ist?«

»Was sollte sein? Ich glaube, nichts.«

»Nichts? Du hast mich so behandelt, wie man nicht einmal mit einem Hund umspringt ...«

Bei diesen Worten ergriff ich ihre Hände und küßte sie, während zwei Tränen aus ihren Augen rannen.

»Es ist ja vorüber, schon vorbei«, tröstete ich sie.

Ich getraute mich nicht, ihr Vorwürfe zu machen. Weswegen auch? Es war ja nicht ihre Schuld, daß ihr Mann sie liebte. Ich sagte, daß ich ihr nichts vorzuwerfen hätte, aber notwendigerweise auf ihn eifersüchtig sei, was ich nicht immer mit heiterer Miene ertragen könne, und fügte hinzu, daß er sich vielleicht sehr verstelle und daß das beste Mittel, die Tür vor den Schrecken und den Mißhelligkeiten zu verschließen, darin bestehe, meinen Vorschlag vom Vortage anzunehmen.

»Ich habe daran gedacht«, entgegnete Virgília, »ein Häuschen nur für uns, einsam müßte es sein, mitten in einem

Garten, in einer versteckten Straße, nicht wahr? Ich finde die Idee gut, aber wozu fliehen?«

Sie brachte das mit dem kindlichen und ruhigen Ton eines Menschen hervor, der an nichts Böses denkt, und ihr Lächeln, bei dem sie die Mundwinkel herunterzog, war ebenso arglos.

Schließlich trat ich ein wenig zurück und antwortete: »Du bist es, die mich niemals geliebt hat.«

»Ich?«

»Ja, egoistisch bist du, siehst mich lieber alle Tage leiden ... namenlos egoistisch bist du!«

Virgília fing an zu weinen, und damit niemand herbeilief, steckte sie ihr Taschentuch in den Mund und unterdrückte das Schluchzen. Dieser Gefühlausbruch bestürzte mich. Wenn jemand sie hörte, dann war alles verloren. Ich beugte mich über sie, packte sie an den Handgelenken, flüsterte ihr die zärtlichsten Kosenamen unseres Beisammenseins zu und vergegenwärtigte ihr die Gefahr. Die Angst machte sie ruhig.

»Ich kann nicht«, sagte sie einige Augenblicke später. »Ich lasse meinen Jungen nicht allein, und wenn ich ihn mitnehme, bin ich sicher, daß *er* mich vom Ende der Welt zurückholen würde. Ich kann einfach nicht. Bring mich um, wenn du willst, oder laß mich sterben ... Oh, mein Gott! Mein Gott!«

»Still, denke daran, daß man dich hören könnte.«

»Sollen sie doch! Das kümmert mich nicht.«

Sie war noch erregt, als ich sie bat, alles zu vergessen und mir zu verzeihen, ich sei ein Wahnsinniger, aber mein Delirium sei von ihr ausgegangen und werde mit ihr enden. Virgília wischte sich die Augen und reichte mir die Hand. Wir lächelten beide. Minuten später kamen wir auf die Sache mit dem einsamen Häuschen in irgendeiner abgelegenen Straße zurück ...

Kapitel 65
Späher und Lauscher

Das Geräusch eines Wagens im Hof unterbrach uns. Ein Sklave meldete die Baronin X. Virgília befragte mich mit den Augen.

»Da Sie solche Kopfschmerzen haben, Senhora«, sagte ich, »scheint es mir das beste, niemanden zu empfangen.«

»Ist sie schon ausgestiegen?« wandte sich Virgília an den Sklaven.

»Ja, und sie sagt, sie müsse unbedingt mit Ihnen sprechen.«

»Laß sie vor!«

Kurz darauf trat die Baronin ein.

Ich weiß nicht, ob sie damit gerechnet hatte, mich hier anzutreffen, aber es war unmöglich, größere Begeisterung zu zeigen.

»Wen sehen meine Augen?« rief sie aus. »Wo stecken Sie nur immer? Nirgends lassen Sie sich mehr blicken. Wissen Sie, erst gestern habe ich mich gewundert. Sie nicht im Theater anzutreffen. Die Candiani war hervorragend. Was für eine Frau! Gefällt sie Ihnen? Natürlich. Die Männer sind alle gleich. Der Baron äußerte gestern in der Loge, eine einzige Italienerin sei soviel wert wie fünf Brasilianerinnen. Welche Unverschämtheit! Und dazu von einem Alten, das ist noch schlimmer. Aber warum waren Sie gestern nicht im Theater?«

»Ich hatte Migräne.«

»Was? Doch nicht irgendeine Liebschaft? Was meinen Sie, Virgília? Nun denn, mein Freund, halten Sie sich ran, Sie sind doch gewiß schon vierzig . . . oder nahe daran . . . Sind Sie vierzig?«

»Das kann ich Ihnen nicht mit Sicherheit sagen«, antwortete ich, »aber wenn Sie erlauben, werde ich einmal in meinem Taufschein nachsehen.«

»Tun Sie das, gehen Sie am besten gleich . . .« Und sie reichte mir die Hand.

»Bis wann? Sonnabend sind wir zu Hause. Der Baron vermißt Sie schon.«

Als ich auf der Straße anlangte, bereute ich, fortgegangen zu sein. Die Baronin gehörte zu denen, die uns am meisten mißtrauten. Statt auf fünfundfünfzig schätzte man sie auf vierzig, sie war wendig und heiter, hatte sich Reste ihrer Schönheit bewahrt und glänzte mit eleganter Haltung und feinen Manieren. Sie sprach nicht viel und auch nicht immer und beherrschte die große Kunst, anderen zuhören zu können und sie dabei zu studieren. Sie lehnte sich dann in ihren Sessel zurück, zückte ihren scharfen, durchdringenden Blick wie einen Degen und blieb so sitzen. Die anderen wußten nicht, was das zu bedeuten hatte, unterhielten sich, schauten um sich und gestikulierten, während sie nur zuschaute, bald starr, bald gelöst. Manchmal trieb sie die Verschlagenheit so weit, daß sie tat, als sähe sie in sich hinein. Dann senkte sie die Lider, aber da ihre Wimpern wie Jalousien waren, lag ihr Blick weiter auf der Lauer und kundschaftete die Seelen und das Leben der anderen aus.

Als zweiter ist Viegas zu nennen, ein Verwandter Virgílias, ein Tapergreis, der bereits siebzig Winter erlebt hatte, ausgemergelt und gelb aussah und an hartnäckigem Rheumatismus und einem ebenso unheilbaren Herzfehler litt; er war ein Miniaturkrankenhaus. Seine Augen jedoch strahlten Leben und Gesundheit aus. In den ersten Wochen hatte Virgília keine Angst vor ihm. Sie erklärte mir, daß Viegas, wenn er einen anderen mit festem Blick zu beobachten scheine, einfach sein Geld zähle. Er war tatsächlich ein großer Geizhals.

Dann gehörte noch Luís Dutra, Virgílias Vetter, dazu, den ich jetzt mit Gesprächen über Gedichte und Prosa und damit entwaffnete, daß ich ihn meinen Bekannten vorstellte. Wenn diese, denen sein Name geläufig war, sich über das persönliche Kennenlernen erfreut zeigten, jauchzte er bestimmt innerlich vor Freude. Sein Glücksgefühl verschmerzte ich durch die Hoffnung, daß er uns nie verraten würde. Schließlich waren da noch drei oder vier Frauen, einige Stutzer und die Diener, die sich natürlich für ihre untergeordnete Stellung rächen wollten. All das bildete einen regelrechten Wald von Spähern und Lauschern, aus dem wir taktisch klug und geschmeidig wie Schlangen hinausgleiten mußten.

Kapitel 66
Die Beine

Während ich an diese Leute dachte, liefen meine Beine mit mir durch einige Straßen und trugen mich fort. Darum befand ich mich auf einmal, ohne daß ich es gemerkt hatte, am Eingang des Hotels »Pharoux«, wo ich sonst immer zu Abend aß. Aber ich war gar nicht absichtlich dorthin gegangen. Nicht ich, sondern meine Beine hatten also das Verdienst, diese Leistung vollbracht zu haben. Segensreiche Beine! Und da gibt es noch immer Leute, die euch mit Geringschätzung oder Gleichgültigkeit behandeln. Bis dahin hatte ich selbst auch nicht viel von euch gehalten, ich zürnte euch, wenn ihr müde wart, an einem bestimmten Punkt nicht weiterkonntet und in mir den Wunsch zu fliegen wachrieft, was an eine Henne mit zusammengebundenen Beinen erinnerte.

Jene Begebenheit war indessen ein Lichtblick. Ja, liebe Beine, ihr überließt meinem Kopf die Arbeit, an Virgília zu denken, und sagtet zueinander: »Er muß doch etwas essen, es ist Abendbrotzeit. Tragen wir ihn also ins ›Pharoux‹ und teilen wir sein Bewußtsein: Die eine Hälfte möge sich mit der Dame beschäftigen, der anderen nehmen wir uns an, damit er den rechten Weg findet, nicht mit Leuten oder Karossen zusammenstößt, den Hut vor Bekannten zieht und schließlich gesund und unversehrt ins Hotel gelangt.« Ihr habt eure Aufgabe getreulich gelöst, meine guten Beine, und das verpflichtet mich, euch auf dieser Seite zu verewigen.

Kapitel 67

Das Häuschen

Ich speiste und ging nach Hause. Dort fand ich eine Schachtel Zigarren vor, die mir Lôbo Neves geschickt hatte. Sie war in Seidenpapier eingewickelt und mit rosa Bändchen verziert. Ich begriff, öffnete sie und entnahm ihr diesen Zettel:

Mein B . . .

Man mißtraut uns. Alles ist verloren. Vergiß mich für immer. Wir werden uns nicht mehr sehen. Adieu, vergiß die Unglückliche V. . .a

Dieser Brief war ein Schlag für mich. Die Nacht senkte sich schon herab, doch ich eilte sofort zu Virgília. Es war höchste Zeit, denn die Reue peinigte sie bereits. In einer Fensternische erzählte sie mir, was mit der Baronin vorgefallen war. Diese hatte ihr offen gesagt, am vergangenen Abend im Theater sei viel darüber gesprochen worden, daß ich der Loge Lôbo Neves' ferngeblieben war. Man hatte sich auch über meine Beziehungen zu diesem Hause verbreitet. Kurz, wir waren Gegenstand öffentlichen Mißtrauens. Am Ende klagte sie, daß sie nicht wisse, was sie tun solle.

»Am besten fliehen«, riet ich.

»Niemals«, antwortete sie und schüttelte den Kopf.

Ich erkannte, daß es unmöglich war, zwei Dinge voneinander zu trennen, die in ihrem Bewußtsein eng miteinander verbunden waren: unsere Liebe und die öffentliche Meinung. Virgília war zu gleich großen Opfern fähig, um sich beide wohlwollend zu erhalten. Die Flucht ließ ihr nur eins. Vielleicht empfand ich vor Ärger sogar ähnlich, aber die letzten beiden Tage hatten so viele Aufregungen gebracht, daß dieses Gefühl rasch in mir erstarb. Also los, besorgen wir ein Häuschen.

Tatsächlich fand ich es wenige Tage später in einem Winkel von Gambosa. Wie für uns geschaffen. Ein Kleinod! Es war neu, frisch getüncht, hatte vier Fenster an der Giebelfront und zwei auf jeder Seite – alle mit ziegelroten Blenden –, Kletterpflanzen an den Ecken und davor einen Garten. Ein Kleinod!

Wir kamen überein, daß eine Bekannte Virgílias, ihre frühere Scheiderin und Hausangestellte, dort wohnen sollte. Sie war von Virgília regelrecht bezaubert. Wir wollten ihr nicht gleich alles offenbaren, sie würde das übrige ohne weiteres hinnehmen.

Für mich bedeutete das etwas völlig Neues in unserer Liebe, die Illusion des ausschließlichen Besitzes und der absoluten Herrschaft, etwas, was das Gewissen einschläferte und den Anstand wahrte. Seit langem war ich der Vorhänge, der Stühle, des Teppichs, des Kanapees und all dieser Utensilien des anderen überdrüssig, die mir ständig unsere Duplizität vor Augen führten. Jetzt konnte ich den häufigen Essen, dem allabendlichen Tee und schließlich der Anwesenheit ihres Sohnes, meines Komplicen und meines Feindes, aus dem Wege gehen. Das Haus erlöste mich von allem, das Alltagsleben würde vor seiner Tür enden. Von dort würde sich nach innen die Unendlichkeit auftun, eine unsterbliche, höhere und einzigartige Welt, die unser wäre, nur unser, ohne Gesetze, Institutionen, Baroninnen, ohne Späher und Lauscher – eine einzige Welt, ein einziges Paar, ein Leben, ein Wille und nur eine Liebe –, die moralische Einheit aller Dinge, mit Ausnahme derer, die mir feindlich gesonnen waren.

Kapitel 68
Die Peitsche

Solche Überlegungen stellte ich dort draußen in Valongo an, nachdem ich das Haus gesehen und den Kauf vereinbart hatte. Ein Menschenauflauf riß mich aus meinen Gedanken. Ein Schwarzer peitschte einen anderen auf offenem Platze aus. Das Opfer getraute sich nicht zu flüchten und brachte nur wimmernd hervor: »Nein, Verzeihung, Senhor, Senhor, Verzeihung!« Aber der andere achtete nicht darauf und beantwortete jedes Flehen brutal mit einem neuen Hieb.

»Da, du Satan!« rief er. »Hier hast du mehr Verzeihung, du Trunkenbold!«

»Oh, Senhor!« ächzte der andere.

»Halt den Mund, du Rindvieh«, herrschte ihn der Schlagende an.

Ich blieb stehen und sah ... Gerechter Himmel! Wer schwang denn da die Peitsche? Kein anderer als mein Negerjunge Prudêncio, den mein Vater einige Jahre zuvor freigelassen hatte. Ich trat auf ihn zu. Er hielt sofort inne und bat mich um den Segen. Ich fragte ihn, ob der andere Neger sein Sklave sei.

»Ja, natürlich, Nhonhô.«

»Hat er dir etwas getan?«

»Er ist ein Taugenichts und ein riesengroßer Säufer. Heute habe ich ihm den Bauchladen anvertraut, als ich in die Stadt hinuntergegangen bin. Er hat ihn beiseite gestellt, um in der Schenke einen zu heben.«

»Na ja, schon gut, verzeih ihm«, sagte ich.

»In Ordnung, Nhonhô, Sie bestimmen und brauchen nicht zu bitten. Marsch, ins Haus, du Trunkenbold!«

Ich entfernte mich, denn die Leute ringsum sahen mich erstaunt an und tuschelten miteinander. Ich setzte meinen Weg fort und stellte eine Unzahl Überlegungen an, die mir allerdings zu meinem Bedauern ganz und gar entfallen sind. Sie hätten bestimmt Material für ein gutes, vielleicht sogar für ein heiteres Kapitel geliefert. Ich habe eine Schwäche für heitere Kapitel. Rein äußerlich war die Episode in diesem Valongo düster, aber nur äußerlich. Als ich mit dem Messer des Nachdenkens tiefer stach, stieß ich auf ein spitzbübisches, feines und beinahe tiefgründiges Gehirn. Das war die Art, mit der sich Prudêncio der empfangenen Schläge entledigte – indem er sie nämlich einem anderen weitergab. Als

Kind hatte ich mich auf seinen Rücken gesetzt, Zügel an seinem Mund befestigt und ihn erbarmungslos gepeitscht. Er hatte gejammert und gelitten. Aber jetzt war er frei, konnte über sich, über seine Arme und seine Beine verfügen, konnte arbeiten, sich ausruhen, schlafen und sich endgültig von den Fesseln seines früheren Standes befreien. Und nun übertraf er sich selbst: Er kaufte sich einen Sklaven und zahlte ihm, wie er es sich früher geschworen hatte, mit gleicher Münze heim, was er zuvor von mir hatte hinnehmen müssen. Seht nur, wie zartbeseitet Halunken sind!

Kapitel 69
Ein Körnchen Narrheit

Diese Begebenheit erinnerte mich an einen Geisteskranken, den ich einmal kennengelernt hatte. Er hieß Romualdo und behauptete, Tamerlan zu sein. Das war sein großer und zugleich einziger Defekt, und er hatte eine absonderliche Art, ihn zu erklären.

»Ich bin der berühmte Tamerlan«, verkündete er. »Früher war ich Romualdo, aber dann wurde ich krank und nahm so viel Tartarus und immer mehr Tartarus, daß ich mich zuerst in einen Tataren und schließlich in den König der Tataren verwandelte. Der Tatarus hat die Kraft, Tartaren hervorzubringen.«

Armer Romualdo! Die Leute lachten über seine Hirngespinste, aber es ist wahrscheinlich, daß du, verehrter Leser, nicht einstimmen wirst, völlig zu Recht. Auch ich kann daran keineswegs etwas Amüsantes finden. Wenn man es hörte, war es irgendwie komisch, aber so, schriftlich nacherzählt und obendrein mit erhaltener und weitergegebener Prügel in einen Zusammenhang gebracht, muß ich doch gestehen, daß es sehr viel besser ist, zu dem Häuschen in Gamboa zurückzukehren. Lassen wir darum die Romualdos und Prudêncios.

Kapitel 70
Dona Plácida

Also zurück zu dem Häuschen. Heute wärst du nicht mehr in der Lage, dort hinzugehen, neugieriger Leser. Es ist alt, grau und morsch geworden, und der Eigentümer hat es abreißen lassen, um es durch ein anderes, dreimal so großes zu ersetzen, aber ich schwöre dir, daß es sehr viel kleiner geraten ist als das erste. Für Alexander war die Welt zu eng, ein Schlupfwinkel unter dem Dach ist dagegen für die Schwalben unendlich groß.

Jetzt erkennst du die Gleichgültigkeit unseres Globus, der uns durch den Raum trägt wie ein Boot mit Schiffbrüchigen, das der Küste zustrebt. Auf demselben Flecken Erde, das gestern ein sündiges Paar beherbergt hat, schläft heute ein tugendhaftes. Morgen kann sich dort ein Geistlicher zur Ruhe legen, übermorgen ein Mörder, dann ein Schmied und schließlich ein Dichter, und alle segnen diesen Ort, der in ihnen ein paar Illusionen wachgerufen hat.

Virgília machte ein Kleinod daraus. Sie wählte das brauchbarste Geschirr aus und stellte es mit der ästhetischen Intuition einer eleganten Frau auf. Ich brachte noch einige Bücher hin, und alles wurde der Obhut der Dona Plácida anvertraut, der vorgeblichen und in bestimmten Dingen tatsächlichen Herrin unseres Heims.

Es hatte sie viel Überwindung gekostet, das Haus anzunehmen. Sie witterte unsere Absichten, und es schmerzte sie, sich dafür herzugeben. Aber schließlich willigte sie ein. Ich glaube, sie hat am Anfang geweint: Sie hat sich vor sich selbst geekelt. Zumindest aber ist es sicher, daß sie mir in den ersten zwei Monaten keinen Blick gegönnt hat. Wenn sie mit mir sprach, schlug sie die Augen nieder, war ernst, brummig und manchmal traurig. Da ich sie für mich gewinnen wollte, spielte ich nicht den Gekränkten, sondern behandelte sie liebevoll und mit Respekt. Ich bemühte mich zuerst um ihr Wohlwollen und schließlich um ihr Vertrauen. Als sie es mir dann schenkte, erfand ich eine pathetische Geschichte meiner Liebe zu Virgília, die vor ihrer Heirat spielte, sprach vom Widerstand des Vaters, von der Gefühllosigkeit ihres Mannes, und ich weiß nicht, was für Einzelheiten ich noch hinzufügte. Dona Plácida wies auch nicht eine einzige Seite meiner Erzählung zurück, sie akzeptierte alle. Das entsprang einem Bedürfnis ihres Gewissens. Wer uns nach sechs Monaten alle drei zusammen gesehen hätte, der hätte behauptet, Dona Plácida sei meine Schwiegermutter.

Ich zeigte mich auch nicht undankbar und legte ihr ein Sparbuch mit fünf Contos Guthaben an – es waren die fünf Contos, die ich in Botafogo gefunden hatte –, als Zehrgeld für das Alter. Dona Plácida dankte mir mit Tränen in den Augen und betete von da an jeden Abend für mich vor einem Bildnis der Heiligen Jungfrau, das in ihrem Zimmer hing. So verging ihr der Ekel.

Kapitel 71
Der Mangel des Buches

Ich beginne, dic Niederschrift dieses Werkes zu bereuen. Nicht, daß es mich langweilte – ich brauchte es ja nicht zu verfassen, und tatsächlich ist das Entsenden einiger magerer Kapitel in diese Welt immer eine Aufgabe, die ein wenig von der Ewigkeit ablenkt –; aber das Buch ist griesgrämig, riecht nach Grab und verursacht ein leichenhaftes Zusammenschrumpfen. Das ist ein schwerwiegender Fehler und ein grober obendrein, denn die größte Unzulänglichkeit dieser Arbeit liegt bei dir, dem Leser. Du hast es eilig, alt zu werden, und hier geht es nur langsam voran. Dir gefallen direkte, satte Erzählweise und gleichmäßiger, flüssiger Stil; dieses Buch und mein Stil aber sind wie Trunkene, schwanken nach rechts und nach links, gehen weiter und bleiben stehen, brummen, lärmen, lachen sich halbtot, drohen dem Himmel, straucheln und fallen . . .

Und fallen! – Jämmerliche Blätter von meiner Zypresse, ihr müßt genauso herabfallen wie beliebige andere, die schön sind und prächtig. Wenn ich noch Augen hätte, vergösse ich für euch eine sehnsuchtsvolle Träne. Das ist der große Vorteil des Todes, er läßt uns zwar keinen Mund zum Lachen, nimmt uns aber auch die Augen zum Weinen . . . Ihr müßt fallen.

Kapitel 72
Der Büchernarr

Vielleicht streiche ich das vorige Kapitel wieder. Unter anderem, weil ein Satz in den letzten Zeilen sehr nach Unsinn aussieht, und ich will doch der künftigen Kritik keine Angriffsfläche bieten.

Schaut: Heute in siebzig Jahren beugt sich ein hagerer, blasser, schon ergrauter Mann, der nichts anderes als Bücher liebt, über die vorhergehende Seite, um die Ungereimtheit herauszufinden. Er liest, liest noch einmal und ein drittes Mal, nimmt die Wörter auseinander, trennt eine Silbe nach der anderen ab, prüft sie von innen, von außen und von allen Seiten, hält sie gegen das Licht, staubt sie ab, reibt sie auf dem Knie und wäscht sie – nichts, er findet nichts Sinnloses.

Ein Büchernarr. Der Autor ist ihm unbekannt, und der Name Brás Cubas wird in seinen biographischen Nachschlagwerken nicht erwähnt. In dem baufälligen Laden eines Antiquars ist er rein zufällig auf das Buch gestoßen und hat es für zweihundert Réis erworben. Er hat Nachforschungen und Untersuchungen angestellt, überall herumgestöbert und entdeckt, daß es sich um ein einzelnes Exemplar handelt . . . Um das einzige! Ihr, die ihr nicht ausschließlich auf Bücher versessen seid, aber doch in ihrem Bann steht, kennt den Wert dieses Wortes sehr gut und ahnt infolgedessen das Entzücken meines Büchernarrs. Er hätte die indische Krone, den Heiligen Stuhl und alle Museen Italiens und Hollands zurückgewiesen, sollte er sie gegen dieses einzige Exemplar eintauschen. Das aber nicht, weil es sich um meine »Erinnerungen« handelte. Wenn der »Almanach« von Laemmert einmalig wäre, dann hätte er sich ebenso verhalten.

Das schlimmste ist der Unsinn. Der Mann dort beugt sich weiter über die Seite, hat ein Vergrößerungsglas ins linke Auge geklemmt und widmet sich ganz der edlen und anstrengenden Suche nach der Ungereimtheit. Er hat sich schon selber das Versprechen gegeben, einen kurzen Abriß seiner Erinnerungen zu verfassen, in denen er über das, was er in diesem Buch gefunden hat, und über die Entdeckung der Erhabenheit, sofern sie sich hinter jenem undurchsichtigen Satz verbergen sollte, berichten will. Am Ende bekommt er nichts heraus und gibt sich mit dem Besitz des Buches zufrieden. Er klappt es zu, betrachtet es, sieht es sich noch einmal an, tritt ans Fenster und hält es in die Sonne. Das einzige Exemplar! In diesem Augenblick geht unter dem Fenster ein Cäsar oder ein Cromwell vorbei auf dem Wege zur Macht. Er zuckt mit den Schultern, schließt das Fenster, lehnt sich an die Wand und blättert das Buch langsam durch, liebevoll, Seite um Seite . . . Das einzige Exemplar!

Kapitel 73
Das »Luncheon«

Die Ungereimtheit hat mich um ein anderes Kapitel gebracht. Wieviel besser wäre es doch, die Dinge schlicht und einfach und ohne all diese Abschweifungen darzustellen. Ich habe meinen Stil schon mit dem Gang Betrunkener kollationiert. Falls euch das anstößig erscheint, vergleiche ich ihn mit den Mahlzeiten, die ich mit Virgília in dem Häuschen von Gamboa eingenommen habe. Dort haben wir so manches Mal geschlemmt und unser »Luncheon« verzehrt. Wein, Früchte, Kompott. Wir aßen, das ja, aber es war ein

Diner, das von Koseworten, zärtlichen Blicken, Kindereien und einer Unzahl ähnlicher Aufwallungen des Herzens, dem wahrhaften und ununterbrochenen Zwiegespräch der Liebe, gewürzt wurde. Hin und wieder milderte eine Verstimmung unsere zügellose Wonnetrunkenheit. Dann ließ sie mich los, flüchtete in eine Ecke des Kanapees oder ging zu Dona Plácida, um sich deren Koketterien anzuhören. Fünf oder zehn Minuten später nahmen wir unseren Schwatz wieder auf, so wie ich in der Erzählung fortfahre, um sie an anderer Stelle wieder zu unterbrechen. Hier sei vermerkt, daß wir, weit davon entfernt, eine bestimmte Methode zu verabscheuen, es uns angewöhnt hatten, eine solche Verstimmung in der Person der Dona Plácida heraufzubeschwören, indem wir sie einluden, sich zu uns an den Tisch zu setzen. Aber sie hat niemals eingewilligt.

»Anscheinend mögen Sie mich nicht mehr«, sagte Virgília eines Tages zu ihr.

»Heilige Jungfrau Maria!« rief die Gute mit zur Decke erhobenen Händen aus. »Ich die Iaiá nicht mehr mögen! Wem sollte ich denn überhaupt noch meine Zuneigung in dieser Welt schenken?«

Sie ergriff ihre Hände und sah sie ganz fest und immer fester an, bis ihr die Augen feucht wurden, so unverwandt war ihr Blick. Virgília überschüttete sie mit Zärtlichkeiten, und ich steckte ihr eine Silbermünze in die Tasche ihres Kleides.

Kapitel 74
Dona Plácidas Geschichte

Bereue nie, großzügig gewesen zu sein. Die Silbermünze brachte mir eine vertrauliche Unterhaltung mit Dona Plácida und folglich dieses Kapitel ein. Einige Tage später kamen wir, da ich sie allein im Hause antraf, miteinander ins Gespräch, und sie erzählte mir mit wenigen Worten ihre Geschichte. Sie war die Tochter eines Küsters der Kathedrale und einer Arbeiterin, die Süßigkeiten zum Verkauf zubereitete. Mit zehn Jahren verlor sie den Vater. Schon damals zerrieb sie Kokos, und ich weiß nicht, was für andere, ihrem Alter gemäße Arbeiten sie noch verrichtete. Mit fünfzehn oder sechzehn Jahren heiratete sie einen Schneider, der bald darauf an der Schwindsucht starb und ihr eine Tochter hinterließ. Sie war Witwe und doch noch ein junges Mädchen und hatte für ihr zweijähriges Kind, für ihre arbeitsunfähige Mutter und für sich selbst zu sorgen. Sie stellte Süßwaren her, das war ihr Beruf, aber sie mußte Tag und Nacht arbeiten, um drei oder vier Läden zu versorgen. Außerdem unterrichtete sie einige Kinder aus ihrem Wohnviertel für zehn Tostoes monatlich. Dabei vergingen die Jahre, doch ihre Schönheit verging nicht, denn die hatte sie nie besessen. Einige Liebhaber tauchten auf, Angebote wurden ihr gemacht, und die Versuchung trat an sie heran, aber sie widerstand allem.

»Hätte ich einen zweiten Mann gefunden«, gestand sie, »glauben Sie mir, ich wäre wieder verheiratet. Aber keiner wollte mich zur Frau nehmen.«

Einer der Anwärter schaffte es, akzeptiert zu werden, aber er war auch nicht taktvoller als die anderen. Dona Plácida gab ihm ebenfalls den Laufpaß, und nachdem sie ihn abgewiesen hatte, weinte sie heftig. Sie nähte weiter für andere Leute und fuhr fort, den Schaum von den Töpfen zu schöpfen. Temperament, Alter und Armut hatten ihre Mutter zänkisch gemacht, und sie lag ihrer Tochter dauernd in den Ohren, doch einen der Männer, die sich um sie bemühten, wie eine Anleihe oder einen Gelegenheitskauf zu betrachten. Und dann schrie sie: »Willst du denn besser sein als ich? Ich weiß nicht, woher du diese Allüren reicher Leute hast. Meine Beste, man gestaltet sein Leben nicht aufs Geratewohl. Von der Luft kann man nicht leben. Du bist erst eine! Solche netten Jungen wie Policarpo aus dem Kaufmannsladen, der Ärmste ... Du wartest auf einen ganz Vornehmen, nicht wahr?«

Dona Plácida schwor mir, daß sie an dergleichen nie gedacht habe. Sie hatte Charakter und wollte verheiratet sein. Sie wußte genau, daß ihre Mutter es nicht gewesen war, und kannte einige Mädchen, die lediglich einen Liebhaber hatten. Aber sie hatte Charakter und wollte verheiratet sein. Dasselbe wünschte sie für ihre Tochter. Sie arbeitete viel, brannte sich die Finger am Herd und verdarb sich die Augen beim Lampenlicht, um Nahrung zu beschaffen und nicht unterzugehen. Sie magerte ab, wurde krank, verlor die Mutter, begrub sie auf Borg und arbeitete weiter. Ihre Tochter war inzwischen vierzehn Jahre alt, aber äußerst schwächlich. Sie tat weiter nichts, als sich in die Laffen zu verlieben, die um sie herumscharwenzelten. Dona Plácida paßte ungeheuer auf und nahm sie immer mit, wenn sie Nähereien abliefern ging. Die Leute in den Läden machten große Augen, zwinkerten einander zu und waren fest überzeugt, daß sie sie nur bei sich hatte, um einen Mann zu angeln oder etwas Ähnliches in die Wege zu leiten. Einige rissen schlechte Witze, andere machten ihr Komplimente, und die Mutter bekam sogar Geldangebote . . .

Sie hielt einen Augenblick inne und fuhr dann fort: »Meine Tochter ist mir weggelaufen, und zwar mit einem Subjekt, ich will nicht einmal wissen . . . Sie hat mich allein gelassen, und ich war darüber so todtraurig, daß ich glaubte, sterben zu müssen. Ich hatte niemanden mehr auf der Welt und war fast eine alte und kranke Frau. In dieser Zeit lernte ich die Familie der Iaiá kennen: nette Leute, die mir Arbeit gaben und bei denen ich sogar ein Zuhause fand. Ich verbrachte dort viele Monate, ein Jahr und noch ein Jahr, hatte Familienanschluß und benähte alle. Als Iaiá heiratete, verließ ich das Haus. Danach lebte ich, wie es Gott wohlgefällig war. Sehen Sie sich meine Finger und meine Hände an . . .« Und sie zeigte mir ihre verarbeiteten, rissigen Hände und die zerstochenen Fingerspitzen. »So etwas kommt nicht von ungefähr, Senhor. Gott weiß, wie das entsteht . . . Zum Glück haben die Iaiá und auch Sie, Herr Doktor, mir beigestanden ... Ich hatte solche Angst, als Bettlerin auf der Straße zu enden ...«

Bei den letzten Worten lief ein Schauder durch Dona Plácidas Körper. Danach, als wäre sie wieder zu sich gekommen, meinte sie, es sei doch unpassend, ausgerechnet vor dem Liebhaber einer verheirateten Frau ein solches Geständnis abzulegen. Sie lachte, widerrief alles, nannte sich töricht und »allürenhaft«, wie ihre Mutter gesagt hatte. Schließlich hatte sie mein Schweigen satt und verließ das Zimmer. Ich blieb zurück und sah auf die Spitze meines Halbstiefels hinunter.

Kapitel 75
Zu mir

Da einer meiner Leser das vorige Kapitel übersprungen haben könnte, möchte ich darauf aufmerksam machen, daß man es lesen muß, um zu verstehen, was ich zu mir sagte, als Dona Plácida das Zimmer verließ.

Ich sagte: »Also, der Küster der Kathedrale bemerkte eines Tages, als er bei der Messe half, daß eine Dame eintrat, mit der zusammen er Dona Plácida zum Leben verhelfen sollte. Er sah sie an anderen Tagen wieder, behielt sie einige Wochen hindurch im Auge, sie gefiel ihm, und er sagte ihr eine Schmeichelei, als er an den Festtagen die Altarkerzen anzündete. Auch sie mochte ihn gern, sie kamen einander näher und liebten sich schließlich. Dieser unzüchtigen Vereinigung entsprang Dona Plácida. Es ist anzunehmen, daß sie bei ihrer Geburt noch nicht sprechen konnte. Wenn das aber gewesen wäre, dann hätte sie möglicherweise zu ihren Erzeugern gesagt: ›Hier bin ich. Warum habt ihr mich gerufen?‹ Der Küster und seine Helferin hätten ihr natürlich geantwortet: ›Wir haben dich in die Welt gesetzt, damit du dir die Finger an den Kochtöpfen brennst, die Augen beim Nähen verdirbst, schlecht oder gar nicht ißt, dich abplagst und dabei von einer Seite zur anderen wankst, krank und wieder gesund wirst, mit dem einzigen Zweck, wieder bettlägerig zu werden und von neuem zu genesen, jetzt traurig, dann verzweifelt, morgen resigniert, aber immer mit den Händen am Topf beschäftigt und die Augen auf das Nähwerk gerichtet, bis du eines Tages im Schlamm oder in einem Hospital endest. Darum haben wir dich in einem Augenblick gerufen, in dem wir Sympathie füreinander empfanden.‹«

Kapitel 76
Der Dünger

Plötzlich meldete sich mein Gewissen und warf mir vor, Dona Plácidas Rechtschaffenheit zur Kapitulation gezwungen zu haben, indem ich ihr nach einem so arbeits- und entbehrungsreichen Leben diese schändliche Rolle aufgedrängt hätte. Die Vermittlerin war nicht besser als die Konkubine, und ich hatte sie mit Geschenken und Geld dazu erniedrigt. Dessen klagte mich mein Gewissen nun an. Etwa zehn Minuten lang wußte ich nicht, was ich entgegnen sollte. Es hielt mir vor, den Zustand der Verzauberung, den Virgília bei ihrer ehemaligen Schneiderin hervorrief, deren Dankbarkeit und schließlich deren Bedürftigkeit auszunutzen. Es erinnerte an das Widerstreben Dona Plácidas, an die Tränen der ersten Tage, die mürrische Miene, das Schweigen und die niedergeschlagenen Augen und an meine Kunst, all das zu ertragen und am Ende zu besiegen. Gereizt und nervös versetzte es mich noch einmal in jene Zeit zurück.

Ich stimmte zu, behauptete jedoch, Dona Plácida sei jetzt im Alter vor dem Bettlerdasein geschützt. Das war ihre Entschädigung. Ohne mein Liebesverhältnis hätte sie wahrscheinlich wie viele andere ihresgleichen geendet; daraus könnte man schließen, daß das Laster oft der Dünger für die Tugend wird, was diese aber nicht hindert, eine wohlriechende und gesunde Blume zu sein. Mein Gewissen pflichtete dem bei, und ich ging, Virgília die Tür zu öffnen.

Kapitel 77
Zusammenkunft

Virgília trat heiter und gelassen ein. Die Zeit hatte sie gegen Schrecken und Widerwärtigkeiten unempfindlich gemacht. Wie berauschend war es doch in den ersten Tagen gewesen, sie voller Scham und zitternd ankommen zu sehen! Sie fuhr in einer Kutsche vor, hatte das Gesicht verschleiert und war in eine Art Mantel gehüllt, der die Linien ihres Körpers nicht sichtbar werden ließ. Beim erstenmal sank sie atemlos und scharlachrot auf das Kanapee und schlug die Augen nieder. Ehrenwort, ich habe sie in keiner anderen Situation so schön gefunden, vielleicht weil ich mich niemals mehr geschmeichelt fühlte.

Jetzt jedoch, das habe ich bereits vermerkt, plagten Schrecken und Widerwärtigkeiten sie nicht mehr. Unsere Zusammenkünfte waren in eine chronometrische Phase eingetreten. Das Feuer unserer Liebe war nicht geringer geworden, der Unterschied bestand lediglich darin, daß die Flamme nicht mehr wie in den ersten Tagen aufloderte, sondern ein einfaches, ruhiges und beständiges Bündel von Strahlen wurde, wie es bei Eheleuten ist.

»Ich bin sehr böse auf dich«, sagte sie, als sie sich setzte.

»Warum?«

»Weil du gestern nicht dort warst, wie du es mir versprochen hattest. Damião hat immer wieder gefragt, ob du nicht wenigstens kämst, einen Tee zu trinken. Warum hast du dich nicht sehen lassen?«

Tatsächlich hatte ich Virgília gegenüber nicht Wort gehalten, aber es war allein ihre Schuld. Reine Eifersucht. Diese wundervolle Frau wußte, wie sie war, und hörte es gern, wenn es laut oder flüsternd bestätigt wurde. Zwei Tage zuvor hatte sie zweimal mit demselben Stutzer im Hause der Baronin Walzer getanzt, nachdem sie in einer Fensternische seinen Schmeichelreden gelauscht hatte. Sie war so froh gestimmt, so ausgelassen, so stolz gewesen! Als sie zwischen meinen Augenbrauen eine fragende und drohende Furche entdeckte, war sie überhaupt nicht erschrocken und wurde auch nicht auf der Stelle ernst, aber sie warf den Stutzer und seine Schmeicheleien über Bord. Dann kam sie zu mir, ergriff meinen Arm, führte mich in ein weniger belebtes Zimmer und klagte, müde zu sein. Sie sprach noch über vieles andere und hatte dabei ihre kindliche Miene, die sie bei bestimmten Gelegenheiten aufzusetzen pflegte. Ich hörte zu und antwortete kaum.

Selbst jetzt kostete es mich viel, ihr etwas zu entgegnen, aber am Ende gestand ich ihr den Grund meiner Abwesenheit ... Nein, ewige Sterne, ich habe nie entsetztere Augen gesehen. Ein halbgeöffneter Mund, gerunzelte Brauen, sichtbare Bestürzung, die so greifbar nahe war, daß man sie nicht hinwegleugnen konnte – das war Virgílias erste Antwort. Sie schüttelte den Kopf mit einem mitleidigen Lächeln, das mich vollends verwirrte.

»Du bist mir einer!«

Flink und heiter wie ein Mädchen, das aus der Schule kommt, nahm sie den Hut ab und trat zu mir. Ich hatte mich hingesetzt, und sie tippte mir mit einem Finger an die Stirn und wiederholte fortwährend: »Hier, hier.«

Ich konnte nichts anderes tun, als auch zu lachen, und alles mündete in Ausgelassenheit. Es war klar, ich hatte mich geirrt.

Kapitel 78
Die Präsidentschaft

Eines Tages, Monate waren inzwischen vergangen, kam Lôbo Neves nach Hause und verkündete, daß er eventuell eine Präsidentschaft in der Provinz annehmen werde. Ich sah zu Virgília hinüber, die blaß geworden war. Er bemerkte es und fragte sie: »Heißt das, daß du nicht davon erbaut bist, Virgília?«

Virgília schüttelte den Kopf.

»Nein, ich freue mich sehr«, antwortete sie.

Nun wurde nicht weiter darüber gesprochen, aber am Abend beharrte Lôbo Neves ein wenig bestimmter als am Nachmittag auf seinem Plan. Zwei Tage später erklärte er seiner Frau, die Präsidentschaft sei nunmehr endgültig. Virgília konnte ihr Mißfallen nicht verbergen, doch ihr Mann entkräftete alle Argumente, indem er sich auf zwingende politische Gründe berief.

»Ich kann nicht etwas ablehnen, worum man mich bittet, und dann geht es ja auch um unsere Interessen, um unsere Zukunft und um deine Wappen, mein Liebling, denn schließlich habe ich dir versprochen, daß du einmal Marquise wirst, und vorläufig bist du nicht einmal Baronin. Du sagst, ich sei ehrgeizig? Ja, das bin ich wirklich, aber es ist unbedingt erforderlich, daß du die Flügel meines Strebens nicht mit Gewichten beschwerst.«

Virgília war ratlos. Am nächsten Tage traf ich sie traurig in dem Haus in Gamboa an, wo sie auf mich gewartet hatte. Sie hatte Dona Plácida alles erzählt, und diese versuchte, sie nach besten Kräften zu trösten. Ich war nicht weniger bedrückt.

»Du mußt mit uns kommen«, beschwor mich Virgília.

»Bist du bei Sinnen? Das wäre die größte Unvernunft.«

»Aber dann . . .?«

»Dann muß der Plan eben vereitelt werden.«

»Das ist ausgeschlossen.«

»Hat er schon zugestimmt?«

»Anscheinend ja.«

Ich erhob mich, schleuderte meinen Hut auf einen Stuhl und lief hin und her, ohne zu wissen, was ich unternehmen sollte. Ich dachte lange nach, aber mir fiel nichts ein. Schließlich ging ich zu Virgília, die sich gesetzt hatte, und ergriff ihre Hand. Dona Plácida trat ans Fenster.

»In dieser kleinen Hand liegt mein ganzes Leben, für das du verantwortlich bist«, sagte ich. »Tu, was du für richtig hältst.«

Virgília reagierte mit einer schmerzlichen Geste, während ich mich gegenüber an die Konsole lehnte. Einige Augenblicke folgten, in denen wir schwiegen. Wir hörten lediglich das Bellen eines Hundes und vielleicht – ich weiß es nicht – auch das Rauschen der Wellen, die sich am Strand brachen. Da sie nichts entgegnete, sah ich zu ihr hinüber. Virgília hatte den Blick gesenkt, ihre Augen waren starr und ohne jede Leuchtkraft. Die Hände ruhten auf den Knien, und in ihrer grenzenlosen Verzweiflung krampfte sie die Finger ineinander. Gewiß hätte ich mich ihr in einer ähnlichen, aus einem anderen Grunde entstandenen Situation zu Füßen geworfen und ihr mit guten Ratschlägen und zärtlichen Gesten beigestanden. Aber jetzt mußte ich alles ihrer eigenen Kraft, ihrer Opferbereitschaft und ihrem Verantwortungsgefühl für unser gemeinsames Leben überlassen und ihr daher meine Hilfe versagen, sie allein lassen und fortgehen. Das tat ich dann auch.

»Ich wiederhole, mein Glück liegt in deinen Händen«, sagte ich.

Virgília versuchte, mich zurückzuhalten, aber ich war schon zur Tür hinaus. Ich hörte noch, daß sie in Tränen ausbrach, und ich kann euch versichern, daß ich drauf und dran war umzukehren, um sie mit einem Kuß zu trocknen. Aber ich bezwang mich und eilte davon.

Kapitel 79
Kompromiß

Ich würde nicht fertig, wenn ich genau beschreiben müßte, was ich in den ersten Stunden erlitt. Ich schwankte zwischen

Wollen und Nichtwollen, zwischen Anständigkeit, die mich von dem Haus, in dem Virgília wohnte, forttrieb, und einem anderen Gefühl – nehmen wir einmal an, es war Egoismus –, das mich aufforderte: »Bleib. Laß sie sich mit dem Problem allein herumschlagen und es im Sinne eurer Liebe lösen.« Ich glaube, diese beiden Kräfte in mir waren gleich stark, traten zur selben Zeit voller Glut und Ausdauer in Aktion und behinderten einander, ohne daß eine der beiden am Ende nachgegeben hätte. Manchmal spürte ich das Zähnchen eines Gewissensbisses, und mir schien, daß ich die Schwäche einer liebenden und schuldbeladenen Frau mißbrauchte, ohne selber etwas zu opfern oder zu riskieren. Und wenn dieser Vorwurf kapitulieren wollte, dann trat abermals die Liebe auf den Plan und wiederholte jenen egoistischen Ratschlag, So blieb ich unentschlossen und unruhig, voller Verlangen, sie zu sehen, und ängstlich besorgt, daß ihr Anblick mich verleiten könnte, mir einen Teil der Last, die diese Entscheidung mit sich brachte, aufzuladen.

Schließlich kam es zu einem Kompromiß zwischen dem Egoismus und der Anständigkeit. Ich würde sie nur in ihrem Hause im Beisein ihres Mannes aufsuchen, nicht, um mit ihr zu sprechen, sondern um die Wirkung meiner Worte beobachten zu können. So wäre es mir möglich, beide Kräfte miteinander in Einklang zu bringen. Jetzt, da ich dies schreibe, habe ich den Eindruck, daß der Kompromiß ein großer Betrug war, daß die Anständigkeit nur eine Form meines Egoismus darstellte und daß der Entschluß, Virgília zu trösten, lediglich eine Eingebung meiner eigenen Leiden war.

Kapitel 80
Als Sekretär

Am folgenden Abend ging ich tatsächlich in das Haus Lôbo Neves' und traf beide an, Virgília sehr traurig und ihn ausgesprochen heiter. Ich schöre euch, daß sie sich in gewissem Maße erleichtert fühlte, als unsere neugierigen und zugleich zärtlichen Blicke sich trafen. Lôbo Neves erzählte mir von seinen Plänen hinsichtlich der Präsidentschaft, von den örtlichen Schwierigkeiten, den Hoffnungen und den Entscheidungen. Er war so zufrieden, so zuversichtlich! Virgília saß am Tisch und tat, als läse sie ein Buch. Aber von Zeit zu Zeit blickte sie mich fragend und ängstlich über den Buchrand hinweg an.

»Das schlimmste ist«, gestand mir Lôbo Neves unvermittelt, »daß ich bisher keinen Sekretär gefunden habe.«

»Nein?«

»Nein, aber ich habe da eine Idee.«

»Ach!«

»Eine Idee ... Wollen Sie nicht einen Ausflug in den Norden machen?«

Ich weiß nicht mehr, was ich ihm geantwortet habe.

»Sie sind reich«, fuhr er fort, »und nicht auf ein mageres Gehalt angewiesen. Aber wenn Sie mir einen Gefallen tun wollen, dann begleiten Sie mich als mein Sekretär.«

Mein Bewußtsein sprang zurück, als hätte es eine Schlange vor sich entdeckt. Ich sah Lôbo Neves fest und durchdringend an, um ihn bei einem finsteren Gedanken zu ertappen ... Keine Spur. Sein Blick war klar und offen, die Blässe seines Gesichtes war natürlich, es war keine gewaltsam hervorgerufene, mit Freude gesprenkelte Blässe. Ich atmete auf, wagte aber nicht, zu Virgília hinüberzusehen. Ich spürte ihren Blick über die Seite des Buches hinweg, der die gleiche Bitte an mich richtete. Und ich sagte ja, ich wolle ihn begleiten. Wahrhaftig, ein Präsident, dessen Gattin und ein Sekretär, das hieße, die Probleme administrativ lösen.

Kapitel 81
Die Versöhnung

Als ich jedoch dort fortging, befielen mich einige Zweifel. Ich fragte mich, ob ich Virgílias Ruf dadurch nicht unsinnig gefährdete und ob es nicht ein anderes vernünftiges Mittel gebe, den Staat mit Gamboa zu verbinden. Ich fand keins. Am folgenden Tag beim Aufstehen hatte ich alles überdacht und war entschlossen, den Posten anzunehmen. Gegen Mittag erschien ein Diener und meldete, daß eine verschleierte Senhora in der Halle wartete. Ich lief hin. Es war meine Schwester Sabina.

»Das kann doch nicht so weitergehen«, sagte sie. »Wir müssen endlich ein für allemal Frieden schließen. Unsere Familie ist am Aussterben, und wir beide dürfen nicht verfeindet bleiben.«

»Ebendarum wollte ich dich bitten, Schwesterchen!« rief ich aus und streckte ihr die Arme entgegen.

Ich bat sie, neben mir Platz zu nehmen, und sprach mit ihr über ihren Mann, ihre Tochter, die Geschäfte und vieles andere. Alles sei in bester Ordnung. Die Kleine sei so schön wie die Liebe, und ihr Mann bringe sie mit her – mein Einverständnis vorausgesetzt –, damit ich mich davon überzeugen könne.

»Ich werde selbst hingehen, um sie wiederzusehen.«

»Ja?«

»Ehrenwort.«

»Um so besser!« Sabina atmete erleichtert auf. »Es wird wirklich Zeit, den alten Streit zu begraben.«

Ich fand, sie war rundlicher geworden, vielleicht auch mädchenhafter. Man konnte sie auf zwanzig schätzen, dabei war sie älter als dreißig Jahre. Sie war reizend und liebenswürdig, keineswegs engherzig und ohne Ressentiments. Wir sahen einander in die Augen, hielten uns an den Händen und plauderten wie zwei Verliebte über alles und nichts. Frisch, ausgelassen und blind stand meine Kindheit wieder vor mir, und die Jahre verflogen so geschwind wie die zurückschnellenden Blätter eines gebogenen Kartenspiels, mit dem ich mir als Junge die Zeit vertrieben hatte. Sie führten mir noch einmal unser Haus, unsere Familie und die Festlichkeiten vor Augen. Ich ertrug die Erinnerung mit einiger Anstrengung, aber einem Frisör aus der Nachbarschaft fiel es plötzlich ein, auf der Fiedel zu kratzen, und diese Stimme – bisher war die Erinnerung stumm gewesen –, diese näselnde und sehnsuchtsvolle Stimme der Vergangenheit wühlte mich innerlich so auf, daß . . .

Ihre Augen waren trocken. Sabina hatte nicht jene bleiche, krankhafte Blüte geerbt. Was machte das schon? Sie war meine Schwester, in unseren Adern pulste das gleiche Blut, und beide waren wir Fleisch vom Fleische unserer Mutter. Voller Zärtlichkeit und ganz und gar aufrichtig erinnerte ich sie daran . . . Plötzlich hörte ich jemand an die Zimmertür klopfen. Ich öffnete, und ein Engelchen von fünf Jahren stand vor mir.

»Komm herein, Sara«, sagte Sabina.

Es war meine Nichte. Ich hob sie hoch und küßte sie unzählige Male. Die Kleine erschrak, stemmte ihr Händchen gegen meine Schultern und wand den Körper, um hinunterzugelangen . . . Da erschien ein Hut in der Tür und gleich darauf ein Mann, niemand anders als Cotrim. Ich war dermaßen überwältigt, daß ich das Mädchen losließ und mich in seine Arme warf. Vielleicht brachte ihn diese Begeisterung ein wenig aus der Fassung. Jedenfalls machte er einen verschüchterten Eindruck auf mich. All das war lediglich ein Vorspiel. Wenig später unterhielten wir uns schon wie gute alte Freunde ohne jegliche Anspielung auf die Vergangenheit und schmiedeten unzählige Zukunftspläne. Schließlich versprachen wir einander, abwechselnd im Hause des einen und des anderen zu Abend zu essen. Ich verabsäumte nicht, darauf hinzuweisen, daß die Reihe der Soupers eine kurze Unterbrechung erfahren könnte, da ich mit dem Gedanken spielte, eine Reise in den Norden zu unternehmen. Sabina sah Cotrim an, und er blickte zu seiner Frau hinüber. Beide stimmten darin überein, daß derartige Pläne mit dem gesunden Menschenverstand unvereinbar seinen. Was zum Teufel hätte ich im Norden zu suchen? Sei ich nicht verpflichtet, weiter bei Hofe und nur dort zu glänzen und die anderen jungen Männer in den Schatten zu stellen? Niemand könne sich ernsthaft mit mir vergleichen. Er, Cotrim, verfolge von weitem meinen Weg, und, ungeachtet einer lächerlichen Streitigkeit, beobachte er meine Triumphe mit Interesse, Stolz und Eitelkeit. Er achte darauf, was auf der Straße und in den Salons über mich gesprochen werde, und könne von einem Konzert lobender und bewundernder Äußerungen berichten. Und all das wolle ich verlassen, um einige Monate unnötig und ohne ernsthafte Gründe in der Provinz zu verbringen? Es sei denn, es gehe um Politik . . .

»Eben um Politik«, bestätigte ich.

»Auch dann nicht«, entgegnete er kurz darauf, und nach einer weiteren Schweigeminute fügte er hinzu: »Sei es, wie es sei, komm auf jeden Fall heute zu uns zum Abendbrot.«

»Ganz bestimmt, aber morgen oder übermorgen seid ihr an der Reihe.«

»Ich weiß nicht, ich weiß nicht«, wandte Sabina ein. »Diese Junggesellenwirtschaft . . . Du solltest heiraten, Brüderchen. Ich möchte doch auch eine Nichte haben, hörst du?«

Cotrim schnitt ihr mit einer Geste, die ich nicht ganz zu deuten wußte, das Wort ab. Das machte gar nichts, die Versöhnung einer Familie war schon eine rätselhafte Gebärde wert.

Kapitel 82
Eine Frage der Botanik

Die Hypochonder mögen sagen, was sie wollen: Das Leben ist etwas Wundervolles. Diesem Gedanken hing ich nach, als ich Sabina mit ihrem Mann und ihrer Tochter die Treppe hinuntersteigen sah. Sie riefen mir noch eine Menge Liebenswürdigkeiten herauf – zu dem Treppenabsatz, auf dem ich stand –, und ich antwortete ihnen auf dieselbe Weise. Dann dachte ich weiter nach und sagte mir, daß ich doch eigentlich glücklich sei. Mich liebte eine Frau, deren Mann mir vertraute, ich würde mit beiden als Sekretär reisen, und überdies hatte ich mich mit meinen Verwandten ausgesöhnt. Was konnte ich mir innerhalb von vierundzwanzig Stunden mehr wünschen.

Noch am selben Tage bemühte ich mich, die Gemüter entsprechend vorzubereiten, und ich begann, die Nachricht zu verbreiten, daß ich vielleicht als Provinzsekretär in den Norden gehen würde, um dort gewisse politische Pläne zu verwirklichen, die mich selbst betrafen. Ich erzählte das in der Rua do Ouvidor und wiederholte es am folgenden Tag im »Pharoux« und im Theater. Einige brachten meine Absicht mit der Ernennung Lôbos Neves' in Zusammenhang, der bereits Mittelpunkt von Gerüchten war, und lächelten boshaft. Andere klopften mir auf die Schulter. Im Theater äußerte eine Senhora mir gegenüber, daß wohl meine Vorliebe für Skulpturen mich zu einer so weiten Reise veranlasse. Sie meinte Virgílias anmutige Formen.

Die offenkundigste Anspielung hörte ich drei Tage später im Hause Sabinas, und zwar von einem gewissen Garcez, einem alten Chirurgen von sehr kleinem Wuchs. Er war ein trivialer Mensch, ein Schwätzer, der siebzig, achtzig oder auch neunzig Jahre alt werden konnte, ohne jemals jene würdevolle Abgeklärtheit zu erreichen, die betagten Menschen so viel Charme verleiht. Lächerlichkeit im Alter ist vielleicht die traurigste und zugleich letzte Überraschung, die die menschliche Natur bereithält.

»Ich weiß schon. Diesmal empfehle ich Ihnen, Cicero zu lesen«, wandte er sich an mich, als er von der Reise erfuhr.

»Cicero!« rief Sabina aus.

»Warum nicht? Ihr Herr Bruder ist ein großer Lateiner. Er übersetzt Virgílio im Handumdrehen. Beachten Sie, es geht um Virgílio, nicht um Virgília . . . das dürfen Sie nicht durcheinanderbringen . . .«

Er lachte laut, schleimig und frivol. Sabina blickte mich an, denn sie fürchtete, daß ich ebenso bissig antwortete. Aber ich lächelte nur, und als sie das sah, wandte sie sich ab, um sich nicht zu verraten. Die anderen musterten mich mit Neugierde, Nachsicht und Sympathie und waren offensichtlich im Bilde. Mein Liebesverhältnis war also weit mehr bekannt, als ich hatte vermuten können. Unterdessen zwang ich mich zu einem kurzen, flüchtigen und zugleich unersättlichen Lachen, mit der Schwatzhaftigkeit der Rechtsverdreher von Sintra vergleichbar. Virgília war ein vortrefflicher Irrtum, den man so leicht eingestehen konnte! Sonst wurde ich brummig, wenn ich eine Anspielung auf unsere Liebe hörte, aber – Ehrenwort! – tief in meinem Inneren spürte ich etwas Süßes und Schmeichelhaftes. Einmal jedoch geriet mir dabei ein Lächeln auf die Lippen, das ich dann bei ähnlichen Gelegenheiten immer wieder hervorbrachte. Ich weiß nicht, ob sich jemand dieses Phänomen erklären kann. Ich habe folgende Deutung dafür: Anfangs entsprach meine innere Zufriedenheit ebendiesem Lachen, das sich, um es einmal so auszudrücken, im Zustand einer Knospe befand. Im Laufe der Zeit entfaltete es sich zu einer Blüte, die meine Mitmenschen betrachten konnten. Also lediglich eine Frage der Botanik.

Kapitel 83
13

Cotrim riß mich aus meinen genußreichen Meditationen und führte mich ans Fenster. »Soll ich dir einen Rat geben?« fragte er. »Geh nicht auf diese Reise, sie ist unsinnig und gefährlich.«

»Warum?«

»Du weißt sehr gut warum«, entgegnete er. »Vor allem ist

sie gefährlich, äußerst gefährlich sogar. Hier bei Hofe verliert sich so eine Affäre unter all den Menschen und den Interessen. In der Provinz dagegen sieht es anders aus, besonders dann, wenn es sich um einen Politiker handelt. Es wäre wirklich der reine Wahnsinn. Die Zeitungen der Opposition würden, wenn sie erst einmal Wind davon bekämen, bis in alle Einzelheiten darüber berichten, und höhnische Bemerkungen, Sticheleien und Spottnamen würden nicht ausbleiben.«

»Aber ich versteh nicht . . .«

»Du verstehst, du verstehst. Du wärst wirklich ein schlechter Freund, wenn du abstreiten wolltest, was alle längst wissen. Mir ist es bereits seit Monaten bekannt, und ich wiederhole: Geh nicht auf die Reise. Lerne die Trennung ertragen, das ist am besten, und vermeide einen Riesenskandal und noch größeren Ärger . . .«

Nachdem er das gesagt hatte, trat er wieder ins Zimmer. Ich blieb auf meinem Platz und betrachtete eine Laterne – eine alte Ölleuchte –, die traurig, matt und krumm wie ein Fragezeichen dastand. Was sollte ich tun? Wie Hamlet boten sich mir nur zwei Möglichkeiten: mich entweder dem Schicksal beugen oder mit ihm ringen, um es zu unterwerfen. Mit anderen Worten: die Reise antreten oder zu Hause bleiben, das war die Frage. Die Laterne verharrte stumm. Die Ratschläge Cotrims hallten ganz anders als Garcez' Anzüglichkeiten in meiner Erinnerung nach. Vielleicht hatte Cotrim recht, aber konnte ich mich von Virgília trennen?

Sabina gesellte sich zu mir und wollte wissen, woran ich dachte. Ich antwortete ihr, an nichts, ich sei müde und wolle nach Hause. Sie schwieg einen Augenblick. »Ich allein weiß, was dir fehlt, nämlich eine Braut. Laß mich nur machen, ich werde dir eine besorgen.« Niedergeschlagen und verwirrt ging ich von dannen. Alles ist zur Abreise bereit – Verstand und Herz –, da tritt auf einmal dieser Torwächter der Schicklichkeit auf mich zu und verlangt die Eintrittskarte. Ich wünschte den Anstand und mit ihm die Verfassung, das

Parlament, das Ministerium und überhaupt alles zum Teufel. Am nächsten Tag schlug ich eine politische Zeitung auf und las die Nachricht, daß wir, Lôbo Neves und ich, auf Grund einer Verordnung vom 13. zum Präsidenten und zum Sekretär der Provinz ** ernannt worden waren. Ich schrieb sofort an Virgília und begab mich zwei Stunden später nach Gamboa. Die arme Dona Plácida! Sie war jeden Tag bekümmerter und fragte mich, ob wir unsere Alte vergessen würden, ob wir lange fortblieben und ob die Provinz sehr weit weg sei. Ich redete ihr gut zu, aber ich bedurfte selbst des Trostes. Cotrims Bemerkung regte mich auf. Wenig später kam Virgília so unbeschwert wie eine Schwalbe herein. Als sie jedoch sah, daß ich traurig war, wurde sie sehr ernst.

»Was ist geschehen?«

»Ich schwanke noch«, antwortete ich, »und ich weiß nicht, ob ich annehmen soll ...«

Virgília ließ sich auf das Kanapee fallen und lachte.

»Warum?« fragte sie.

»Es ist unschicklich und erregt großes Aufsehen.«

»Aber wir fahren ja gar nicht.«

»Wieso?«

Sie erzählte mir, daß ihr Mann die Ernennung ablehnen wolle. Den Grund dafür habe er nur ihr anvertraut und sie um größtes Stillschweigen gebeten. Er könne es niemand anders gestehen. »Einfach kindisch und lächerlich«, bemerkte sie, »aber alles in allem ist es meiner Meinung nach doch stichhaltig.« Er hatte ihr erklärt, die Verordnung trage das Datum des 13. und diese Zahl rufe in ihm düstere Erinnerungen wach. Sein Vater war an einem 13. gestorben, und zwar dreizehn Tage nach einem Abendessen, an dem dreizehn Personen teilgenommen hatten. Das Haus, in dem seine Mutter entschlafen war, trug die Nummer 13. Und so weiter. Eine verhängnisvolle Zahl. Er konnte sich dem Minister gegenüber natürlich nicht darauf berufen. Er würde ihm sagen, daß ihn außergewöhnliche Gründe veranlaßten, die Ernennung nicht anzunehmen. Meine Reaktion glich der, die der Leser jetzt zeigen wird: ein bißchen Verwunderung über dieses Opfer, das er einer Zahl brachte. Wenn er aber wirklich Ambitionen hatte, mußte er es ehrlich damit meinen ...

Kapitel 84
Der Konflikt

Unheilvolle Zahl, erinnerst du dich, daß ich dich unzählige Male gesegnet habe? So müssen die rothaarigen Jungfrauen von Theben die Stute mit ihrer roten Mähne gepriesen haben, die an ihrer Stelle zum Opfer des Pelopidas geschritten war – ein prachtvolles Pferd, das unter einer Blumendecke starb, ohne daß ihm jemals ein sehnsuchtsvolles Wort gewidmet worden wäre. Du erhältst es jetzt von mir, bemitleidenswerte Stute, nicht allein, weil du einen solchen Tod gestorben bist, sondern weil es nicht ausgeschlossen ist, daß unter jenen unzähligen Jungfrauen auch eine Urahne der Cubas gewesen sein könnte ... Verhängnisvolle Zahl, du warst unsere Rettung. Ihr Mann nannte mir natürlich nicht den Grund seines Rücktritts. Er sagte zu mir, besondere Gesichtspunkte seien dafür maßgebend, und die ernste und überzeugte Miene, mit der ich ihm zuhörte, machte der menschlichen Verstellungskunst alle Ehre. Er war es indessen, der nur mit Mühe die tiefe Traurigkeit verbergen konnte, die sich seiner bemächtigt hatte. Er sprach wenig, grübelte, zog sich in seine vier Wände zurück und las. Dann wieder empfing er Gäste, und bei diesen Gelegenheiten redete und lachte er häufig, laut und gekünstelt. Zweierlei bedrückte ihn, die Ambition, der ein Skrupel die Flügel gestutzt hatte, und der Zweifel, der gleich darauf folgte, vielleicht auch die Reue – aber dieses Reuegefühl hätte sich bei ähnlichen Gelegenheiten immer wieder eingestellt, weil der Aberglaube tief in ihm fortdauerte. Er setzte ihm zwar seine Zweifel entgegen, aber er vermochte ihn nicht zu überwinden. Diese Beharrlichkeit eines Gefühls, das seinem Träger selbst widerstrebte, war ein Phänomen, das einige Aufmerksamkeit verdiente. Aber ich zog die unverfälschte Naivität Dona Plácidas vor, wenn sie mir gestand, keinen umgekippten Schuh sehen zu können.

»Was hat denn das zu bedeuten?« fragte ich.

»Es bringt Unglück«, erklärte sie.

Nur diese eine Antwort bedeutete für sie soviel wie das Buch mit sieben Siegeln. Es bringt Unglück. Das bekam sie in ihrer Kindheit ohne eine andere Erklärung immer wieder zu hören, und sie gab sich mit dieser unheilverheißenden Gewißheit zufrieden. Wenn aber davon gesprochen wurde, mit dem Finger auf einen Stern zu zeigen, dann reagierte sie ganz anders. Sie wußte genau, daß dabei eine Warze entstehen konnte.

Eine Warze oder etwas anderes, was bedeutet das schon für jemanden, der keine Präsidentschaft in der Provinz verliert? Einen kostenlosen oder billigen Aberglauben duldet man schon, unerträglich aber ist jener, der über einen ganzen Lebensabschnitt entscheidet. So war es bei Lôbo Neves, und der Zweifel und die Angst, sich lächerlich zu machen, gesellten sich hinzu. Außerdem glaubte der Minister nicht an die außergewöhnlichen Gründe und brachte die Ablehnung Lôbo Neves' mit politischen Manipulationen in Zusammenhang – eine schwerwiegende Schlußfolgerung, die er aus einigen vermeintlichen Anzeichen zog. Er war sehr ungehalten und äußerte den Kollegen gegenüber, er habe das in ihn gesetzte Vertrauen nicht gerechtfertigt. Hinzu kamen einige Zwischenfälle, so daß der von seinem Posten zurückgetretene Präsident einige Zeit später schließlich zur Opposition überging.

Kapitel 85
Der Gipfel des Berges

Wer einer Gefahr entronnen ist, liebt das Leben mit doppelter Intensität. Ich liebte Virgília noch glühender, nachdem ich sie beinahe verloren hatte. Ihr ging es ebenso. Die Präsidentschaft hatte also keine andere Wirkung, als unsere ursprüngliche Zuneigung neu zu beleben. Sie war die Droge, mit der wir unsere Liebe noch köstlicher und auch wertvoller machten. In den ersten Tagen nach jener Begebenheit überließen wir uns ganz der Vorstellung des Schmerzes, den wir bei einer Trennung gelitten hätten, und der Traurigkeit des einen und des anderen von uns, die der Größe des Meeres entsprochen hätte, das wie ein ausgebreitetes Handtuch zwischen uns gelegen hätte. Wie Kinder, die sich im Schoß der Mutter verbergen, um vor einer einfachen Grimasse zu flüchten, flohen wir vor der erdachten Gefahr, indem wir einander fest in die Arme schlossen.

»Meine gute Virgília!«

»Mein Liebling!«

»Du bist mein, nicht wahr?«

»Dein, nur dein . . .«

Und so nahmen wir den Faden des Abenteuers immer wieder auf, wie die Sultanin Scheherazade den ihrer Erzählungen. Das war, glaube ich, der Höhepunkt unserer Liebe, der Gipfel des Berges, von dem aus wir eine Zeitlang die Täler im Osten und im Westen überblicken und den ruhigen blauen Himmel über uns betrachten konnten. Während wir uns dabei beruhigten, stiegen wir den Hang wieder hinunter, Hand in Hand oder jeder für sich, aber hinunter, immer weiter hinunter . . .

Kapitel 86
Das Mysterium

Wir stiegen den Berg hinunter, und da sie mir ein wenig verändert schien – ich weiß nicht, ob es Niedergeschlagenheit oder etwas anderes war –, fragte ich sie, was sie habe. Sie schwieg und machte eine Bewegung, die Ärger, Unbehagen und Müdigkeit ausdrückte. Ich drang in sie, und sie erklärte mir, daß . . . Ein leichtes Zittern durchlief meinen ganzen Körper: ein starkes, kurzes und einzigartiges Gefühl, das ich niemals werde zu Papier bringen können. Ich ergriff ihre Hände, drückte sie sacht an mich und küßte sie mit der Zartheit des Zephirs und dem Ernst Abrahams auf die Stirn. Sie erschauerte, nahm meinen Kopf in ihre Hände, sah mir in die Augen und streichelte mich wie eine Mutter . . . Das ist ein Mysterium. Lassen wir dem Leser Zeit, es zu enträtseln.

Kapitel 87
Geologie

In dieser Zeit geschah ein Unglück. Viegas starb. Mit seinen siebzig Jahren, die vom Asthma vergiftet, vom Rheuma vergällt und mit einem Herzfehler beschwert gewesen waren, hatte er sich rasch davongemacht. Er war einer der ahnungsvollen Beobachter unseres Abenteuers gewesen. Virgília machte sich große Hoffnung, daß ihr greiser Verwandter, der geizig war wie das Grab, ihr irgend etwas hinterlassen würde, um die Zukunft ihres Sohnes zu sichern. Wenn ihr Mann gleiche Gedanken hegte, so verbarg oder unterdrückte er sie. Hier muß alles gesagt werden: Lôbo Neves hatte eine gewisse tiefgreifende Würde, eine Gesteinsschicht in seinem Inneren, die den dunklen Geschäften der Menschen widerstand. Die anderen Schichten darüber, lockerer Erdboden und Sand, vertat er im Leben, diesem ewigen Abschaum. Wenn sich der Leser noch an das 23. Kapitel erinnert, wird er bemerken, daß ich das Leben jetzt zum zweitenmal mit einem Abschaum vergleiche. Aber er muß ebenfalls feststellen, daß ich diesmal ein Adjektiv hinzufüge – ewig. Und Gott kennt die Kraft eines Adjektivs, hauptsächlich in neuen und heißen Ländern.

Das Neue an diesem Buch ist die moralische Geologie des Lôbo Neves und wahrscheinlich auch die des Lesers, der mir folgt. Ja, diese Charakterschichten, die das Leben verändert, erhält oder zersetzt, je nach ihrer Widerstandsfähigkeit, diese Schichten verdienten ein Kapitel, das ich nur deshalb nicht niederschreibe, weil ich die Erzählung nicht unnötig in die Länge ziehen will. Ich sage lediglich, daß der rechtschaffenste Mann, den ich in meinem Leben kennengelernt habe, ein gewisser Jacó Medeiros oder Jacó Valadares – ich erinnere mich nicht mehr genau des Namens – gewesen ist. Vielleicht hieß er auch Jacó Rodrigues. Kurz und gut, Jacó. Er war die Rechtschaffenheit in Person. Er hätte reich sein können, wenn er einen ganz kleinen Skrupel unterdrückt hätte, aber er wollte es nicht. Er ließ sich nicht weniger als etwa vierhundert Contos entgehen. Seine Rechtschaffenheit war so exemplarisch, daß sie schon kleinlich und ermüdend wirkte. Eines Tages, als wir allein in seinem Haus waren und uns angeregt unterhielten, wurde gemeldet, daß ihn Doktor B., ein langweiliger Mensch, besuchen wolle. Jacó ließ sagen, er sei nicht da.

»Das hilft nichts«, ertönte eine Stimme vom Flur her. »Ich bin schon hier.«

Tatsächlich erschien Doktor B. jetzt an der Zimmertür. Jacó empfing ihn, behauptete, jemand anders vermutet zu haben, und fügte hinzu, er freue sich sehr über diesen Besuch, der uns eineinhalb Stunden tödlicher Langeweile einbrachte, die dann ein Ende hatte, weil Jacó seine Uhr hervorzog. Doktor B. fragte ihn darauf, ob er ausgehen wolle.

»Ja, mit meiner Frau«, antwortete Jacó.

Doktor B. entfernte sich, und wir atmeten auf. Nachdem wir uns erholt hatten, warf ich Jacó vor, daß er in weniger als zwei Stunden viermal gelogen hatte: zuerst, als er seine Anwesenheit leugnete, dann, als er sich über den ungebetenen Gast freute, das dritte Mal, als er behauptete, ausgehen zu wollen, und schließlich mit der Bemerkung, er nehme seine Frau mit. Jacó überlegte einen Augenblick, dann bestätigte er meine Beobachtung, entschuldigte sich aber damit, daß die absolute Wahrhaftigkeit mit dem fortgeschrittenen sozialen Staat unvereinbar und daß der Friede in den Städten nur auf Kosten gegenseitigen Betruges zu erhalten sei ... Ach, jetzt erinnere ich mich: Er hieß Jacó Tavares.

Kapitel 88
Der Kranke

Ich brache wohl nicht zu betonen, daß ich eine so schändliche Auffassung ablehnte, und zwar mit den elementarsten Argumenten. Aber er war über meinen Standpunkt dermaßen verärgert, daß er mir bis zum Schluß widersprach und dabei eine Lebhaftigkeit heuchelte, die vielleicht das Bewußtscin verwirren sollte.

Virgílias Fall war dagegen um einiges ernster. Sie hatte weniger Skrupel als ihr Mann: In aller Offenheit sprach sie von ihren Erwartungen bezüglich der Erbschaft, überhäufte ihren Verwandten mit allen Höflichkeiten, Aufmerksamkeiten und Liebkosungen, die wenigstens einen Zusatz im Testament erwirken konnten. Eigentlich umschmeichelte sie ihn, aber ich beobachtete, daß die Schmeichelei der Frauen anders ist als die der Männer. Diese grenzt an Unterwürfigkeit, jene ist mit Zuneigung gemischt. Die zart geschwungenen Formen, das mild klingende Wort und selbst die physische Schwäche verleihen dem Um-den-Bart-Gehen der Frau einen spielerischen Anstrich, einen legitimen Aspekt. Das Alter des so Umworbenen spielt keine Rolle. Die Frau muß für ihn immer einige Züge der Mutter oder der Schwester tragen – vielleicht auch einer Krankenschwester, in deren fraulichem Beruf selbst dem geschicktesten Mann stets ein »quid« fehlen wird, etwas Geschmeidiges und Besonderes.

Das dachte ich, während Virgília ganz in Liebkosungen dem Alten gegenüber zerfloß. Sie ging ihm bis an die Tür entgegen, um ihn zu begrüßen, plauderte und lachte, nahm ihm den Hut und den Spazierstock ab, reichte ihm den Arm und führte ihn zu einem Sessel oder besser zu dem Sessel, denn in dem Haus gab es den »Lehnstuhl des Viegas«, eine Sonderanfertigung, bequem, für kranke oder alte Leute gearbeitet. Sie schloß das Fenster, wenn eine leichte Brise wehte, und öffnete es, wenn es heiß war, aber mit Bedacht und so, daß es ihm nicht zog.

»Nun, heute sind Sie ein wenig kräftiger . . .«

»Was! Ich habe schlecht geschlafen, der Asthmateufel läßt mich nicht los.«

Der Mann schnaubte und erholte sich allmählich von der Anstrengung des Eintretens und Heraufsteigens, nicht aber des Weges, weil er immer eine Kutsche nahm. Virgília setzte sich auf eine kleine Bank ihm zur Seite, rückte ein wenig vor und legte dem Kranken die Hände auf die Knie. Unterdessen hatte der Nhonhô das Zimmer betreten, aber ohne die gewohnte Lautstärke, leise, zutraulich und ernst. Viegas mochte ihn sehr gern.

»Komm mal her, Nhonhô«, sagte er. Mühevoll schob er die Hand in die weite Tasche und entnahm ihr ein Schächtelchen mit Pastillen, von denen er sich eine in den Mund steckte und eine andere dem Kleinen reichte. Es waren Tabletten gegen Asthma. Der Junge meinte, sie seien sehr gut.

Das wiederholte sich in verschiedenen Formen. Da Viegas gern Dame spielte, erfüllte ihm Virgília seinen Wunsch und beschäftigte sich lange mit ihm, indem sie mit schwerfälliger und langsamer Hand die Steine setzte. Ein andermal spazierten sie durch das Landhaus, und sie bot ihm ihren Arm; er nahm ihn aber nicht immer und behauptete, kräftig zu sein und sich stark genug zu fühlen, eine ganze Meile zurückzulegen. Sie gingen, ließen sich irgendwo nieder, setzten ihren

Weg fort und unterhielten sich über mancherlei, bald über eine Familienangelegenheit oder eine Intrige, bald über ein Haus, das er sich als eigenen Wohnsitz bauen wollte und das modern sein sollte, denn sein Haus war sehr alt, es stammte aus der Zeit des Königs Dom João VI. Ich glaube, Gebäude dieser Art, mit massiven Säulen an der Vorderfront, kann man noch heute im Wohnviertel São Cristóvão besichtigen. Ihm schien, daß der Kasten, den er bewohnte, durch einen anderen ersetzt werden könnte. Einen entsprechenden Entwurf hatte er bereits bei einem berühmten Baumeister bestellt. Ach ja, dann werde Virgília sehen, was ein alter Mann mit Geschmack sei.

Wie man sich denken kann, sprach er langsam und mit Mühe, und ein für ihn und für die anderen unangenehmes Keuchen unterbrach ihn. Von Zeit zu Zeit wurde er von einem Hustenanfall geschüttelt. Er krümmte sich und ächzte und hielt ein Taschentuch vor den Mund, das er hernach prüfend betrachtete. Wenn der Anfall vorüber war, kam er auf den Plan für sein Haus zurück, das diese und jene Zimmer haben sollte, eine Terrasse und einen Droschkenstand, das ein Meisterwerk werden sollte.

Kapitel 89
»In extremis«

»Morgen werde ich den Tag bei Viegas verbringen«, sagte sie einmal zu mir. »Der Ärmste! Er hat doch niemanden . . .«

Viegas war endgültig bettlägerig geworden. Seine verheiratete Tochter erkrankte ausgerechnet zur selben Zeit und konnte ihn nicht betreuen. So ließ sich Virgília hin und wieder dort sehen. Ich nutzte die Gelegenheit und wich den ganzen Tag nicht von ihrer Seite. Um zwei Uhr nachmittags traf ich ein. Viegas hustete so fürchterlich, daß ich ein Brennen in der Brust spürte. Zwischen den Anfällen feilschte er mit einem hageren Mann um den Preis eines Hauses. Der

Fremde bot dreißig Contos, Viegas forderte vierzig. Der Käufer hatte es so eilig wie einer, der fürchtet, den Zug zu verpassen, aber Viegas gab nicht nach. Er wies erst die dreißig, dann zweiunddreißig und später dreiunddreißig Contos zurück und hatte schließlich einen heftigen Anfall, der ihn fünfzehn Minuten lang hinderte zu sprechen. Der Geschäftspartner bemühte sich sehr um ihn, schüttelte ihm das Kopfkissen auf und bot sechsunddreißig Contos.

»Niemals!« keuchte der Kranke.

Er ließ einen Packen Papier von seinem Schreibtisch holen, und da er keine Kraft hatte, das Gummiband, das die Akten zusammenhielt, zu lösen, bat er mich, ihm die Arbeit abzunehmen. Ich tat es. Die Papiere waren Rechnungen, Belege der Ausgaben für den Bau des Hauses: Rechnungen des Maurers, des Zimmermanns und des Malers, der Kosten für den Salon, das Eßzimmer und das Arbeitszimmer, für die Alkoven, die Eisenteile und das Gelände. Er schlug sie auf, eine nach der anderen, mit zitternden Händen, und ersuchte mich, sie vorzulesen. Ich entsprach seinem Wunsch.

»Sehen Sie, tausendzweihundert, ein Beleg über tausendzweihundert pro Stück. Französische Türangeln ... Sehen Sie, das ist fast geschenkt«, schloß er, nachdem ich die letzte Rechnung vorgelesen hatte.

»Schon gut, aber ...«

»Vierzig Contos, billiger bekommen Sie es nicht. Allein die Zinsen ... berechnen Sie doch nur einmal die Zinsen ...«

Hustend und stockend brachte er die Wörter und die Silben heraus, als wären es Stückchen einer geborstenen Lunge. In tiefen Höhlen funkelten seine unruhigen Augen, die mich an ein Nachtlicht im Morgengrauen erinnerten. Unter dem Bettuch zeichnete sich seine knochige Gestalt ab, über die die Knie und die Füße als spitze Punkte hinausragten. Die gelbliche, schlaffe und runzlige Haut umhüllte notdürftig das ausdruckslose Totenschädelgesicht. Eine weiße Baumwollmütze bedeckte den Kopf, der im Laufe der Zeit kahl geworden war.

»Nun?« sagte der hagere Mann.

Ich gab ihm ein Zeichen, nicht weiter auf seiner Forderung zu bestehen, und er schwieg kurze Zeit. Der Kranke blickte stumm zur Decke auf und keuchte heftig. Virgília erblaßte, stand auf und trat ans Fenster. Sie spürte den Tod und fürchtete sich. Ich versuchte, über etwas anderes zu sprechen. Der Fremde erzählte eine Anekdote und kam dann auf das Haus zurück, indem er sein Angebot erhöhte.

»Achtunddreißig Contos«, sagte er.

»Ahn . . .?« ächzte der Sterbende.

Der Hagere näherte sich ihm, ergriff seine Hand und merkte, daß sie kalt war. Ich wandte mich dem Kranken zu und fragte ihn, wie er sich fühle und ob er ein Glas Wein haben wolle.

»Nein . . . nein . . . vier . . . vier . . . vier . . . vier . . .«

Er bekam einen Hustenanfall, den letzten. Kurz darauf starb er zur großen Bestürzung des hageren Mannes, der mir gestand, er habe gerade vierzig Contos bieten wollen. Aber es war zu spät.

Kapitel 90
Das alte Zwiegespräch zwischen Adam und Kain

Nichts. Keine uns betreffende Klausel im Testament. Nicht einmal eine Kleinigkeit, die ihn nicht ganz undankbar oder vergeßlich hätte erscheinen lassen. Nichts. Virgília reagierte wütend auf diesen Mißerfolg, von dem sie mit gewisser Vorsicht sprach, nicht wegen der Sache an sich, sondern weil sie mit ihrem Sohn zusammenhing, von dem sie wußte, daß ich ihn nicht sehr, ja nicht ein bißchen gern mochte. Ich riet ihr, nicht weiter an die Angelegenheit zu denken. Es sei das beste, den Toten, diesen Tölpel und unbeschreiblichen Geizhals, zu vergessen, und sich erfreulicheren Dingen zuzuwenden, unserem Sohn zum Beispiel . . .

Dabei entging mir die Entzifferung des Mysteriums, dieses

süßen Geheimnisses vor einigen Wochen, als Virgília mir ein wenig anders als sonst vorgekommen war. Ein Sohn! Ein Wesen, das aus mir hervorgegangen war! Das war meine einzige Sorge in jener Zeit. Die Augen der Welt, Eifersüchteleien des Ehemannes, der Tod des Viegas, nichts von alledem interessierte mich damals, weder politische Konflikte und Revolutionen noch Erdbeben oder sonst etwas. Ich dachte nur an dieses werdende, namenlose Kind, dessen Vater noch unbekannt war, und eine geheimnisvolle Stimme flüsterte mir zu: Es ist dein Sohn. Mein Sohn! Diese beiden Worte wiederholte ich mit einer gewissen undefinierbaren Wollust, und ich weiß nicht, ob auch mit einem Anflug von Stolz. Ich fühlte mich als Mann.

Das Beste daran war, daß wir uns beide unterhielten, der Embryo und ich, und wir besprachen Gegenwärtiges und Zukünftiges. Der kleine Lümmel liebte mich. Er war ein niedliches Kerlchen, patschte mir mit seinen dicken Händchen ins Gesicht, trug hernach seinen Primaneranzug ab, denn Bakkalaureus mußte er werden, und hielt eine Rede in der Abgeordnetenkammer. Sein Vater hörte ihm von einer Tribüne aus mit Tränen in den Augen zu. Vom Gymnasium ging er zurück in die Grundschule, wurde abermals ein kleiner Junge mit einer Schiefertafel und Büchern unter dem Arm, lag dann wieder in der Wiege und erhob sich daraus von neuem als Mann. Vergebens versuchte ich, in Gedanken sein Alter und seine Gesinnung zu bestimmen: Dieses werdende Kind hatte für mich alle Größen und alle Verhaltensweisen – es saugte, schrieb, tanzte Walzer und war innerhalb einer Viertelstunde unendlich viel – Baby und Abgeordneter, Schüler und Geck. Manchmal, wenn ich in Virgílias Nähe war, vergaß ich sie und alles andere. Virgília schüttelte mich dann, warf mir mein Schweigen vor und sagte, ich liebte sie nicht mehr. In Wirklichkeit unterhielt ich mich mit dem Embryo. Es war das alte Zwiegespräch zwischen Adam und Kain, ein Dialog ohne Worte zwischen dem Leben und dem Leben, dem Mysterium und dem Mysterium.

Kapitel 91
Ein ungewöhnlicher Brief

In dieser Zeit erhielt ich einen ungewöhnlichen Brief, dem ein nicht weniger absonderliches Päckchen beigegeben war. Hier der Inhalt des Briefes:

Mein lieber Brás Cubas,

vor geraumer Zeit mußte ich mir auf dem Passeio Público eine Uhr von Dir borgen. Heute habe ich die Ehre, sie Dir mit diesem Brief zurückzuschicken. Der einzige Unterschied besteht darin, daß es nicht mehr dieselbe, sondern eine andere ist, ich sage nicht eine bessere, aber sie entspricht im Wert der Deinen. ›Que voulez-vous, monseigneur?‹, wie Figaro sagen würde, ›c'est la misère.‹ Seit unserer Begegnung hat sich viel ereignet. Ich werde es Dir im einzelnen erzählen, falls Du Deine Tür nicht vor mir verschließt. Du mußt wissen, daß ich nicht mehr die zerschlissenen Schuhe und jenen berühmten Gehrock trage, dessen Schöße sich in der Nacht der Zeiten verloren. Ich habe meine Stufe auf der Treppe von São Francisco verlassen und kann endlich regelmäßig essen.

Nach dieser Einleitung bitte ich Dich, mir zu erlauben, Dir in diesen Tagen eine Arbeit vorzulegen, die das Ergebnis umfangreicher Studien ist und ein neues philosophisches System enthält, das nicht nur den Ursprung und das Ende der Dinge erklärt und beschreibt. Es stellt gegenüber Zenon und Seneca, deren Stoizismus wie ein Kinderspiel neben meinem moralischen Traktat wirkt, einen großen Fortschritt dar. Mein System ist außerordentlich, es verbessert den menschlichen Geist, beseitigt Schmerzen, garantiert Glück und schenkt unserem Land unermeßlichen Ruhm. Ich nenne es Humanitismus, von Humanitas, Anfang aller Dinge. Meine erste Idee ließ einen grenzenlosen Dünkel erkennen: Ich wollte ihm den Namen Borbismus geben, abgeleitet von Borba. Das wäre eine eitle, überdies plumpe und störende Bezeichnung gewesen und hätte mit Sicherheit weniger ausgedrückt. Du wirst sehen, mein lieber Brás Cubas, es ist wirklich monumental. Und wenn mich etwas die Bitternisse des Lebens vergessen lassen kann, dann ist es die Freude darüber, die Wahrheit und das Glück endlich gefunden zu haben. Hier liegen sie in meiner Hand, diese beiden störrischen Gesellen. Nach so vielen Jahrhunderten des Kampfes, der Forschungen, der Entdeckungen, der Systeme und der Umwälzungen hält der Mensch sie jetzt in seiner Hand. Bis bald, mein lieber Brás Cubas. Herzliche Grüße von

Deinem alten Freund
Joaquim Borba dos Santos

Ich las diesenBrief, ohne ihn zu verstehen. Zugleich war ein Schächtelchen eingetroffen mit einer hübschen Uhr, in die meine Initialen und folgender Satz eingraviert waren: Erinnerung an den alten Quincas. Ich nahm den Brief wieder zur Hand und las ihn noch einmal, absatzweise und aufmerksam. Die Rückgabe der Uhr schloß jede Vermutung aus, daß es ein Streich sein könnte. Die Klarheit, Gelassenheit und Überzeugungskraft – ein wenig prahlerisch, das ist wahr – ließen jeglichen Verdacht auf geistige Unzurechnungsfähigkeit als unbegründet erscheinen. Sicherlich war Quincas Borba von einem seiner Verwandten in Minas als Erbe bedacht worden, und der Wohlstand hatte ihm zu seiner ursprünglichen Würde verholfen. Ich sage nicht zuviel. Es gibt Dinge, die man nicht vollständig wiederbekommen kann, aber letztlich war eine Regeneration nicht ausgeschlossen. Ich hob den Brief und die Uhr gut auf und erwartete die Philosophie.

Kapitel 92

Ein ungewöhnlicher Mensch

Ich höre schon auf mit den ungewöhnlichen Dingen. Ich hatte gerade den Brief und die Uhr verstaut, als mich ein mittelgroßer, hagerer Mann aufsuchte, der mir ein Schreiben von Cotrim überreichte, in dem ich zum Abendessen eingeladen wurde. Der Überbringer war mit einer Schwester Cotrims verheiratet und wenige Tage zuvor aus dem Norden gekommen. Er hieß Damasceno und hatte die Revolution von 1831 gemacht. Das erzählte er mir innerhalb von fünf Minuten. Er war aus Rio de Janeiro fortgegangen, weil er Unstimmigkeiten mit dem Regenten hatte, der ein Esel war, ein etwas geringerer jedoch als die Minister, die mit ihm regierten. Im übrigen stand die Revolution wieder vor der Tür. Obgleich er etwas verworrene Ideen mitbrachte, gelang es ihm dort, eine seinen Wünschen entsprechende Regierung zu organisieren und zu formieren. Daraus wurde ein gemäßigter Despotismus – nicht durch Gesänge, wie man anderswo sagt, sondern durch die Helmbüsche der Nationalgarde. Nur eine vielleicht gewünschte Diktatur von einem, drei, dreißig oder dreihundert hätte er nicht zustande bringen können. Er bildete sich über verschiedene Fragen eine Meinung, unter anderem über die Erweiterung des Verkehrs mit Afrika und über die Vertreibung der Engländer. Das Theater liebte er außerordentlich. Gleich nach seiner Ankunft ging er ins Theater von São Pedro, wo er sich das prunkvolle Drama »Maria Joana« und die äußerst interessante Komödie »Kettly oder die Rückkehr in die Schweiz« ansah. Auch die Deperini in »Sappho« oder in »Anna Boleÿn« – er erinnerte sich nicht genau – verehrte er sehr. »Aber die Candiani! Ja, Senhor, das war ein Hochgenuß.« Jetzt wollte er sich »Ernani« anhören, denn seine Tochter sang zu Hause mit Klavierbegleitung: »Ernani, Ernani, involami ...« Als er das erzählte, erhob er sich und trällerte die Melodie mit halber Stimme. Wie ein Echo gelangten diese

Geschichten in den Norden. Seine Tochter wollte sterben vor Verlangen, alle Opern zu hören. Sie hatte eine ungewöhnlich zarte Stimme und Geschmack, viel Geschmack. Ach, er brannte darauf, nach Rio de Janeiro zurückzukehren. Er hatte schon die ganze Stadt durchstreift, mit einer Sehnsucht . . . Ehrenwort! An einigen Stellen drängte es ihn zu weinen. Aber er würde nicht wieder abreisen. An Bord war ihm wie allen anderen Passagieren sehr übel gewesen, mit Ausnahme eines Engländers . . . Der Teufel soll die Engländer holen. Nichts werde in Ordnung kommen, wenn sie sich nicht alle davonmachten. Was konnte England uns antun? Wenn er einige Leute guten Willens fände, waren diese »godemes« in einer Nacht vertrieben . . . Gott sei Dank, er war ein Patriot – er schlug sich an die Brust –, und das war nicht verwunderlich, denn er kam aus einer guten Familie. Er stammte von einem patriotisch gesinnten ehemaligen Vizekönig ab. Ja, es handelte sich nicht um irgendeinen armen Schlucker. Böte sich eine geeignete Gelegenheit, so würde er zu zeigen haben, aus welchem Holz sein Schiff geschaffen war . . . Aber es sei spät geworden. Er werde ausrichten, daß ich zum Abendessen käme, und dort erwarte er mich zu einem ausführlichen Gespräch.

Ich begleitete ihn bis an die Zimmertür. Er blieb stehen und versicherte mir, ich sei ihm sehr sympathisch. Als er geheiratet hatte, war ich gerade in Europa. Er kannte meinen Vater, einen rechtschaffenen Mann, sie hätten beide auf einem berühmten Fest in Praia Grande getanzt . . . Sachen waren das! Sachen! Er werde mir später davon erzählen. Jetzt sei es zu spät geworden, und er müsse Cotrim noch die Antwort überbringen. Er ging. Ich schloß hinter ihm die Tür . . .

Kapitel 93
Das Abendessen

Wie qualvoll war dieses Souper! Zum Glück setzte Sabina mich neben Damascenos Tochter, Dona Eulália, oder vertraulicher Nhã-loló, ein anmutiges, anfänglich – aber nur anfänglich – etwas schüchternes Mädchen. Sie war wenig elegant, doch das glichen ihre stolzen Augen wieder aus, deren einziger Fehler darin bestand, daß sie sich nicht von mir abwandten, es sei denn, sie senkten sich auf den Teller. Aber Nhã-loló aß so wenig, daß es fast nie geschah. Am Abend sang sie. Ihre Stimme war »ungewöhnlich zart«, wie ihr Vater schon vorher gesagt hatte. Trotzdem zog ich mich zurück. Sabina geleitete mich bis an die Tür und wollte wissen, wie mir Damascenos Tochter gefiel.

»Soso.«

»Ein sehr sympathisches Mädchen, nicht wahr?« ermunterte sie mich. »Ihr fehlt zwar ein bißchen höfisches Benehmen, aber welch reines Herz! Einfach eine Perle. Sie wäre eine vortreffliche Braut für dich.«

»Ich mag keine Perlen.«

»Du Griesgram! Wie lange willst du eigentlich noch frei bleiben? Bis du die nötige Reife hast, ich weiß schon. Wohlan, mein Goldstück, ob du willst oder nicht, du mußt Nhã-lolo heiraten.«

Bei diesen Worten klopfte sie mir mit den Fingern an die Wange, zutraulich wie eine Taube, aber gleichzeitig drohend und absolut. Heiliger Gott! Sollte das der Grund für die Versöhnung gewesen sein? Dieser Gedanke machte mich beinahe untröstlich, aber eine geheimnisvolle Stimme rief mich in das Haus von Lobo Neves. Darum sagte ich Sabina und ihren Drohungen ade.

Kapitel 94
Der geheime Grund

»Wie geht es meiner lieben Mutti?« Bei dieser Anrede schmollte Virgília wie immer. Sie stand allein in einer Fensternische und schaute den Mond an. Sie begrüßte mich freudig, aber als ich von unserem Sohn sprach, war sie eingeschnappt. Solche Anspielungen mochte sie nicht, und meine verfrühten väterlichen Zärtlichkeiten brachten sie auf. Ich, für den sie schon ein heiliges Wesen war, eine göttliche Phiole, ließ sie sogleich in Ruhe. Anfangs vermutete ich, der Embryo, dieses Abbild des Unbekannten, das sich in unser Abenteuer hineinprojizierte, werde in ihr das Bewußtsein des Verwerflichen wiederaufleben lassen. Aber ich hatte mich geirrt. Nie war Virgília offenherziger, vorbehaltloser und unbeschwerter gegenüber ihrem Mann und anderen gewesen. Sie litt keineswegs unter Gewissensbissen. Ich hatte auch daran gedacht, daß die Empfängnis reine Erfindung sei, eine Zuflucht, um mich an sie zu binden, eine Mittel ohne lange Wirksamkeit, das sie vielleicht zu bedrücken begann. Diese Vermutung war durchaus nicht abwegig. Meine süße Virgília log manchmal mit soviel Anmut!

In jener Nacht entdeckte ich den wahren Grund. Sie fürchtete sich vor der Niederkunft, und die Schwangerschaft bereitete ihr Qualen. Bei der Geburt ihres ersten Sohnes hatte sie Furchtbares durchgemacht. Diese aus Minuten des Lebens und des Todes gebildete Stunde löste bei ihr die Kälteschauer des Schafotts aus. Was die Qualen anbetraf, so wurden sie dadurch verschlimmert, daß sie gezwungenermaßen auf einige Gewohnheiten des vornehmen Lebens verzichten mußte. Gewiß lag es daran. Ich machte es ihr klar und pochte ein wenig auf meine väterlichen Rechte. Virgília sah mich an, wandte die Augen aber sogleich von mir ab und lächelte ungläubig.

Kapitel 95
Blüten des Vorjahres

Wo sind sie, die Blüten des Vorjahres? Eines Abends, mehrere Wochen der Schwangerschaft waren inzwischen vergangen, zerfiel das ersponnene Gebäude meiner Vaterschaft. Das Embryo machte sich zu einem Zeitpunkt auf und davon, da man Laplace nicht von einer Schildkröte unterscheiden kann. Ich erfuhr es aus dem Munde Lôbo Neves', der mich im Zimmer allein ließ, um den Arzt zum Alkoven der verhinderten Mutter zu begleiten. Ich lehnte mich ans Fenster und sah zu dem Landhaus hinaus, wo die Orangenbäume grünten, ohne Blüten zu tragen. Wo waren sie geblieben, die Blüten des Vorjahres?

Kapitel 96
Der anonyme Brief

Ich spürte, daß mir jemand auf die Schulter klopfte. Es war Lôbo Neves. Wir sahen uns eine Weile stumm und traurig in die Augen. Ich erkundigte mich nach Virgília, und dann unterhielten wir uns noch eine halbe Stunde. Danach wurde ihm ein Brief gebracht. Er las ihn, wurde kreidebleich und faltete ihn mit zitternden Händen wieder zusammen. Ich glaube, ich habe ihn eine Bewegung machen sehen, als wolle er sich auf mich stürzen, aber genau kann ich mich nicht mehr erinnern. Ganz klar ist mir dagegen im Gedächtnis geblieben, daß er mich an den folgenden Tagen kalt und einsilbig empfing. Bald darauf erzählte Virgília mir alles in Gamboa: Ihr Mann hatte ihr, gleich nachdem sie wieder genesen war, den Brief zu lesen gegeben. Er war anonym und enthüllte unser Verhältnis. Allerdings verriet er nicht alles. So war zum Beispiel nicht davon die Rede, daß wir uns anderswo heimlich trafen. Er beschränkte sich darauf, ihn vor meiner Vertraulichkeit zu warnen, und er ließ erkennen, daß ein allgemeiner Verdacht bestehe. Virgília las den Brief und erklärte entrüstet, es handele sich um eine schändliche Verleumdung.

»Eine Verleumdung?« fragte Lôbo Neves.

»Eine schändliche.«

Ihr Mann atmete auf, aber als er den Brief so drehte und wendete, da schien ihm, daß jedes ihrer Worte ihm mit dem Finger ein verneinendes Zeichen gab, daß jeder Buchstabe der Empörung seiner Frau entgegenschrie. Der sonst so unerschrockene Mann war in diesem Augenblick das anfälligste aller Geschöpfe. Vielleicht hatte ihm seine Vorstellungskraft längst jenes berühmte Auge der öffentlichen Meinung gezeigt, das sarkastisch und mit spöttischem Ausdruck auf ihn herabsah. Vielleicht hatte ihm ein unsichtbarer Mund die Witzeleien wieder und wieder zugeflüstert, die ihm irgendwann zu Ohren gekommen waren oder die er selbst zum besten gegeben hatte. Er beschwor seine Frau, ihm alles zu gestehen, weil er ihr alles verzeihen wolle. Virgília begriff, daß sie gerettet war. Sie spielte wegen seiner Beharrlichkeit die Verletzte und versicherte ihm, sie bekomme von mir nur scherzende und höfliche Worte zu hören. Der Brief müsse von einem unglücklichen Liebhaber stammen. Und sie nannte einige – einen, der ihr drei Wochen lang ganz offen den Hof gemacht, einen zweiten, der ihr einen Brief geschrieben hatte, und noch ein paar andere. Sie nannte die Namen und erklärte die Begleitumstände, wobei sie die Augen ihres Gatten studierte. Sie schloß mit dem Vorschlag, mich künftig nicht mehr einzuladen, um jeglicher Verleumdung die Nahrung zu entziehen.

Ich hörte mir all das ein wenig mißmutig an, nicht wegen der zusätzlichen Verstellung, die wir von nun an bis zu meiner vollständigen Trennung vom Hause Lôbo Neves' auf uns nehmen mußten, sondern wegen Virgílias moralischer Unbeschwertheit, und weil sie weder Bestürzung oder Schrecken noch Sehnsucht oder gar Gewissensbisse empfand. Sie gewahrte meine Besorgnis, richtete meinen Kopf auf, weil ich bis dahin zu Boden gesehen hatte, und bemerkte nicht ohne Bitterkeit: »Du verdienst die Opfer nicht, die ich dir bringe.«

Ich entgegnete nichts. Es war müßig, sie daran zu erinnern, daß ein wenig Verzweiflung und Schrecken uns in dieser Situation den prickelnden Geschmack der ersten Tage wiedergegeben hätten. Wenn ich es ihr aber gesagt hätte, dann wäre es nicht ausgeschlossen gewesen, daß sie sich allmählich und ohne echtes Empfinden ein bißchen verzweifelt und erschrocken gezeigt hätte. Darum schwieg ich. Sie klopfte nervös mit der Fußspitze auf den Boden. Ich trat zu ihr und küßte sie auf die Stirn. Virgília fuhr zurück, als hätte ein Toter sie mit den Lippen berührt.

Kapitel 97
Zwischen Mund und Stirn

Ich merke, daß du, verehrter Leser, erschüttert bist oder es zumindest sein solltest. Bestimmt hat der letzte Satz drei oder vier Assoziationen bei dir ausgelöst. Sieh dir das Bild genau an: In einem kleinen Haus im Gamboa lieben sich seit geraumer Zeit zwei Menschen. Einer der beiden beugt sich über den anderen und küßt ihn auf die Stirn, wobei dieser zurückfährt, als spürte er den Mund eines Leichnams. Hier auf diesem engen Raum zwischen dem Mund und der Stirn vor und nach dem Kuß öffnet sich ein weites Feld, auf dem vieles zu finden ist – das Aufflackern eines Argwohns, eine Furche des Mißtrauens oder die bleiche und teilnahmslose Nase des Überdrusses ...

Kapitel 98

Gestrichen

Wir trennten uns in heiterer Stimmung. Ich aß zu Abend, ausgesöhnt mit der neuen Situation. Der anonyme Brief hatte unserem Abenteuer das Salz des Geheimnisvollen und die Würze des Gefährlichen wiedergegeben. Auch war es sehr gut gewesen, daß Virgília während der Krise die Selbstkontrolle nicht verloren hatte. Am Abend ging ich in das Theater von São Pedro, wo ein großartiges Stück gespielt wurde, in dem die Estela die Zuschauer zu Tränen rührte. Ich trat ein, sah zu den Logen hinüber und entdeckte Damasceno mit seiner Familie. Seine Tochter war hochelegant und mit einer gewissen Feinheit gekleidet, was ich mir nur schwerlich erklären konnte, denn der Vater verdiente kaum genug, sich in Schulden zu stürzen; vielleicht tat sie es gerade deswegen.

In der Pause ging ich zu ihnen. Damasceno empfing mich mit einem Wortschwall, seine Frau mit anhaltendem Lächeln. Und Nhã-loló wandte den Blick nicht von mir. Sie erschien mir jetzt hübscher als bei jenem Souper. Sie kam mir ätherisch sanft vor, und das stand durchaus mit dem Glanz ihrer irdischen Formen in Einklang. Das ist eine sehr verschwommene Formulierung, aber sie paßt zu einem Kapitel, in dem alles unbestimmt sein muß. Tatsächlich weiß ich nicht, wie ich euch erklären soll, daß mir neben diesem Mädchen, das kokett ein feines Kleid trug und dessen Anblick einen Tartüff in mir wachrief, keineswegs unbehaglich war. Während ich das Kleid betrachtete, das keusch und rund ihre Knie umschloß, entdeckte ich etwas Wunderbares. Mir wurde bewußt, daß die Natur die menschliche Kleidung schon vorausgesehen hat, die zu einer unabdingbaren Voraussetzung für die Entwicklung unserer Art geworden ist. Die gewöhnliche Nacktheit, die der Vermehrung der Taten und Sorgen des Individuums vorbehalten ist, würde dazu führen, die Sinne abzustumpfen und die Triebe zu lähmen, während die Kleider die Natur reizen, die Begierden anstacheln, sie aktivieren, sie immer wieder von neuem erwecken und folglich die Zivilisation am Leben erhalten. Gesegnet sei der Brauch, der uns den Othello und die Transatlantikdampfer beschert hat!

Ich möchte dieses Kapitel am liebsten wieder streichen. Ein Hang ist immer gefährlich. Aber schließlich schreibe ich meine Erinnerungen und nicht deine, friedfertiger Leser. Neben der zarten Jungfrau spürte ich, daß ein doppeltes und zugleich undefinierbares Gefühl von mir Besitz ergriff. Es verlieh der Dualität Pascals einen vollkommenen Ausdruck, »l'ange et la bête«, allerdings mit dem Unterschied, daß der Jansenist das Nebeneinanderbestehen zweier Naturen ablehnte, während sie hier ganz einträchtig beieinander waren – l'ange, der etwas vom Himmel erzählte, und la bête, die . . . Nein, ich entschließe mich doch, dieses Kapitel zu streichen.

Kapitel 99
Im Parkett

Im Parkett traf ich Lôbo Neves, der mit einigen Freunden sprach. Wir unterhielten uns laut und kalt und beklommen. Aber in der nächsten Pause, kurz bevor sich der Vorhang wieder hob, begegneten wir uns in einem der Korridore, in dem sich niemand weiter aufhielt. Er kam liebenswürdig lächelnd auf mich zu, zog mich an eins der runden Fenster des Theaters, und dann redeten wir viel, besonders er, der auf einmal der ausgeglichenste Mensch zu sein schien. Ich erkundigte mich sogar nach seiner Frau. Er antwortete, ihr gehe es gut, lenkte das Gespräch aber sofort wieder auf Dinge allgemeiner Art und war dabei mitteilsam, fast heiter. Den Grund für diesen Wandel mag herausbekommen, wer will. Ich flüchtete zu Damasceno, der mich vom Eingang seiner Loge aus beobachtet hatte.

Vom nächsten Akt hörte ich absolut nichts, weder die Worte der Schauspieler noch den Beifall des Publikums. Ich hatte mich in meinen Sessel zurückgelehnt, rekapitulierte Teile der Unterredung mit Lôbo Neves, rief mir sein Benehmen ins Gedächtnis und kam zu dem Schluß, daß die neue Situation wesentlich besser sei. Gamboa genügte uns. Der Besuch des anderen Hauses würde nur Neid hervorrufen. So konnten wir rigoros darauf verzichten, uns alle Tage zu sprechen, und es war sogar vorteilhafter, denn es bereicherte unsere Liebe durch die Sehnsucht, die in der Zwischenzeit erwachte. Im übrigen überschritt ich die Vierzig und war bisher nichts, nicht einmal ein einfacher Wähler der Gemeinde. Ich mußte etwas unternehmen, nicht zuletzt, um die Liebe Virgílias zu bestärken, denn sie würde sich geschmeichelt fühlen, wenn sie meinen Namen berühmt werden sah ... Wenn ich mich recht erinnere, setzte an dieser Stelle stürmischer Applaus ein, aber ich will es nicht beschwören. Meine Gedanken waren anderswo.

Masse, deren Zuneigung ich bis zu meinem Tode begehrte, manchmal rächte ich mich an dir. Ich ließ Menschen um mich herumschwirren, ohne sie anzuhören, so wie Prometheus von Äschylus es mit seinen Henkern tat. Ach, hattest du es darauf abgesehen, mich an den Felsen deiner Frivolität, deiner Gleichgültigkeit oder deiner Unrast zu ketten? Zerbrechliche Ketten, liebe Freundin. Ich zerriß sie mit einer gulliverschen Handbewegung. Es ist etwas Alltägliches, in die Einsamkeit zu gehen, um nachzudenken. Das Wollüstige und das Ausgefallene besteht für einen Mann darin, daß er sich in einem Meer von Gesten und Wörtern, von Nerven und Leidenschaften absondert und sich selbstvergessen, unzugänglich und abwesend gibt. Man kann, wenn er wieder zu sich kommt – das heißt, wenn er sich von neuem den anderen zuwendet –, höchstens von ihm sagen, daß er aus der Welt des Mondes herabsteigt. Aber ist dieser vom Gehirn erhellte und sorgsam behütete Schlupfwinkel, den die Welt des Mondes darstellt, denn etwas anderes als eine verachtenswerte

Behauptung unserer geistigen Freiheit? Es lebe der Herrgott! Das ist ein guter Kapitelschluß.

Kapitel 100
Der wahrscheinliche Fall

Wäre diese Welt nicht ein Tummelplatz zerstreuter Geister, dann wäre es überflüssig, den Leser zu erinnern, daß ich mich nur dann zu bestimmten Gesetzen bekenne, wenn ich sie mir wirklich zu eigen gemacht habe. Bei anderen beschränke ich mich darauf, ihre Wahrscheinlichkeit anzunehmen. Ein Beispiel für die zweite Gruppe stellt dieses Kapitel dar, dessen Lektüre ich allen empfehle, die eine Vorliebe für das Studium sozialer Phänomene haben. Wie es aussieht, und das ist gar nicht so unwahrscheinlich, besteht zwischen den Vorgängen des gesellschaftlichen und des persönlichen Lebens eine gewisse Wechselwirkung, die regelmäßig und vielleicht auch periodisch in Erscheinung tritt, oder, um ein Bild zu gebrauchen, es handelt sich hierbei um einen Vorgang, der den Gezeiten am Flamengostrand oder ebenso stürmischen Küstenabschnitten ähnelt. In der Tat, wenn die Welle sich am Strand bricht, überschwemmt sie ihn viele Handbreit landeinwärts. Aber dasselbe Wasser strömt mit verminderter Kraft ins Meer zurück und vergrößert die Woge, die als nächste heranrollen und ebenso zurückfluten muß wie die erste. Soweit das Bild. Betrachten wir nun seine Anwendung.

Ich habe an anderer Stelle gesagt, daß Lôbo Neves seine Berufung zum Provinzpräsidenten ablehnte, weil sie das Datum des 13. trug. Auf Grund dieser schwerwiegenden Entscheidung wurde Virgílias Mann aus dem Ministerium entlassen. So hatte die Abneigung gegen eine Zahl eine politische Kaltstellung zur Folge. Es bleibt zu beachten, wie nach geraumer Zeit ein politischer Vorgang das Privatleben ruhiger machte. Da es nicht der Methode dieses Buches entspricht, das zweite Phänomen sofort zu beschreiben, beschränke ich mich vorerst auf die Andeutung, daß sich Lôbo Neves vier Monate nach unserer Begegnung im Theater mit dem Ministerium wieder aussöhnte. Diese Tatsache darfst du nicht aus den Augen verlieren, geschätzter Leser, wenn du in die Feinheiten meiner Gedankenwelt eindringen willst.

Kapitel 101
Die dalmatische Revolution

An einem Oktobermorgen zwischen elf und zwölf Uhr erzählte mir Virgília von der politischen Kehrtwendung ihres Mannes. Sie sprach von Zusammenkünften, Besprechungen, von einer Rede ...

»Dann wirst du also jetzt Baronin«, unterbrach ich sie.

Sie zog die Mundwinkel herunter und wiegte den Kopf, aber diese gleichgültige Bewegung wurde durch einen schwerer definierbaren und weniger klaren Ausdruck der Freude und der Hoffnung widerlegt. Ich weiß nicht warum, aber ich hatte den Eindruck, daß das kaiserliche Ernennungsschreiben sie auf den Weg der Tugend zurückführen konnte, ich will nicht sagen, wegen ihrer inneren Tugendhaftigkeit, sondern aus Dankbarkeit gegenüber ihrem Mann. Sie liebte den Adelsstand doch von ganzem Herzen. Zu den angenehmsten Begebenheiten unseres Lebens gehörte das Auftauchen eines schäbigen Gesandten – von der Vertretung Dalmatiens, nehme ich an –, des Grafen B. V., der sie drei Monate lang geliebt hatte. Dieser Herr, ein wahrhaft rassiger Edelmann, hatte Virgília ein wenig den Kopf verdreht, nicht zuletzt, weil er unter anderem einen diplomatischen Rang hatte. Ich weiß nicht, was aus mir geworden wäre, wenn in Dalmatien nicht eine Revolution ausgebrochen wäre, die die Regierung stürzte und die Botschaften säuberte. Blutig war diese Erhebung, schmerzhaft und großartig. Die Zeitungen, die jedes aus Europa kommende Schiff mitbrachte, beschrieben die Schrecken, maßen die Menge des Blutes und zählten die Köpfe der Toten. Alle Leute zitterten vor Entrüstung und Mitleid ... Ich nicht. Im stillen segnete ich diese Tragödie, die ein Steinchen aus meinem Schuh entfernt hatte. Im übrigen war Dalmatien ja auch so weit weg!

Kapitel 102
Als Ruhepause

Aber dieser Mann, der sich über den Weggang des anderen freute, beging geraume Zeit danach ... Nein, auf dieser Seite darf ich das noch nicht erzählen. Dieses Kapitel soll eine Ruhepause sein, damit ich mich von meinem Verdruß erholen kann. Eine ungeheuerliche und niedrige Tat, für die es keine einleuchtende Erklärung gibt ... Ich wiederhole, auf dieser Seite werde ich nicht darüber berichten.

Kapitel 103
Zerstreutheit

»Nein, Herr Doktor, so etwas tut man nicht. Entschuldigen Sie bitte, aber so etwas tut man wirklich nicht.«

Dona Plácida hatte recht. Kein Kavalier kommt eine Stunde später zu dem Treffpunkt, an dem ihn seine Dame erwartet. Atemlos trat ich ein. Virgília war bereits gegangen. Dona Plácida erzählte mir, daß sie lange auf mich gewartet hatte, erregt gewesen war, geweint und geschworen hatte, mich wegen dieses Versäumnisses ins Gebet zu nehmen. Das und vieles andere mehr berichtete mir unsere Haushälterin mit tränenerstickter Stimme, wobei sie mich bat, die Iaiá nicht zu verlassen, denn das wäre sehr ungerecht gegenüber einem Mädchen, das mir alles geopfert hatte. Ich erklärte ihr, es handele sich um einen Irrtum. Das stimmte nicht. Ich erinnere mich, es war ganz einfach Zerstreutheit. Ein Witz, eine Unterhaltung, eine Annekdote oder etwas anderes; einfach Zerstreutheit.

Die arme Dona Plácida! Sie war ehrlich bekümmert, lief hin und her, schüttelte den Kopf, seufzte laut und spähte durch die Jalousie. Die arme Dona Plácida! Mit welcher Kunstfertigkeit ordnete sie die Wäsche, verlieh allem ein freundliches Aussehen und verfeinerte die Findigkeit unserer Liebe! Mit welcher fruchtbaren Phantasie verstand sie es, die Stunden unseres Beisammenseins noch angenehmer und kurzweiliger zu gestalten. Blumen und Süßigkeiten – die feine Näscherei von früher – und viel Heiterkeit und Zärtlichkeit, wovon sie im Laufe der Zeit immer mehr aufbrachte, so als wollte sie unser Abenteuer verewigen und ihm seine erste Blütenpracht zurückgeben. Unsere Haushälterin und Vertraute vergaß nichts, gar nichts, nicht einmal zu lügen, denn sie erzählte bald dem einen und bald dem anderen von Seufzern und Sehnsüchten, die sie weder gehört noch miterlebt hatte. Nichts. Auch nicht die Verleumdung, denn einmal dichtete sie mir sogar eine neue Leidenschaft an. »Sie wissen doch, daß mir keine andere Frau gefallen würde«, sagte ich zu ihr, als Virgília mir davon erzählt hatte. Und diese simple Entgegnung, die keinen Protest und auch keine Rüge enthielt, entkräftigte Dona Plácidas Verdächtigung und stimmte sie traurig.

»Ist ja schon gut«, redete ich ihr nach einer Viertelstunde zu. »Virgília muß einsehen, daß ich überhaupt keine Schuld hatte . . . Würden Sie ihr jetzt gleich einen Brief bringen?«

»Sie muß sehr unglücklich sein, die Ärmste! Sehen Sie, ich wünsche niemandem den Tod, aber wenn Sie, Herr Doktor, die Iaiá eines Tages heiraten können, dann wird Ihnen erst so richtig aufgehen, was für ein Engel sie ist!«

Ich erinnere mich, daß ich mein Gesicht abwandte und die Augen niederschlug. Diese Geste empfehle ich allen, die nicht gleich eine Antwort zur Hand haben, oder denen, die Angst haben, dem Blick anderer Augen standhalten zu müssen. Bei solchen Gelegenheiten ziehen es einige vor, acht Verse aus den »Lusiaden« zu rezitieren, andere helfen sich damit, die »Norma« zu pfeifen. Ich hielt mich an die erwähnte Kopfbewegung. Sie ist einfach und weniger anstrengend.

Drei Tage später hatte sich alles aufgeklärt. Ich nehme an, daß Virgília ein wenig verwundert war, als ich sie wegen der Tränen um Entschuldigung bat, die sie bei jenem unerfreulichen Zwischenfall vergossen hatte. Ich entsinne mich nicht mehr, ob ich sie im stillen nicht Dona Plácida zuschrieb. Es hätte ja tatsächlich sein können, daß Dona Plácida weinte, als sie sie so enttäuscht sah, und daß es ihr durch ein visionäres Phänomen so vorkam, als wären die Tränen nicht aus ihren, sondern aus Virgílias Augen geflossen. Laß es gewesen sein, wie es will, jetzt war alles aufgeklärt, aber nicht verziehen und schon gar nicht vergessen. Virgília tischte mir eine Portion harter Sachen auf, drohte mit Trennung und lobte ihren Gatten. Ja, er war ein würdiger, mir haushoch überlegener Mann, wohlerzogen und ein Meister in Höflichkeit und Liebe. All das brachte sie vor, während ich mit auf die Knie gestützten Armen dasaß und zu Boden sah, wo eine Fliege eine Ameise mit sich fortschleppte, die sich an ihrem Bein festgebissen hatte. Arme Fliege! Arme Ameise!

»Hast du nichts, absolut nichts dazu zu sagen?« fragte Virgília und blieb vor mir stehen.

»Was soll ich denn sagen? Ich habe dir doch schon alles erklärt, aber du willst unbedingt streiten. Was soll ich denn sagen? Weißt du, was mir scheint? Mir scheint, du hast genug, du ärgerst dich und willst Schluß machen . . .«

»Du hast es erfaßt!«

Sie machte kehrt und setzte sich den Hut auf mit zitternder, wild herumfahrender Hand . . . »Adieu, Dona Plácida«, schrie sie ins Haus hinein. Dann wandte sie sich zur Tür, schob den Riegel zurück und wollte hinausgehen. Ich hielt sie an der Taille fest. »Ist ja schon gut, ist gut«, beschwichtigte ich sie. Sie bemühte sich, freizukommen. Ich ließ sie nicht los und bat sie, zu bleiben und alles zu vergessen. Sie trat von der Tür zurück und ließ sich auf das Kanapee fallen. Ich setzte mich neben sie und flüsterte ihr Zärtlichkeiten zu, bescheidene, aber auch sehr wohlklingende. Ich behaupte nicht, daß sich unsere Lippen einander so weit näherten, daß nur ein Batistfaden oder etwas noch Dünneres dazwischen Platz gefunden hätte. Das ist eine Streitfrage. In Erinnerung ist mir dagegen, daß in dem Durcheinander einer von Virgílias Ohrringen herunterfiel und daß ich mich bückte, um ihn aufzuheben. Die Fliege, die fast auf das Schmuckstück geklettert war, zerrte an ihrem Bein noch immer die Ameise hinter sich her. Mit dem angeborenen Zartgefühl eines Mannes aus unserem Jahrhundert legte ich dieses kümmerliche Paar auf meine Hand. Ich stellte mir die riesige Entfernung vor, die zwischen meiner Hand und dem Planeten Saturn lag, und fragte mich, welches Interesse an so einer betrüblichen Episode bestehen könnte. Wenn du daraus schließt, daß ich ein Barbar gewesen bin, so irrst du dich, denn ich bat Virgília, mir eine Haarnadel zu reichen, um die beiden Insekten zu trennen. Die Fliege witterte indes meine Absicht, breitete die Flügel aus und flog davon. Arme Fliege! Arme Ameise! Und Gott sah, daß es gut war, wie es in der Schrift heißt.

Kapitel 104
Er war es!

Ich gab Virgília die Nadel zurück. Sie steckte sie sich wieder ins Haar und bereitete ihren Aufbruch vor. Es war spät geworden. Drei Stunden hatte es gedauert, aber nun war alles vergeben und vergessen. Dona Plácida, die einen geeigneten Moment für Virgílias Fortgehen abpaßte, schloß plötzlich das Fenster und schrie: »Heilige Mutter Gottes! Da kommt ja der Mann der Iaiá!«

Der Schreck war kurz, aber vollkommen. Virgília nahm die

Farbe der Spitzen an ihrem Kleid an und rannte zur Tür des Alkovens. Dona Plácida, die die Jalousie heruntergelassen hatte, wollte die Tür von innen verschließen. Ich erbot mich, Lôbo Neves zu erwarten. Dieser kurze Augenblick ging vorüber. Virgília kam wieder zu sich, schob mich in den Alkoven und befahl Dona Plácida, ans Fenster zurückzukehren. Die Vertraute gehorchte.

Er war es. Dona Plácida öffnete ihm mit zahlreichen Ausrufen des Erstaunens die Tür. »Sie kommen hierher, Senhor, und geben dem Haus Ihrer alten Getreuen die Ehre. Treten Sie doch bitte ein. Raten Sie mal, wer auch hier ist . . . Sie brauchen gar nicht zu raten, denn Sie führt ja nichts anderes her . . . Zeig dich doch, Iaiá.«

Virgília, die sich in einer Ecke aufgehalten hatte, warf sich ihrem Mann in die Arme. Ich beobachtete sie durchs Schlüsselloch. Lôbo Neves war langsam, blaß, kalt, schweigsam, ohne Gefühlsausbruch und ohne Ungestüm eingetreten und hatte sich im Zimmer umgesehen.

»Wie kommt denn das?« rief Virgília aus. »Du hier?«

»Ich war eben auf einem Spaziergang, da entdeckte ich Dona Plácida am Fenster. Und nun bin ich hier, um ihr guten Tag zu sagen.«

»Vielen Dank«, entgegnete Dona Plácida. »Und da behaupten die Leute immer, daß die Alten zu gar nichts mehr taugen . . . Seht nur! Iaiá scheint schon eifersüchtig zu werden.« Sie streichelte sie und fügte hinzu: »Dieses Engelchen erinnert sich immer an die alte Dona Plácida. Meine Kleine! Sie ist ja ihrer Mutter wie aus dem Gesicht geschnitten . . . Setzen Sie sich doch, Herr Doktor.«

»Ich will mich nicht aufhalten.«

»Gehst du nach Hause?« erkundigte sich Virgília. »Dann können wir uns zusammen auf den Weg machen.«

»Ja.«

»Reichen Sie mir bitte meinen Hut, Dona Plácida.«

»Bitte, hier ist er.«

Dona Plácida holte einen Spiegel und öffnete ihn vor der

jungen Frau. Virgília setzte den Hut auf, band die Schleifen, ordnete ihr Haar und unterhielt sich dabei mit ihrem Mann, der ihr nicht antwortete. Unsere gute Alte schwatzte unerträglich viel. So überspielte sie das Zittern ihres Körpers. Virgília hatte den ersten Schreck überwunden und hatte sich wieder völlig in der Gewalt.

»Fertig!« sagte sie. »Adieu, Dona Plácida; und vergessen Sie nicht, sich mal bei uns sehen zu lassen. Haben Sie gehört?«

Die andere versprach es und öffnete ihnen die Tür.

Kapitel 105
Gleichwertigkeit der Fenster

Dona Plácida schloß die Tür und sank auf einen Stuhl. Sofort verließ ich den Alkoven und wollte auf die Straße eilen und Virgília ihrem Mann entreißen. Das sagte ich jedenfalls, und ein Glück, daß ich meine Absicht kundtat, denn so ergriff Dona Plácida meinen Arm und hielt mich zurück. Eine Zeitlang nahm ich sogar an, daß ich es nur verlauten ließ, daß nach den zehn Minuten im Alkoven die echteste und herzlichste Gebärde nur diese gewesen sein konnte. Das unterliegt dem berühmten Gesetz von der Gleichwertigkeit der Fenster, das zu entdecken und zu formulieren ich im 51. Kapitel die Ehre hatte. Das Bewußtsein mußte ausgelüftet werden. Der Alkoven stellt ein geschlossenes Fenster dar. Mit einer Bewegung, als wollte ich hinausstürmen, öffnete ich ein anderes und atmete tief durch.

Kapitel 106
Gefährliches Spiel

Ich atmete durch und setzte mich. Das Klagen und Jammern Dona Plácidas füllte den Raum. Ich hörte zu, ohne ihr etwas zu sagen. Dabei überlegte ich, ob ich nicht besser getan hätte, Virgília im Alkoven einzuschließen und selber im Zimmer zu bleiben. Mir wurde jedoch sehr bald klar, daß das noch schlimmer gewesen wäre. Es hätte seinen Verdacht bestätigt, der Funken wäre ins Pulverfaß gefallen, und eine blutige Szene ... Nein, so war es wesentlich günstiger. Aber danach? Was würde zu Hause mit Virgília geschehen? Würde ihr Mann sie umbringen, schlagen, einsperren oder gar fortjagen? Diese Fragen zogen so langsam durch mein Gehirn wie die dunklen Pünktchen oder Kommata, die das Gesichtsfeld kranker oder übermüdeter Augen durchqueren. Sie kamen und gingen mit ihren trockenen und tragischen Gesichtern, und es wollte mir nicht gelingen, eins von ihnen zu ergreifen und zu sagen: Du bist es, du und kein anderes.

Plötzlich gewahrte ich eine dunkle Gestalt vor mir. Es war Dona Plácida, die von nebenan zurückkehrte, wo sie sich ihre Mantille übergeworfen hatte, und die sich nun erbot, zu Lôbo Neves zu gehen. Ich gab zu bedenken, daß es sehr riskant sei, weil er wegen des unmittelbar folgenden Besuches Verdacht schöpfen könnte.

»Beruhigen Sie sich«, entgegnete sie. »Ich werde es schon zu bewerkstelligen wissen. Wenn er da ist, gehe ich nicht hinein.«

Sie verschwand. Ich blieb zurück, den Erfolg und die möglichen Konsequenzen gegeneinander abwägend. Am Ende schien es mir ein gefährliches Spiel, und ich fragte mich, ob es nicht an der Zeit sei, aufzustehen und mich ein wenig zu zerstreuen. Ich spürte, daß die Sehnsucht nach einer Eheschließung und der Wunsch, das Leben in geordnete Bahnen zu lenken, in mir aufstiegen. Warum auch nicht? Mein Herz war noch nicht aufgebraucht, und ich fühlte mich keineswegs unfähig, keusch, ernst und rein zu lieben. In Wahrheit bilden die Abenteuer den brodelnden und erregenden Teil des Lebens, das heißt, sie sind eine Ausnahmeerscheinung. Ich war ihrer überdrüssig, und ich weiß nicht, ob mich nicht sogar Gewissensbisse plagten. Kaum hatten meine Gedanken diese Richtung eingeschlagen, da trottete ich hinter meiner Vorstellung einher. Ich sah mich verheiratet mit einer anbetungswürdigen Frau. Vor ihr lag ein Baby, das im Schoß der Amme schlief. Wir befanden uns alle in einem schattigen, von Grün umwucherten Landhaus und konnten durch die Bäume ein Stückchen Himmel erblicken, der blau war, ungewöhnlich blau . . .

Kapitel 107
Zettel

»Nichts ist geschehen, aber er vermutet etwas, ist sehr ernst und spricht nicht. Eben ist er fortgegangen. Er hat nur ein einziges Mal gelächelt, und zwar zu Nhonhô, nachdem er ihn lange und grimmig angestarrt hatte. Mich hat er weder schlecht noch gut behandelt. Ich weiß nicht, wie es weitergehen wird. Gebe Gott, daß dieser Zustand bald ein Ende hat. Vorsicht fürs erste, äußerste Vorsicht.«

Kapitel 108
Was man nicht versteht

Hier haben wir das Drama, das tragische Ohrläppchen Shakespeares. Dieser kleine, teilweise bekritzelte und zerknitterte Papierfetzen stellte ein Dokument dar, das einer Analyse würdig wäre. Ich werde sie aber weder in diesem noch in einem anderen Kapitel und vielleicht auch nicht im Rest des Buches vornehmen. Ich könnte dem Leser die

Freude rauben, selbst die Kälte, den Weitblick und die Absicht dieser wenigen, hastig niedergeschriebenen Zeilen herauszufinden, und nach der Lektüre das Aufbegehren des anderen Gemüts, die stille Wut und die Verzweiflung, die sich überwindet und darüber nachdenkt, warum sie sich in Schlamm, Blut oder Tränen auflösen muß.

Nun zu mir. Wenn ich euch versichere, daß ich den Zettel an jenem Tage drei- oder viermal gelesen habe, so könnt ihr es glauben, denn es stimmt wirklich. Wenn ich euch außerdem sage, daß ich ihn am folgenden Tag vor und nach dem Essen von neuem gelesen habe, so könnt ihr mir auch das abnehmen, denn es ist die reine Wahrheit. Wenn ich jedoch von der Erschütterung spreche, die ich erlitt, so bezweifelt diese Behauptung ein wenig und akzeptiert sie nicht ohne Beweise. Weder damals noch heute ist es mir gelungen, das Erlebte genau zu erkennen. Es war Angst und auch wieder keine Angst, Mitleid und kein Mitleid, Eitelkeit oder auch nicht, kurzum, Liebe ohne Liebe, das heißt ohne Delirium. All das ergab ein ziemlich komplexes und unbestimmtes Gemisch, etwas, was ihr ebensowenig begreifen werdet wie ich selbst. Nehmen wir darum an, daß es nichts zu besagen hatte.

Kapitel 109
Der Philosoph

Ihr wißt, daß ich den Brief vor und nach dem Essen wieder gelesen habe. Klar ist außerdem, daß ich gefrühstückt habe. Es bleibt also nur hinzuzufügen, daß diese Mahlzeit eine der spärlichsten meines ganzen Lebens wurde: ein Ei, eine Schnitte und eine Tasse Tee. Ich habe die Einzelheiten nicht vergessen. Inmitten so vieler wichtiger Dinge ist dieses Frühstück nicht genügend beachtet worden. Der Hauptgrund dafür könnte in meinem Mißgeschick zu suchen sein. Aber so war es nicht. Ausschlaggebend wurden die Überlegungen, zu denen mich Quincas Borba anregte, der mich an jenem Tag besuchte. Er machte mir klar, daß die Genügsamkeit nicht unabdingbare Voraussetzung war, den Humanitismus zu verstehen, und erst recht nicht, ihn in die Praxis umzusetzen, daß sich diese Philosophie leicht mit den Annehmlichkeiten des Lebens – lukullische Genüsse, Prunk und die Liebe einbegriffen – in Übereinstimmung bringen ließ und daß die Enthaltsamkeit sogar auf gewisse Tendenzen der Askese hinweisen könnte, die einen längst vergangenen Ausdruck menschlicher Dummheit darstellte.

»Nimm doch nur den heiligen Johannes«, fuhr er fort. »Er ernährte sich in der Wüste von Heuschrecken, anstatt in aller Ruhe in der Stadt Fett anzusetzen und das Pharisäertum in der Synagoge abmagern zu lassen.«

Gott behüte mich davor, die ganze Geschichte dieses Quincas Borba zu erzählen, die ich übrigens bei jener traurigen Gelegenheit von Anfang bis Ende zu hören bekam, eine lange, komplizierte, aber interessante Schilderung. Und wenn ich sie hier nicht wiedergebe, so enthalte ich mich auch einer Beschreibung seines Äußeren, das sich von dem auf dem Passeio Público wesentlich unterschied. Ich schweige. Ich sage lediglich: Wenn das wirklich Charakteristische eines Mannes nicht seine Gestalt, sondern seine Kleidung ist, dann handelte es sich bei ihm nicht um Quincas Borba. Er war ein Landgerichtsrat ohne Talar, ein General ohne Uniform, ein Geschäftsmann ohne Defizit. Der tadellose Gehrock, das leuchtende Weiß des Hemdes und die Sauberkeit der Schuhe fielen mir auf. Die seinerzeit so rauhe Stimme schien ihre ursprüngliche Klangfülle wiedererhalten zu haben. Seine Bewegungen waren, ohne daß sie die frühere Lebhaftigkeit eingebüßt hatten, nicht mehr so wirr und ließen eine gewisse Methode erkennen. Aber es liegt mir fern, sie zu beschreiben. Wenn ich beispielsweise auf den goldenen Knopf, der an seiner Brust prangte, und die Qualität seiner Schuhe einginge, so begänne ich damit eine Schilderung, die ich der Kürze halber weglasse. Seid zufrieden mit dem Hinweis, daß er Lackschuhe anhatte. Nehmt außerdem zur Kenntnis, daß er ein paar Contos de Réis von einem alten Onkel in Barbacena geerbt hatte.

Mein Geist – der Vergleich aus der Welt des Kindes sei mir hier gestattet! – glich in jener Situation einer Art Spielball. Die Erzählung Quincas Borbas versetzte ihm einen Schlag, und er flog in die Höhe. Als er herunterfiel, erhielt er von Virgílias Zettel einen weiteren Schlag und wurde abermals in die Luft geschleudert. Er kam wieder herunter, und die Episode vom Passeio Público empfing ihn mit einem ebenso kräftigen und wirksamen Hieb. Ich fürchte, ich bin nicht für komplexe Situationen geboren. Dieses Heranziehen und Zurückstoßen gegensätzlicher Erscheinungen brachte mich aus dem Gleichgewicht. Ich hatte Lust, Quincas Borba, Lôbo Neves und Virgílias Zettel in dieselbe Philosophie einzupacken und sie Aristoteles als Geschenk zu übersenden. Dennoch war die Erzählung unseres Philosophen aufschlußreich. Ich bewunderte an ihm vor allem die Beobachtungsgabe, mit der er die Verhaltensweise und das Wachstum des Lasters, die inneren Kämpfe, das allmähliche Kapitulieren und den Gebrauch des Schlamms beschrieb.

»Sieh mal«, sagte er, »als ich die erste Nacht auf der Treppe von São Francisco verbrachte, schlief ich so tief wie im feinsten Federbett. Und warum? Weil ich allmählich den Weg vom Bett auf der bloßen Erde zur Holzpritsche, vom eigenen Zimmer zur Wache und von dort auf die Straße zurückgelegt habe . . .«

Schließlich wollte er mir seine Philosophie erläutern. Ich bat ihn, es nicht zu tun. »Ich habe den Kopf voll und könnte dir nicht mit Aufmerksamkeit folgen. Komm ein andermal wieder. Ich bin immer zu Hause.«

Quincas Borba lächelte verschmitzt. Vielleicht wußte er von meinem Abenteuer, aber er fügte nichts hinzu. An der Tür richtete er lediglich diese letzten Worte an mich: »Bekehre dich zum Humanitismus. Er ist der große Schoß der Geister, das ewige Meer, in das ich getaucht bin, um ihm die

Wahrheit zu entreißen. Die Griechen ließen sie aus einem Brunnen entweichen. Welch kleinliche Denkart! Ein Brunnen! Aber gerade deshalb haben sie sie niemals gefunden. Die Griechen, Untergriechen, Antigriechen und die ganze lange Reihe der Menschen hat sich über den Brunnen gebeugt, um die Wahrheit herauskommen zu sehen, die gar nicht mehr darin war. Stricke und Schöpfeimer wurden vertan. Einige, die mehr Mut aufbrachten, stiegen auf die Sohle hinunter und brachten eine Kröte herauf. Ich dagegen eilte sofort ans Meer. Tritt zum Humanitismus über.«

Kapitel 110
31

Eine Woche danach wurde Lôbo Neves zum Provinzpräsidenten ernannt. Ich klammerte mich noch an die Hoffnung, er würde ablehnen, wenn die Verfügung wieder am 13. ausgestellt wäre. Sie trug jedoch das Datum des 31., und diese einfache Umstellung nahm den beiden Zahlen ihren teuflischen Gehalt. Wie abgründig sind doch die Triebfedern des Lebens!

Kapitel 111
Die Mauer

Da es nicht zu meinen Gewohnheiten gehört, etwas zu verheimlichen oder zu verbergen, werde ich auf dieser Seite die Sache mit der Mauer erzählen. Sie waren reisefertig. Als ich Dona Plácidas Haus betrat, entdeckte ich auf dem Tisch ein gefaltetes Stück Papier. Es handelte sich um ein Briefchen von Virgília, in dem sie mir mitteilte, daß sie mich ganz bestimmt am Abend im Landhaus erwartete, und das mit den Worten schloß: »Die Mauer auf der Gassenseite ist niedrig.«

Ich reagierte mit einer Geste des Mißfallens. Der Brief schien mir ungewöhnlich gewagt, schlecht durchdacht und sogar lächerlich. Er öffnete nicht nur einem Skandal Tür und Tor, sondern nötigte ihn als Spießgesellen des allgemeinen Hohngelächters geradezu herbei. Ich sah mich über die auf der Gassenseite niedrige Mauer springen, und als ich sie gerade überwinden wollte, packte mich ein Polizist und brachte mich auf die Wache. Die Mauer ist niedrig! Was sollte denn an ihr niedrig sein? Natürlich wußte Virgília nicht, was sie tat. Womöglich bereute sie es schon. Ich schaute den Zettel noch einmal an, dieses zerknitterte, aber unerbittliche Stück Papier. Am liebsten hätte ich es in dreißigtausend Stücke zerrissen und diese wie den letzten Überrest meines Abenteuers in alle Winde zerstreut. Aber ich konnte noch rechtzeitig an mich halten. Die Eigenliebe, der quälende Fluchtgedanke, die Vorstellung der Angst ... Es gab keine andere Möglichkeit, ich mußte hingehen.

»Bestellen Sie ihr, daß ich komme.«

»Wohin?« fragte Dona Plácida.

»Dorthin, wo sie auf mich warten will.«

»Sie hat mir nichts gesagt.«

»Es steht auf diesem Zettel.«

Dona Plácida machte große Augen. »Aber den habe ich doch heute früh in Ihrer Schublade gefunden, und da dachte ich, daß ...«

Ich hatte ein sonderbares Gefühl. Ich las die Zeilen noch einmal und sah sie mir immer wieder an. Ja, es handelte sich wahrhaftig um einen alten Brief Virgílias, den ich zu Beginn unserer Liebe erhalten hatte. Es ging um ein gewisses Stelldichein im Landhaus, und auf dem Weg dorthin mußte ich tatsächlich über eine niedrige, unauffällige Mauer springen. Ich verwahrte den Zettel und ... Ich hatte ein sonderbares Gefühl.

Kapitel 112
Die Meinung

Aber es stand geschrieben, daß dieser Tag voll aufkommender Zweifel sein sollte. Wenige Stunden später traf ich Lôbo Neves in der Rua do Ouvidor. Wir sprachen über seine Präsidentschaft und über Politik. Er nutzte den ersten besten Bekannten, der an uns vorbeiging, um sich von mir mit großem Aufwand an Höflichkeitsfloskeln zu verabschieden. Ich entsinne mich, daß er die Schüchternheit, die ihm unangenehm war, zu verbergen suchte. Ich hatte damals den Eindruck – ich bitte die Kritik um Verzeihung, wenn mein Urteil zu verwegen ausfallen sollte! –, daß er sich fürchtete, doch nicht vor mir oder vor sich selbst und auch nicht vor dem Gesetzbuch oder seinem Gewissen. Er hatte Angst vor der Meinung der Leute. Ich nahm an, daß dieses anonyme und unsichtbare Tribunal, in dem jedes Mitglied anklagt und richtet, die Grenze bildete, die Lôbo Neves hinderte, seinen Willen durchzusetzen. Vielleicht liebte er seine Frau gar nicht mehr. Es konnte ja sein, daß sein Herz die Nachsicht, die sich in seinen letzten Handlungen ausdrückte, als befremdlich empfand. Ich glaube – und wieder appelliere ich an die Gutwilligkeit der Kritik –, er wäre bereit gewesen, sich von seiner Frau zu trennen, so wie der Leser sich von vielen persönlichen Bindungen löst. Aber die öffentliche Meinung, die sein Privatleben durch alle Straßen zerren, eine minutiöse Untersuchung des Falles vornehmen und alle Begleitumstände, Antezedenzien, Ursachen und Beweise zusammentragen würde, um sie dann in den müßiggängerischen Landhäusern durchzuhecheln, diese schreckliche öffentliche Meinung, die die Alkoven mit so ungeheurer Neugierde überwachte, verhinderte den Zerfall der Familie. Gleichzeitig machte sie einen Racheakt unmöglich, der eine sofortige Verbreitung der Geschichte zur Folge haben würde. Er konnte es sich also nicht leisten, mir gegenüber den Gekränkten zu spielen, ohne zugleich eine Scheidung der Ehe anzustreben. So war er gezwungen, dieselbe Unwissenheit und demnach dieselben Empfindungen wie früher zu zeigen.

Wieviel ihn das gekostet hat, kann ich mir vorstellen. Besonders in jenen Tagen sah ich ihm an, daß es ihm unsagbar schwerfallen mußte. Aber die Zeit – und das ist ein weiterer Punkt, an dem ich um Nachsicht der Denker bitte! – stumpft die Sensibilität ab und löscht die Erinnerungen aus. Es war anzunehmen, daß die Jahre die Spitzen der Stacheln abgebrochen hatten, daß der Abstand zu den Vorkommnissen die entsprechenden Konturen verwischte, daß der Schatten eines nachträglichen Zweifels die Nacktheit der Realität verhüllte und die öffentliche Meinung sich allmählich mit anderen Abenteuern beschäftigte. Der heranwachsende Junge würde sich bemühen, die Ambitionen seines Vaters zu befriedigen. Er wäre dann der Erbe all seiner Leidenschaften. Das, die äußere Aktivität, das öffentliche Prestige, dann das Alter, die Krankheit, der Verfall, der Tod, eine Totenfeier, ein biographischer Nachruf, und schon war das Buch des Lebens ohne eine einzige blutige Seite abgeschlossen.

Kapitel 113
Die Schweißung

Die Schlußfolgerung, falls man aus dem vorigen Kapitel eine ziehen kann, besteht nun darin, daß die öffentliche Meinung die familiären Einrichtungen zusammenschweißt. Es ist nicht ausgeschlossen, daß ich diesen Gedanken noch vor Beendigung des Buches weiterentwickeln werde. Aber es ist auch ebensogut möglich, daß ich ihn lasse, wie er ist. So oder so stellt die öffentliche Meinung eine vortreffliche Schweißerin sowohl im familiären wie auch im politischen Bereich dar. Einige gallige Metaphysiker haben sich dazu verstiegen, sie einfach als das Produkt wertloser oder mittelmäßiger Leute abzutun. Aber es ist doch offensichtlich, daß es sogar dann, wenn ein so außergewöhnlicher Begriff die

Antwort nicht in sich selbst trägt, völlig ausreicht, die heilsamen Wirkungen der öffentlichen Meinung zu betrachten, um zu dem Schluß zu gelangen, daß sie das kostbarste Werk des menschlichen Geblütes, das heißt seiner überwiegenden Mehrheit ist.

Kapitel 114
Ende eines Dialogs

»Ja, morgen geht es los. Kommst du an Bord?«

»Bist du bei Sinnen? Das ist völlig ausgeschlossen.«

»Also dann, adieu!«

»Adieu!«

»Vergiß Dona Plácida nicht. Besuch sie ab und zu. Die Ärmste! Gestern war sie bei uns, sich verabschieden. Sie weinte herzzerreißend und sagte, ich würde sie nicht wiedersehen ... Sie ist ein guter Mensch, nicht wahr?«

»Gewiß.«

»Wenn wir uns schreiben, nimmt sie die Briefe in Empfang. Das gilt von jetzt an bis ...«

»Vielleicht für zwei Jahre?«

»Ach was! Er sagt, wir bleiben nur bis zu den Wahlen.«

»Ja? Na, dann bis bald. Sieh mal, wir werden beobachtet.«

»Von wem?«

»Dort vom Sofa aus. Wir müssen uns trennen.«

»Das fällt mir sehr schwer.«

»Aber es muß sein. Adieu, Virgília!«

»Bis bald. Adieu!«

Kapitel 115
Das Frühstück

Ich war bei ihrer Abreise nicht zugegen, aber zur angegebenen Stunde empfand ich etwas Zwiespältiges, das man weder Schmerz noch Freude nennen konnte. Erleichterung und Sehnsucht waren in diesem Gefühl zu gleichen Teilen miteinander vermischt. Der Leser möge bei diesem Bekenntnis nicht erschrecken. Ich weiß sehr wohl, daß ich, um die Nerven der Phantasie anzuregen, abgrundtiefe Verzweiflung erleiden, ein paar Tränen vergießen und auf das Frühstück verzichten müßte. Das wäre zwar romangemäß, aber nicht biographisch. Es ist indessen die reine Wahrheit, daß ich wie an allen anderen Tagen speiste, das Herz mit Erinnerungen an mein Abenteuer und den Magen mit Vorspeisen des Monsieur Prudhon befriedigend . . .

Ihr Alten, die ihr meine Zeitgenossen wart, erinnert euch vielleicht dieses Küchenmeisters im »Pharoux«. Der Hotelbesitzer erzählte von ihm, er habe in den berühmten Pariser Häusern Véry und Véfour und in den Palästen des Grafen Molé und des Herzogs de la Rochefoucauld gedient. Er war einfach überragend. Er hatte die Polka nach Rio de Janeiro mitgebracht . . . Die Polka, Monsieur Prudhon, das Tivoli, der Ausländerball und das Kasino gehören zu den schönsten Erinnerungen aus dieser Zeit. Aber besonders köstlich waren die Vorspeisen des Meisters.

Ja, das waren sie, und vor allem an jenem Morgen schien dieser Teufel unsere Katastrophe zu erraten. Nie zuvor hatten ihm seine Erfindungsgabe und seine Kunstfertigkeit in einem solchen Maße zu Gebote gestanden. Welch auserlesene Würze! Welch zartes Fleisch! Und welch geschmackvolle Zubereitung! Man aß mit dem Mund, den Augen und der Nase. Ich erinnere mich nicht mehr genau an die Rechnung dieses Tages, aber ich weiß, daß sie sehr hoch ausfiel. O weh, ich mußte meine Liebe wundervoll begraben. Dort fuhren sie meerwärts zwischen Raum und Zeit dahin, und ich blieb hier am Ende des Tisches sitzen mit meinen vierzig und soundso vielen Jahren, die so müßiggängerisch und so leer gewesen waren. Ich blieb, um sie nie wiederzusehen, denn sie könnte ja zurückkehren, und sie kam auch. Wer aber hätte die Leuchtkraft des Morgens zur Abenddämmerung gebeten?

Kapitel 116
Philosophie alter Blätter

Der Schluß des letzten Kapitels stimmte mich so traurig, daß ich drauf und dran war, dieses nicht zu schreiben, ein wenig auszuruhen, meinen Geist von der Melancholie, die ihn erfüllte, zu reinigen und die Arbeit später fortzusetzen. Aber nein, ich will keine Zeit verlieren.

Virgílias Abreise vermittelte mir eine Kostprobe von der Witwerschaft. In den ersten Tagen hielt ich mich nur zu Hause auf, um Fliegen zu fangen, wie Domitian, falls Sueton die Wahrheit geschrieben hat. Aber ich fing sie auf eine besondere Weise, nämlich mit den Augen. Ich erhaschte sie eine nach der anderen am Ende eines geräumigen Zimmers, wo ich in einer Hängematte lag, mit einem aufgeschlagenen Buch in den Händen. Sehnsucht, Ambitionen, etwas Langeweile und viele zügellose Träume, das war alles. Mein Onkel, der Domherr, und zwei Vettern verstarben in dieser Zeit. Das berührte mich keineswegs, ich brachte sie auf den Friedhof wie Geld auf eine Bank. Was sage ich? Wie jemand, der Briefe auf die Post trägt: Ich frankierte sie, warf sie in den Kasten und überließ es dem Briefboten, sie in die richtigen Hände gelangen zu lassen. Damals erblickte auch meine Nichte Venância, die Tochter Cotrims, das Licht der Welt. Einige starben, andere wurden geboren, ich für mein Teil verfolgte Fliegen.

Ein andermal wurde ich rührig. Ich ging an die Schubladen, entnahm ihnen alte Briefe von Freunden, Verwandten und

Geliebten (sogar die von Marcela), öffnete sie alle, las sie nacheinander durch und erweckte die Vergangenheit zu neuem Leben . . . Unwissender Leser, wenn du die Briefe aus deiner Jugendzeit nicht aufbewahrst, dann wird dir ein Tag der Philosophie alter Blätter unbekannt bleiben, du wirst nicht das Vergnügen genießen, dich von weitem im Halbdunkel zu betrachten, mit einem dreieckigen Hut, Siebenmeilenstiefeln und einem langen assyrischen Bart, und dich beim Klang einer anakreontischen Mundharmonika tanzen zu sehen. Hebe deine Jugendbriefe auf!

Falls dir der dreieckige Hut nicht zusagt, werde ich die Redewendung eines alten, dem Hause Cotrims sehr nahestehenden Matrosen benutzen. Ich werde sagen, daß du, wenn du die Briefe aus deiner Jugendzeit aufbewahrst, Gelegenheit finden wirst, »eine wehmütige Erinnerung zu besingen«. Es hat den Anschein, daß unsere Seeleute ihre rührseligen Liedchen damit meinen, die sie auf hoher See anstimmen. Da es sich um einen poetischen Ausdruck handelt, könnte man mehr Traurigkeit von ihm verlangen.

Kapitel 117
Der Humanitismus

Zwei Kräfte, eine dritte vorerst einmal ausgenommen, nötigen mich indessen, ins normale, unruhige Leben zurückzukehren: Sabina und Quincas Borba. Meine Schwester Sabina steuerte wahrhaft ungestüm meiner ehelichen Verbindung mit Nhã–loló zu. Bevor ich es mich recht versah, hielt ich das Mädchen schon beinahe in den Armen. Was Quincas Borba anbetrifft, so erläuterte er mir schließlich den Humanitismus, dieses philosophische System, das bestimmt war, die übrigen samt und sonders zugrunde zu richten.

»Humanitas«, so erklärte er, »der Anfang aller Dinge, ist nichts anderes als die Aufteilung des Menschen selbst auf alle anderen. Sie umfaßt drei Phasen: die statische, die vor jeder Schöpfung liegt, die expansive, die Entstehung der Elemente, und die disperse, in der der Mensch auftaucht. Hinzu kommt die kontraktive, in der Menschen und Dinge wieder absorbiert werden. Die Expansion, der Ausgangspunkt des Universums, gab der Humanitas den Wunsch ein, es zu genießen, und daraus abgeleitet die Dispersion, die nichts weiter ist als die personifizierte Multiplikation der ursprünglichen Substanz.«

Da mir diese Darlegung nicht klar genug erschien, entwickelte Quincas Borba sie tiefergreifend, indem er von den großen Linien des Systems sprach. Er erklärte mir, daß der Humanitismus einerseits mit dem Brahmanismus verbunden sei, nämlich in der Aufteilung der Menschen auf die verschiedenen Teile des Körpers der Humanitas. Aber das, was in der indischen Religion lediglich eine weitgehend theologische und politische Bedeutung habe, bilde beim Humanitismus das allumfassende Gesetz vom Wert der Persönlichkeit. So bedeute die Abstammung von der Brust oder vom Kreuz der Humanitas, das heißt, ein Starker zu sein, nicht dasselbe wie die Herkunft von den Haaren oder der Nasenspitze. Daraus leite sich die Notwendigkeit ab, die Muskeln zu trainieren und zu stählen. Herkules sei nichts anderes als ein symbolischer Vorläufer des Humanitismus gewesen. An dieser Stelle flocht Quincas Borba ein, daß das Heidentum fähig gewesen wäre, bis zur Wahrheit vorzudringen, wenn es sich nicht mit dem gefälligen Teil seiner Mythen selber erniedrigt hätte. Nichts dergleichen werde beim Humanitismus eintreten. Diese neue Kirche kenne weder leichte Abenteuer noch Verfall, Traurigkeit oder kindliche Vergnügungen. Die Liebe, zum Beispiel, sei ein Priesteramt, die Reproduktion eines Rituals. Da das Leben die größte Wohltat des Universums sei, gebe es nicht einen einzigen Bettler, der das Elend nicht dem Tod vorzöge, was einen köstlichen Einfluß der Humanitas darstelle. Daraus folge, daß die Fortpflanzung des Lebens, weit davon entfernt, eine Gelegenheit zur Liebelei zu sein, den Höhepunkt der geistlichen Messe bilde. Also gebe es nur ein Unglück: nicht geboren zu werden.

»Stell dir zum Beispiel vor, ich wäre nicht auf die Welt gekommen«, fuhr Quincas Borba fort. »Zweifellos hätte ich jetzt nicht das Vergnügen, mich mit dir zu unterhalten, diese Kartoffel zu essen, ins Theater zu gehen und, um es mit einem Wort auszudrücken, zu leben. Beachte bitte, daß ich aus dem Menschen nicht ein einfaches Vehikel der Humanitas mache. Nein, er ist zugleich Fahrzeug, Kutscher und Passagier: eine Miniatur-Humanitas. Daraus ergibt sich die Notwendigkeit, sich selbst zu verehren. Möchtest du einen Beweis für die Überlegenheit meines Systems? Betrachte doch einmal den Neid. Es gibt keinen griechischen oder türkischen, christlichen oder muselmanischen Moralisten, der nicht gegen das Gefühl des Neids gewettert hätte. Diese Übereinstimmung ist universell und reicht von den Feldern Idumäas bis zur Höhe von Tijuca. Also gut, öffne die Hand alter Vorurteile, vergiß die fadenscheinige Rhetorik und studiere den Neid, diese so überaus zarte und feine Empfindung. Da jeder Mensch eine Reduktion der Humanitas ist, ergibt sich von selbst, daß keiner dem anderen grundsätzlich konträr gegenübersteht, so gegensätzlich sie auch erscheinen mögen. So kann zum Beispiel der Henker, der einen Verurteilten hinrichtet, vergebliches Wehklagen unter den Dichtern auslösen, aber im wesentlichen ahndet die Humanitas eine Übertretung ihrer Gesetze. Dasselbe kann ich von dem Individuum sagen, das einem anderen den Garaus macht. Die Kraft der Humanitas manifestiert sich, und nichts – dafür gibt es Beispiele – hindert sie, jenes gleichfalls zu vernichten. Wenn du das richtig verstanden hast, wirst du auch leicht begreifen, daß der Neid nichts anderes als kämpfende Bewunderung ist, und da der Kampf die Hauptfunktion des Menschengeschlechts darstellt, sind alle kriegerischen Empfindungen das Adäquateste zu seinem Glück. Daraus folgt, daß der Neid eine Tugend ist.«

Warum sollte ich es leugnen? Ich war einfach sprachlos.

Die Klarheit der Darlegung, die Logik der Prinzipien, die Genauigkeit der Schlußfolgerungen, all das machte einen überwältigenden Eindruck, und ich mußte das Gespräch für einige Minuten unterbrechen, um die neue Philosophie zu verdauen. Quincas Borba konnte die Freude über seinen Triumph nur mit Mühe verbergen. Auf seinem Teller hatte er einen Hähnchenflügel, in den er mit philosophischer Gelassenheit hineinbiß. Ich brachte noch ein paar Einwände vor, die aber so schwach fundiert waren, daß er nur wenig Zeit benötigte, sie zu entkräften.

»Um mein System richtig zu verstehen«, schloß er, »kommt es darauf an, niemals das universelle Prinzip zu vergessen, das in jedem Menschen verteilt und resümiert ist. Sieh mal: der Krieg, der als Kalamität erscheint, ist eine angemessene Operation, so als sprächen wir vom Ausbrechen der Humanitasfinger. Der Hunger« – er lutschte philosophisch an seinem Hähnchenflügel – »beweist, daß die Humanitas ihre eigenen inneren Organe nicht schont. Aber ich will mit nichts anderem als mit diesem Hähnchen die Überlegenheit meines Systems dokumentieren. Es fraß Mais, den ein Afrikaner gepflanzt hatte, von dem wir annehmen wollen, daß er aus Angola hergebracht worden ist. Dieser Neger erblickte das Licht der Welt, wuchs heran und wurde verkauft. Ihn beförderte ein Schiff, aus Holz gebaut, das zehn oder zwölf Männer im Wald geschlagen hatten. Diese wieder fuhren in Segelbooten, die von zehn oder zwölf anderen gebaut worden waren, ohne das Tauwerk und die anderen Teile der nautischen Einrichtung besonders aufzuzählen. So ist dieses Hähnchen, das ich soeben verzehrt habe, das Ergebnis einer Vielzahl von Anstrengungen und Kämpfen, deren einziges Ziel darin bestand, meinen Appetit zu stillen.«

Zwischen dem Käse und dem Kaffee demonstrierte mir Quincas Borba, daß zu seinem System auch die Abschaffung des Schmerzes gehörte. Nach dem Humanitismus ist der Schmerz reine Einbildung. Bedroht man ein Kind mit einem Stock, so schließt es die Augen und zittert, noch bevor es geprügelt worden ist. Diese Prädisposition bildet die Grundlage für die ererbte und immer wieder weitergegebene menschliche Sinnestäuschung. Die bloße Übernahme des Systems genügt natürlich nicht, um den Schmerz sofort zu beseitigen, aber sie ist unabdingbar. Der Rest besteht dann aus der natürlichen Entwicklung der Dinge. Wenn der Mensch erst erfaßt hat, daß er selbst die Humanitas ist, braucht er seine Gedankenwelt nur noch auf die ursprüngliche Substanz zu richten, um jedwede schmerzhafte Empfindung zu verhindern. Die Entwicklung ist indessen so tiefgreifend, daß man einige Jahrtausende für ihren Ablauf rechnen kann.

Wenige Tage darauf las Quincas Borba mir sein großes Werk vor. Es bestand aus vier Manuskriptbänden zu je hundert Seiten, die sauber beschrieben waren und eine Menge lateinischer Zitate enthielten. Das letzte Buch bot eine politische Abhandlung, die sich auf den Humanitismus gründete. Es war vielleicht der langweiligste Teil des Systems, obgleich es mit unvergleichbarer logischer Strenge entworfen war. Wäre die Gesellschaft nach seiner Methode reorganisiert worden, dann hätten Krieg, Aufstände, einfache Schlägereien, anonyme Messerstechereien, Elend, Hunger und Krankheiten auch nicht aufgehört zu existieren. Wenn aber diese angenommenen Geißeln wirklich Irrtümer in der Verständigung waren, weshalb kamen sie dann nicht über äußere Bewegungen der inneren Substanz hinaus, die nicht dazu bestimmt waren, Einfluß auf den Menschen auszuüben, sondern die lediglich die universelle Monotonie brachen. Es war klar, daß ihr Vorhandensein das menschliche Glück nicht verhinderte. Wenn aber solche Übel – was völlig falsch war – künftig der Anschauung entsprächen, auf die frühere Zeiten einschüchternd gewirkt hätten, so würde selbst dann das System nicht zerstört werden, und zwar aus zwei Gründen: Erstens, weil ja die Humanitas die schöpferische und absolute Substanz bildete und daher jedes Individuum die größte Wonne der Welt darin finden müßte, sich dem Prinzip zu opfern, von dem es abstammt. Zweitens, weil auch unter diesen Voraussetzungen die geistige Macht des Menschen über die Erde, die nur zu seiner Erholung erfunden worden war, nicht abnehmen würde. Das treffe auf die Sterne, die Brisen, die Datteln und den Rhabarber zu. »Panglos«, erklärte er mir, indem er das Buch zuklappte, »war nicht so töricht, wie ihn Voltaire gezeichnet hat.«

Kapitel 118
Die dritte Kraft

Die dritte Kraft, die mich ins Getümmel zurückdrängte, war meine Neigung zu glänzen und vor allem die Unfähigkeit, allein zu leben. Die Menge zog mich an, der Beifall lockte mich. Hätte ich in dieser Zeit den Balsam entwickelt, wer weiß, vielleicht wäre er nicht sofort untergegangen, und ich wäre berühmt geworden. Aber der Balsam kam nicht. Dafür stellte sich der Wunsch ein, mich in und mit einer Sache für eine Sache einzusetzen.

Kapitel 119
Klammern

Ich möchte hier in Klammern ein halbes Dutzend der unzähligen Maximen wiedergeben, die ich damals schrieb. Sie sind nicht mehr als das Gähnen der Langeweile und können als Motto für einen gegenstandslosen Vortrag dienen.

Die Not eines anderen erträgt man mit Geduld.

Wir töten die Zeit; die Zeit begräbt uns.

Ein philosophischer Kutscher pflegte zu sagen, daß die

Freude an einem Wagen gleich Null wäre, wenn niemand zu Fuße ginge.

Glaube an dich, aber zweifle nicht immer an anderen.

Es ist unbegreiflich, daß ein Eingeborener seine Unterlippe durchbohrt, um sie mit einem Stück Holz zu schmücken. Diese Bemerkung stammt von einem Juwelier.

Reg dich nicht auf, wenn dir Gutes mit Bösem vergolten wird: Man fällt besser aus allen Wolken als aus dem dritten Stock.

Kapitel 120
»Compelle intrare«

»Nein, Senhor, ob du jetzt willst oder nicht, du mußt heiraten«, sagte Sabina zu mir. »Was für eine glanzvolle Zukunft! Ein Hagestolz ohne Kinder.«

Ohne Kinder! Der Gedanke, Kinder zu haben, erregte mich, und wieder umgab mich das geheimnisvolle Fluidum. Ja, es wäre angemessen, Vater zu sein. Das ungebundene Leben mochte seine Vorteile haben, aber sie waren unbedeutend und mit der Münze der Einsamkeit bezahlt. Ohne Kinder! Nein, ausgeschlossen. Ich war bereit, alles zu akzeptieren, auch eine Verbindung mit Damasceno. Ohne Kinder! Da ich schon damals großes Vertrauen zu Quincas Borba hatte, ging ich zu ihm und schilderte ihm meine inneren, eine Vaterschaft betreffenden Regungen. Der Philosoph hörte mich erfreut an. Er erklärte mir, daß sich die Humanitas in meiner Brust bemerkbar mache, und ermunterte mich zu heiraten. Dann gab er zu bedenken, daß noch einige Tischgenossen mehr an meine Tür klopften und so weiter. »Compelle intrare«, wie Jesus gesagt hat. Und er ließ mich nicht fort, ohne bewiesen zu haben, daß das Gleichnis aus dem

Evangelium lediglich eine Ankündigung des Humanitismus darstellte und daß es von den Priestern nur falsch interpretiert worden war.

Kapitel 121
Hügelabwärts

Nach drei Monaten lief alles ausgezeichnet. Das Fluidum, Sabina, die Augen des Mädchens und die väterlichen Wünsche bildeten weitere kräftige Impulse, die mich einer Eheschließung entgegentrieben. Dann und wann erschien die Erinnerung an Virgília in meiner Tür und mit ihr ein schwarzer Teufel, der mir einen Spiegel vors Gesicht hielt, in dem ich weit entfernt Virgília erkannte, in Tränen aufgelöst. Aber dann kam ein anderer, rosafarbener Dämon mit einem anderen Spiegel, in dem die Gestalt Nhã-lolós sichtbar wurde, zart, leuchtend, engelhaft.

Ich spreche nicht von den Jahren, denn ich merkte sie nicht. Ich kann sogar hinzufügen, daß ich sie eines Sonntags abwarf, als ich zur Messe in die Kapelle von Livramento ging. Da Damasceno in Cajueiros wohnte, begleitete ich beide des öfteren zur Messe. Der Hügel war noch unbewohnt, bis auf das alte Schlößchen mit der Kapelle. Eines Sonntags, als ich mit Nhã-loló am Arm hinunterging – ich weiß nicht, was für ein Phänomen dabei wirksam wurde –, legte ich hier zwei, dort vier und gleich darauf fünf Jahre ab, so daß ich, als ich unten ankam, kaum zwanzig Jahre zählte und ebenso unbeschwert war wie damals.

Wenn ihr wissen wollt, unter welchen Umständen sich das Phänomen vollzog, dann braucht ihr nur dieses Kapitel zu Ende zu lesen. Wir kehrten von der Messe zurück, sie, ihr Vater und ich. Auf halber Höhe des Hügels trafen wir eine Gruppe von Männern. Damasceno, der neben uns ging, merkte, was los war, und beschleunigte den Schritt. Wir folgten ihm und sahen, was sich dort tat: Männer aller

Altersstufen, aller Körpergrößen und Hautfarben, einige in Hemdsärmeln, andere in Jacken und wieder andere in zerschlissenen Gehröcken, hatten die unterschiedlichsten Stellungen eingenommen. Einige hockten, andere stützten die Hände auf die Knie, diese saßen auf Steinen, jene hatten sich an die Mauer gelehnt, und alle starrten in die Mitte, während ihnen die Seelen aus den Pupillen traten.

»Was ist das?« fragte Nhã-loló.

Ich bedeutete ihr durch eine Geste, zu schweigen. Vorsichtig bahnte ich mir einen Weg, und alle machten Platz, ohne daß mich jemand wirklich sah. Die Mitte hielt ihre Blicke gefangen. Es war ein Hahnenkampf. Ich sah die beiden Gegner mit dem spitzen Sporn, den feurigen Augen und dem scharfen Schnabel. Beiden blutete der Kamm, aus der glühendroten Brust waren die Federn herausgerissen. Sie waren erschöpft, aber sie kämpften noch immer, Auge in Auge, Schnabel nach unten, Schnabel nach oben, Angriff des einen, Attacke des anderen, schwungvoll und wütend. Damasceno wußte von nichts mehr, das Schauspiel ließ die Welt um ihn versinken. Vergebens erinnerte ich ihn, daß es Zeit war, aufzubrechen; er antwortete nicht und hörte auch nichts. Es hatte sich ganz auf das Duell konzentriert. Der Hahnenkampf war eine seiner Leidenschaften.

In diesem Augenblick zupfte mich Nhã-loló behutsam am Arm und bat, weiterzugehen. Ich willigte ein und folgte ihr hangabwärts. Wie ich bereits sagte, war der Hügel damals noch unbewohnt. Ich habe euch ebenfalls mitgeteilt, daß wir aus der Messe kamen, und da ich kein Wort über den Regen verloren habe, war es klar, daß schönes Wetter herrschte, wundervoller Sonnenschein. Und intensiv. So intensiv, daß ich gleich den Sonnenschirm aufspannte, ihn in der Mitte des Griffes festhielt und so neigte, daß ich der Philosophie Quincas Borbas eine weitere Seite hinzufügte: Humanitas küßte Humanitas ... So geschah es, daß die Jahre von mir abfielen, den Hügel hinunter.

Am Fuße des Hügels blieben wir einige Minuten stehen, um

auf Damasceno zu warten. Er erschien wenig später und war von Wettern umgeben, mit denen er über den Kampf sprach. Einer von ihnen, der Kassenwart, verteilte ein Bündel alter Zehntostõesscheine, die die Gewinner hocherfreut entgegennahmen. Was die Hähne anbetrifft, so trugen die jeweiligen Besitzer sie unter dem Arm. Der Kamm des einen war dermaßen zerhackt und blutüberströmt, daß ich in ihm sofort den Besiegten erkannte. Aber ich hatte mich geirrt, der Verlierer war der andere, der keinen Kamm hatte. Beide sperrten den Schnabel auf, atmeten mühsam und waren völlig erschöpft. Die Wetter dagegen schritten fröhlich einher, ungeachtet der starken Erregung, die der Kampf in ihnen ausgelöst hatte. Sie unterhielten sich über das Leben der beiden Tiere und riefen sich deren Heldentaten wieder ins Gedächtnis. Ich ging angeekelt davon. Nhã-loló schämte sich.

Kapitel 122
Eine hochedle Absicht

Nhã-loló schämte sich wegen ihres Vaters. Die Unbeschwertheit, mit der er sich unter die Wetter gemengt hatte, ließ frühere Gewohnheiten und verwandtschaftliche Bindungen wieder hervortreten, und Nhã-loló fürchtete, daß mir ein solcher Schwiegervater unwürdig scheinen könnte. Es war bemerkenswert, welchen Abstand sie zu sich selbst gewann: Sie studierte sich und mich. Das elegante und vornehme Leben zog sie vor allem deswegen an, weil sie in ihm das sicherste Mittel erblickte, uns beide zusammenzubringen. Nhã-loló beobachtete, ahmte nach und stellte Vermutungen an. Gleichzeitig bemühte sie sich, die Minderwertigkeit ihrer Familie zu verschleiern. An jenem Tage aber offenbarte sich ihr Vater so drastisch, daß sie tieftraurig wurde. Ich bemühte mich indessen, sie abzulenken, und sagte ihr eine Menge Schmeicheleien, die sie nicht wieder heiter stimmten. Ihre Niedergeschlagenheit war so groß, die Entmutigung so anhaltend, daß ich Nhã-loló zuliebe die lobenswerte Absicht hegte, ihre Angelegenheiten und die ihres Vaters im stillen voneinander zu trennen. Dieses Gefühl erschien mir sehr erhebend und schuf eine weitere Verbindung zwischen uns.

Es gibt kein anderes Mittel, dachte ich, ich werde diese Blume aus dem Sumpf herausziehen.

Kapitel 123
Der wirkliche Cotrim

Da ich die Familieneintracht liebte, wollte ich trotz meiner vierzig und soundso viel Jahre nicht heiraten, ohne vorher mit Cotrim gesprochen zu haben. Er hörte mich an und entgegnete ernst, er pflege sich über die Angelegenheiten seiner Verwandten keine Meinung zu bilden. Möglicherweise wurde behauptet, er sei selbst interessiert, wenn er die wenigen Gaben Nhã-lolós lobend erwähnte. Deshalb schwieg er. Mehr noch: Er war sicher, daß seine Nichte mich wahrhaft leidenschaftlich liebte, aber wenn sie ihn gefragt, dann hätte er ihr abgeraten. Sein Verhalten wurde nicht vom Haß bestimmt, er schätzte meine guten Eigenschaften und wurde nicht müde, sie berechtigt zu rühmen. Und was Nhã-loló betraf, so hätte er niemals bestritten, daß sie eine ausgezeichnete Braut sei. Aber zwischen dieser Haltung und dem Rat, die Ehe einzugehen, klaffte ein Abgrund.

»Ich wasche meine Hände in Unschuld«, schloß er.

»Aber früher warst du der Meinung, daß ich so bald wie möglich heiraten sollte . . .«

»Das ist etwas anderes. Ich glaube, daß eine eheliche Verbindung unumgänglich ist, vor allem dann, wenn man politische Ambitionen hat. Du mußt wissen, daß das Zölibat in der Politik geradezu ein Hindernis darstellt. Was nun deine Braut angeht, so kann, will und darf ich nicht darüber befinden, und es betrifft auch nicht meine Ehre. Mir scheint, Sabina ist weitergegangen und hat dir, wie sie mir sagte, gewisse vertrauliche Mitteilungen gemacht. Aber sie ist jedenfalls mit Nhã-loló nicht blutsverwandt, so wie ich. Sieh mal ... Nein, ich behalte es lieber für mich.«

»Sag es doch.«

»Nein, das werde ich nicht tun.«

Vielleicht scheint Cotrims Skrupel jedem übertrieben, der nicht weiß, daß er einen unbändig ehrenhaften Charakter hatte. Ich selbst war ihm gegenüber in den Jahren, die dem Streit um den Nachlaß meines Vaters folgten, ungerecht gewesen. Ich erkenne an, daß er vorbildlich war. Man beschuldigte ihn, geizig zu sein, und ich glaube, mit Recht. Aber der Geiz ist lediglich die Übertreibung einer Tugend, und die Tugenden müssen den Haushaltsplänen gleichen: der Überschuß ist immer besser als ein Defizit. Wegen seiner äußerst trockenen Art hatte er Feinde, die ihn sogar der Grausamkeit bezichtigten. Die einzige Tatsache, die sie in diesem Zusammenhang anführen konnten, war seine Gewohnheit, Sklaven regelmäßig in ein Verlies zu sperren, in das sie blutend hinabstiegen. Aber abgesehen davon, daß er nur die Verdorbenen und die Fluchtverdächtigen so behandelte, ist zu bemerken: Da er lange Zeit Sklavenhandel getrieben hatte, war er gewissermaßen eine etwas härtere Lebensweise gewohnt, als diese Art von Geschäften es erforderte. Und man kann, wenn man ehrlich ist, nicht etwas dem ursprünglichen Wesen eines Menschen zuschreiben, was der reinen Wirkung sozialer Verhältnisse entspringt. Ein Beweis, daß Cotrim auch gutherzig war, ist die Liebe zu seinen Kindern und der Schmerz, den er empfand, als Sora wenige Monate später starb. Ich halte das für einen unwiderlegbaren Beweis, und es ist nicht der einzige. Er war Schatzmeister einer Bruderschaft und Mitglied mehrerer Orden, bei einem sogar als ausgelöster Bruder, und das ist schwerlich mit dem Ruf eines Geizhalses in Einklang zu bringen. Es ist wahr, daß seine Wohltat nicht unbeachtet geblieben war: Die Bruderschaft, der er als Richter angehörte, ließ ein Ölgemälde von ihm anfertigen. Er war gewiß nicht vollkommen. So hatte er zum Beispiel den Hang, den Zeitungen Berichte über die eine oder die andere seiner Wohltaten zuzuschicken – eine tadelnswerte oder nicht lobenswerte Neigung, das gebe ich zu. Aber er entschuldigte sich damit, daß gute Taten ansteckend seien, wenn man sie an die Öffentlichkeit bringe, eine Begründung, der man einiges Gewicht nicht abstreiten kann. Ich glaube sogar, und hiermit spreche ich ihm das höchste Lob aus, daß er hin und wieder diese Wohltaten nur mit dem Ziel erwiesen hat, die Philantropie der anderen zu wecken. Und wenn das wirklich seine Absicht war, dann muß man gestehen, daß sich die Publizität in eine Bedingung sine qua non verwandelte. Kurz, er mochte einige Aufmerksamkeiten schuldig bleiben, aber er schuldete niemandem einen Real.

Kapitel 124
Geht als Intermezzo

Was liegt zwischen dem Leben und dem Tod? Eine kurze Brücke. Doch wenn ich dieses Kapitel nicht verfaßte, dann erlitte der Leser eine heftige Erschütterung, die der Wirkung des Buches ziemlich abträglich wäre. Von einem Gemälde zu einer Grabinschrift springen, das kann real und auch alltäglich sein. Der Leser sucht indessen Zuflucht beim Buch, um dem Leben zu entrinnen. Ich behaupte nicht, daß dies mein Gedankengang wäre. Ich sage lediglich, daß in ihm ein Fünkchen Wahrheit steckt und daß zumindest seine Form romantisch ist. Und ich wiederhole: Er ist nicht von mir.

Kapitel 125
Grabinschrift

Hier ruht
D. EULÁLIA DAMASCENA DE BRITO
gestorben
im Alter von neunzehn Jahren
Betet für sie!

Kapitel 126
Trostlosigkeit

Die Grabinschrift sagt alles. Sie drückt mehr aus, als ich euch über die Krankheit Nhã-lolós, über ihren Tod, die Verzweiflung der Familie und ihr Begräbnis mitteilen könnte. Nehmt zur Kenntnis, daß sie starb. Ich füge lediglich hinzu, daß sie der ersten Welle des Gelbfiebers zum Opfer fiel. Mehr sage ich nicht, nur noch, daß ich sie zur letzten Ruhestätte begleitete und mich von ihr traurig, aber ohne Tränen verabschiedete. Ich kam zu dem Schluß, daß ich sie vielleicht doch nicht wirklich geliebt hatte.

Seht nun, zu welchen Exzessen eine Unachtsamkeit führen kann. Die Blindheit der Epidemie schmerzte mich ein wenig, die, nach rechts und nach links den Tod säend, auch ein junges Mädchen hinwegraffte, das meine Frau werden sollte. Es gelang mir nicht, die Notwendigkeit dieser Seuche oder gar dieses Todes zu begreifen. Ich glaube sogar, daß er mir unsinniger schien als alle anderen Verluste. Quincas Borba erklärte mir jedoch, Epidemien seien der Spezies von Nutzen, obgleich sie für eine gewisse Anzahl von Individuen verhängnisvoll seien. Er wies mich darauf hin, daß, so grauenhaft das Schauspiel auch wäre, ihm doch ein gewichtiger Vorteil innewohne: das Überleben der Mehrheit. Er fragte mich sogar, ob ich inmitten der allgemeinen Trauer nicht ein geheimes Entzücken darüber empfände, den Fängen der

Pest entronnen zu sein. Aber diese Frage war so unsinnig, daß sie unbeantwortet blieb.

Da ich das Sterben nicht beschrieben habe, verzichte ich auch auf eine Schilderung der Messe, die am siebenten Tag zelebriert wurde. Damasceno war in tiefe Traurigkeit versunken. Dieser arme Mann glich einer Ruine. Vierzehn Tage darauf traf ich ihn wieder. Er war noch immer untröstlich und gestand mir, daß der große Schmerz, mit dem Gott ihn heimgesucht hatte, durch den verschlimmert wurde, den die Menschen ihm zufügten. Mehr sagte er nicht. Drei Wochen später kam er darauf zurück und vertraute mir an, daß er in dem Unglück, das nicht wiedergutzumachen sei, Trost aus der Anwesenheit seiner Freunde schöpfen wolle. Ganze zwölf Personen und drei Viertel der Freunde Cotrims waren dem Sarg seiner geliebten Tochter gefolgt, obgleich er achtzig Einladungen verschickt hatte. Ich gab zu bedenken, daß die Verluste so viele betroffen hatten, daß man diese offensichtliche Unhöflichkeit ohne weiteres entschuldigen könne. Damasceno schüttelte ungläubig und traurig den Kopf.

»Ach was!« ächzte er. »Sie haben mich im Stich gelassen.«

Darauf Cotrim, der ebenfalls anwesend war: »Gekommen sind jene, die wirklich Interesse an dir und an uns haben. Die achtzig wären nur der Form halber erschienen und hätten über die Trägheit der Regierung, die Allheilmittel der Apotheker, über Grundstückpreise oder übereinander gesprochen . . .«

Damasceno hörte schweigend zu, schüttelte wieder den Kopf und seufzte: »Sie hätten doch kommen sollen!«

Kapitel 127
Formalität

Es ist etwas Großartiges, vom Himmel ein Körnchen Weisheit mitbekommen zu haben, die Gabe, Beziehungen zwischen den Dingen zu entdecken, die Fähigkeit, sie miteinander zu vergleichen, und das Talent, Schlußfolgerungen zu ziehen! Ich erfreute mich dieser psychischen Auszeichnung, und ich bin dafür noch jetzt aus der Tiefe meines Grabes dankbar.

Tatsächlich hätte sich ein gewöhnlicher Mensch, der das letzte Wort Damascenos gehört hatte, nicht mehr daran erinnert, wenn er lange Zeit danach einen Kupferstich zu Gesicht bekommen hätte, auf dem sechs türkische Damen dargestellt waren. Aber ich entsann mich. Es handelte sich um sechs Frauen aus Konstantinopel, moderne Frauen, in Straßenkleidern, mit verhülltem Gesicht, nicht mit einem dicken Tuch, das sie wirklich unkenntlich machte, sondern mit einem ganz zarten Schleier, der vortäuschte, nur für die Augen durchlässig zu sein, in Wirklichkeit aber das ganze Gesicht durchscheinen ließ. Ich fand diese List der muselmanischen Gefallsucht entzückend, die auf eine solche Art das Antlitz verhüllt – und damit dem Brauch entspricht –, die es aber doch nicht verbirgt, sondern die Schönheit offenbart. Anscheinend besteht zwischen den türkischen Damen und Damasceno kein Unterschied. Wenn du aber einen tiefgründigen und durchdringenden Geist hast – und ich bezweifle sehr, daß du das abstreitest –, dann wirst du verstehen, daß sowohl in dem einen wie in dem anderen Falle das Ohr einer strengen und zugleich zärtlichen Gefährtin des sozialen Mannes sichtbar wird . . .

Geliebte Formalität, ja, du bist der Halt des Lebens, der Balsam der Herzen, die Vermittlerin unter den Menschen, das Band zwischen Erde und Himmel. Du trocknest die Tränen eines Vaters, und du erschleichst die Milde eines Propheten. Wenn der Schmerz einschläft und das Gewissen zur Ruhe kommt, wem, wenn nicht dir, ist diese ungeheure Wohltat zu verdanken? Die Wertschätzung, die den Hut auf dem Kopf übersteigt, hat der Seele nichts zu sagen. Aber die Gleichgültigkeit, die grüßt, hinterläßt bei ihr einen ergötzlichen Eindruck. Das liegt daran, daß im Gegensatz zu einer alten, unsinnigen Formel der Buchstabe nicht tötet, sondern

Leben verleiht. Der Geist ist Gegenstand von Kontroversen, Zweifeln, Interpretationen und demzufolge von Kampf und Tod. Darum sollst du leben, liebe Formalität, zur Beruhigung Damascenos und zum Ruhme Mohammeds.

Kapitel 128
In der Kammer

Und bedenkt wohl, daß ich das türkische Bildnis zwei Jahre nach der Äußerung Damascenos zu sehen bekam, und zwar in der Abgeordnetenkammer inmitten eines starken Stimmengewirrs, während ein Abgeordneter zur Bildung einer Haushaltskommission Stellung nahm. Ich war einer der Deputierten. Für den, der dieses Buch gelesen hat, erübrigt es sich, meine Befriedigung darüber besonders zu betonen, und für die anderen ist es ebenfalls unnütz. Ich war Abgeordneter und betrachtete, in meinen Sessel zurückgelehnt, den türkischen Stich. Ich saß zwischen einem Kollegen, der eine Anekdote zum besten gab, und einem anderen, der das Profil des Redners mit Bleistift auf den Rand eines Briefumschlages zeichnete. Der Sprecher war Lôbo Neves. Die Woge des Lebens hatte uns wie zwei Flaschen Schiffbrüchiger an denselben Strand gespült. Er bewahrte seinen Argwohn, und ich hätte weiter Gewissensbisse haben müssen. Ich verwende diese suspensive, zweifelhafte oder bedingende Form, um auszudrücken, daß ich tatsächlich nichts weiter als die Ambition, Minister zu werden, beibehalten hatte.

Kapitel 129
Ohne Gewissensbisse

Ich hatte keine Gewissensbisse. Hätte ich die geeigneten Apparate besessen, dann hätte ich diesem Buch eine Seite über Chemie beigefügt. Ich müßte den Gewissensbiß bis in seine einfachsten Bestandteile zerlegen, um positiv und überzeugend herauszubekommen, weshalb Achilles den Leichnam seines Gegners um Troja geschleift und warum Lady Macbeth ihren Blutfleck im Zimmer herumgetragen hat. Aber ich hatte weder chemische Apparate noch Gewissensbisse, ich war allein von dem Wunsch besessen, Staatsminister zu werden. Da ich jedoch dieses Kapitel beenden muß, erkläre ich, daß ich weder Achilles noch Lady Macbeth sein möchte und daß ich, um überhaupt etwas zu sein, Achilles vorziehe und lieber jubelnd den Leichnam als den Blutfleck herumschleppen würde. Man hört am Ende die inständigen Bitten des Priamos und erwirbt sich einen klangvollen militärischen und literarischen Namen. Ich vernahm aber nicht Priamos' Flehen, sondern die Rede Lôbo Neves', und ich empfand keine Gewissensbisse.

Kapitel 130
Ins Kapitel 129 einzufügen

Die erste Gelegenheit, nach der Präsidentschaft mit Virgília zu sprechen, ergab sich auf einem Tanzvergnügen im Jahre 1855. Sie trug ein prächtiges Kleid aus blauem Seidenrips und ließ das gleiche Schulterpaar wie früher sehen. Es strahlte nicht mehr die jugendliche Frische aus. Im Gegenteil. Aber es war noch immer anziehend, von einer herbstlichen Schönheit, die durch das nächtliche Dunkel hervorgerufen wurde. Ich erinnere mich noch, daß wir viel miteinander plauderten, ohne irgendwie die Vergangenheit zu berühren. Alles verstand sich von selbst. Eine weithergeholte, unbestimmte Redensart oder dann ein Blick, sonst nichts. Wenig später zog sie sich zurück. Ich sah sie die Treppe hinuntersteigen, und ich weiß nicht, durch welches Wunder zerebralen Bauchrednertums – die Philologen mögen mir diesen scheußlichen Ausdruck verzeihen – ich jenes abgründig retrospektive Wort murmelte: »Wundervoll!«

Es empfiehlt sich, dieses Kapitel zwischen dem ersten und dem zweiten Satz des Kapitels 129 einzufügen.

Kapitel 131
Von einer Verleumdung

Als ich, durch den bauchrednerischen Gehirnprozeß angeregt, das gesagt hatte – eine einfache Meinungsäußerung, aber kein Gewissensbiß –, da spürte ich, daß mir jemand die Hand auf die Schulter legte. Ich wandte mich um und erkannte einen ehemaligen Kameraden, einen Marineoffizier, der heiter und ein wenig lässig vor mir stand. Er lächelte boshaft und sagte zu mir: »Na, Herr Casanova, Erinnerungen an frühere Zeiten, was?«

»Es lebe die Vergangenheit!«

»Du hast deine Stellung natürlich zurückgewonnen.«

»Verschwinde, du Gauner!« rief ich und drohte ihm mit dem Finger.

Ich gestehe, daß dieser Dialog eine Indiskretion darstellte, vor allem die letzte Entgegnung, und ich gebe es mit um so größerem Vergnügen zu, als die Frauen allgemein in dem Ruf stehen, schwatzhaft zu sein. Ich möchte das Buch nicht beenden, ohne diesen Begriff, den sich der menschliche Geist gebildet hat, zu berichtigen. Was amouröse Abenteuer angeht, so habe ich Männer getroffen, die lächelten oder mühsam, kalt, einsilbig und so weiter abstritten, während ihre Partnerinnen sich nichts anmerken ließen und bei den heiligen Evangelien geschworen hätten, alles sei Verleumdung. Dieser Unterschied ist dadurch begründet, daß sich die Frau – das rettet die Hypothese aus dem Kapitel 101 und anderen – aus Liebe hingibt. Dabei kann es sich entweder um die Liebesleidenschaft Stendhals oder um die rein physische Liebe einiger römischer, polynesischer, lappländischer oder kafferländischer Damen oder um Frauen anderer zivilisierter Völker handeln. Aber der Mann – ich spreche vom

Angehörigen einer gebildeten und eleganten Gesellschaft – verbindet seine Eitelkeit mit einem anderen Gefühl. Außerdem – ich beziehe mich immer auf verbotene Fälle – glaubt die Frau, wenn sie einen anderen Mann liebt, sie verletze ihre Pflicht und müsse sich darum mit um so größerer Kunst verstellen und ihren Verrat verfeinern. Dagegen empfindet der Mann, wenn er spürt, daß er diese Übertretung verursacht und den anderen aus dem Felde geschlagen hat, echten Stolz und überläßt sich sogleich einem anderen, weniger rauhen und weniger geheimen Gefühl, dieser gutmütigen Albernheit, die die lichtvolle Transpiration des Verdienstes ist.

Aber ob meine Erklärung nun stimmt oder nicht, es reicht mir, sie für den Gebrauch der Jahrhunderte schriftlich auf dieser Seite niedergelegt zu haben. Die Indiskretion der Frauen ist ein Betrug, den die Männer ausgeheckt haben. Zumindest in der Liebe sind sie wahrhaftig wie ein Grab. Sie stürzen sich oft dadurch ins Verderben, daß sie unglücklich oder unruhig sind oder Gesten und Blicken nicht widerstehen können. Und deshalb gebrauchte eine große und feinsinnige Dame, die Königin von Navarra, an irgendeiner Stelle diese Metapher, um auszudrücken, daß sich jedes Liebesabenteuer früher oder später notgedrungen verraten müsse. »Es gibt kein noch so abgerichtetes Hündchen, das wir am Ende nicht doch bellen hörten.«

Kapitel 132
Was nicht seriös ist

Indem ich den Ausspruch der Königin von Navarra zitiere, fällt mir etwas ein. Wenn ein Angehöriger unseres Volkes einen anderen mißgestimmt sieht, pflegt er ihn zu fragen: »Mensch, wer hat dir denn deine Hündchen umgebracht?«, als erkundigte er sich: »Wer hat dir deine Liebe, deine geheimen Abenteuer und so weiter weggenommen?« Aber dieses Kapitel ist nicht seriös.

Kapitel 133

Das Prinzip von Helvétius

Wir waren dort stehengeblieben, wo der Marineoffizier mir das Bekenntnis zu dem Liebesverhältnis mit Virgília entriß, und hier berichtige ich das Helvétiussche Prinzip, oder aber, ich erkläre es. Ich war daran interessiert, zu schweigen. Den Verdacht über eine weit zurückliegende Angelegenheit zu bestätigen bedeutete, einen bereits überwundenen Haß neu zu schüren, einen Skandal heraufzubeschwören oder zumindest in den Ruf zu kommen, indiskret zu sein. Ich war bemüht, das zu verhindern. Und wenn man das Helvétiussche Prinzip nur oberflächlich versteht, dann ist es genau das, was getan werden mußte. Aber ich habe die Gründe für die männliche Indiskretion bereits dargelegt: Vor jenem Interesse an Sicherheit stand etwas anderes: der Stolz. Er ist vertrauter, unmittelbarer. Die erste Eigenschaft wirkte rückwärts und ließ einen frühen Schluß vermuten. Die zweite äußerte sich spontan und instinktiv und kam aus dem Inneren des Betreffenden. Und schließlich hatte die erste eine weit zurückliegende, die zweite eine bevorstehende Wirkung. Schlußfolgerung: Das Helvétiussche Prinzip bewahrheitet sich in meinem Fall; der Unterschied besteht lediglich darin, daß mein Interesse nicht scheinbar, sondern verborgen war.

Kapitel 134

Fünfzig Jahre

Ich habe es euch noch nicht verraten, aber ich sage es jetzt: Als Virgília die Treppe hinunterging und der Marineoffizier meine Schulter berührte, war ich fünfzig Jahre alt. Es war also mein eigenes Leben, das dort die Treppe hinabstieg, oder zumindest dessen bester Teil, ein Abschnitt voller Vergnügungen, voller Unruhe und Schrecken, eingehüllt in Verstellung und Duplizität, aber schließlich doch der beste, wenn wir uns in der gewöhnlichen Sprache ausdrücken müssen. Wenn wir uns jedoch einer anderen, vornehmeren bedienen, dann war der restliche Teil der beste, und ich werde die Ehre haben, es euch auf den noch verbleibenden Seiten dieses Buches vor Augen zu führen.

Fünfzig Jahre! Ich brauchte es gar nicht zu bekennen. Man spürt es bereits, daß mein Stil nicht mehr so wendig ist wie in den ersten Tagen. Ich gestehe, daß ich nach jenem Zusammentreffen, als das Gespräch mit dem Marineoffizier beendet war und er seinen Mantel übergeworfen und sich zurückgezogen hatte, etwas traurig gestimmt war. Ich kehrte in den Saal zurück und gedachte, eine Polka zu tanzen und mich an den Lichtern, den Blumen, den Spiegeln, den schönen Augen und dem gedämpften, flüchtigen Stimmengewirr, das sich aus den einzelnen Gesprächen zusammensetzte, zu berauschen. Und ich bereue es nicht, ich wurde jünger dabei. Aber was fand ich eine halbe Stunde später, als ich um vier Uhr morgens den Ball verließ, im Innern des Wagens? Meine fünfzig Lebensjahre. Dort hockten sie, die halsstarrigen, die von der Kälte weder lahm noch rheumatisch geworden waren, sondern aus Müdigkeit vor sich hin dämmerten und ein wenig begierig nach dem Bett und nach Ruhe verlangten. Dann – und seht, wie weit die Vorstellungskraft eines müden Menschen gehen kann – glaubte ich, die Stimme einer Fledermaus zu hören, die sich auf dem Verdeck niedergelassen hatte: Senhor Brás Cubas, Ihre zurückgekehrte Jugend war im Saal, in den Spiegeln, in den Lichtern, in der Seide und schließlich in den anderen.

Kapitel 135
»Oblivion«

Und jetzt spüre ich, daß eine Dame, wenn sie diesen Seiten gefolgt ist, das Buch zuklappt und die restlichen nicht mehr liest. Für sie ist das Interesse an meinem Leben dort erloschen, wo die Liebe aufhört. Fünfzig Jahre! Das bedeutet zwar noch nicht Invalidität, aber auch nicht mehr Frische. Weitere zehn Jahre mögen vergehen, dann werde ich begreifen, was ein Engländer geäußert hat, ich werde verstehen, »was es bedeutet, niemanden mehr zu finden, der sich an seine Eltern erinnert, und dem eigenen VERGESSENWERDEN ins Auge sehen zu müssen«.

Diese Bezeichnung steht in Versalien: OBLIVION! Es ist gerecht, daß man alle Ehrungen einer so verachteten und so würdigen Persönlichkeit, dem Tischgenossen der letzten Stunde, zukommen läßt, ganz bestimmt. Das weiß auch die Dame, die in der Morgenröte der gegenwärtigen Regierungszeit glänzte, und noch schmerzlicher jene, die ihre blühende Anmut unter der Regierung Paraná zur Schau stellte, weil sie dem Sieg näher ist und bereits spürt, daß andere ihr den Wagen weggenommen haben. Und wenn sie ihrer selbst würdig ist, dann besteht sie nicht darauf, die tote oder sterbende Erinnerung zu wecken. Im Blick von heute sucht sie nicht den gleichen Gruß des Blickes von gestern, als es noch andere waren, die den Lebensweg mit froher Seele und raschem Schritt antraten. Tempora mutantur. Sie versteht, daß dieser Wirbelwind so und nicht anders ist, daß er die Blätter des Waldes und die Fetzen des Weges ausnahmslos und ohne Pietät mit sich fortträgt. Und wenn sie über ein wenig Philosophie verfügte, würde sie jene, die ihr den Wagen gestohlen haben, nicht beneiden, sondern bedauern, weil auch sie vom Stallmeister OBLIVION abgeworfen werden müssen. Das ist ein Schauspiel, das den Planeten Saturn zerstreuen soll, der sehr verärgert seine Bahn zieht.

Kapitel 136
Nutzlosigkeit

Entweder irre ich mich gewaltig, oder ich habe eben ein nutzloses Kapitel niedergeschrieben.

Kapitel 137
Der Helm

Aber nein. Es faßt die Überlegungen zusammen, die ich Quincas Borba am nächsten Tag vortrug, und ich fügte neben tausend anderen traurigen Dingen hinzu, daß ich mich bedrückt fühlte. Aber dieser Philosoph, dem eine so überlegene Geisteskraft zu Gebote stand, schrie mich an, ich glitte den fatalen Hang der Melancholie hinab.

»Mein lieber Brás Cubas, laß dich von diesen Anwandlungen nicht unterkriegen. Teufel noch mal! Du mußt ein Mann sein! Mußt dich stark zeigen! Kämpfen! Siegen! Glänzen! Deinen Einfluß geltend machen, herrschen! Mit fünfzig Jahren ist man in dem Alter der Weisheit und der Macht. Mut, Brás Cubas, sei kein Schafskopf. Was hast du davon, von einem Zusammenbruch zum anderen oder von Blüte zu Blüte zu taumeln? Versuche, das Leben zu genießen, und sei dir stets bewußt, daß die schlechteste Philosophie die des Heulbruders ist, der sich am Ufer eines Flusses niederwirft, um den unaufhörlichen Lauf des Wassers zu beklagen, dessen Pflicht es ist, niemals stehenzubleiben. Versöhne dich mit dem Gesetz und versuche, es dir nutzbar zu machen.«

Gerade an den kleineren Dingen erkennt man, was die Autorität eines überragenden Philosophen wert ist. Quincas Borbas Worten wohnte die geheime Kraft inne, die moralische und die geistige Erstarrung, in der ich mich befand, von mir zu nehmen. Also los, regieren wir, es ist höchste Zeit dazu. Bis dahin hatte ich nicht in die großen Debatten eingegriffen. Ich warb um das Portefeuille mit Kratzfüßen, Teenachmittagen, Provisionen und mit meinen Stimmabgaben, aber es wollte sich nicht einstellen. Ich mußte mich also unbedingt der Rednertribüne bemächtigen.

Ich begann ganz langsam. Drei Tage darauf, als das Budget für das Rechtswesen diskutiert wurde, benutzte ich die Gelegenheit, den Minister sehr zurückhaltend zu fragen, ob er es nicht für nützlich erachte, den Helm der Nationalgarde zu verkleinern. Der Gegenstand meiner Frage war zwar nicht von großer Tragweite, bewies aber auch so, daß er nicht unwürdig war, von einem Staatsmann bedacht zu werden. Und ich zitierte Philopömen, der angeordnet hatte, die zu kleinen Schilde seiner Truppen durch größere und die zu leichten Lanzen durch schwerere zu ersetzen. Tatsache ist, daß die Geschichte nichts gefunden hat, was der Ernsthaftigkeit seiner Vorschläge widersprach. Die Größe unserer Helme verlangte eine tiefgreifende Änderung, nicht nur, weil sie jeglicher Eleganz entbehrten, sondern auch, weil sie gesundheitsschädigend waren. Bei den Paraden in praller Sonne könnte sich die übermäßige Hitze, die sie erzeugten, verhängnisvoll auswirken. Da Hippokrates bekanntlich unter anderem gefordert hatte, den Kopf frisch zu halten, erschien es als grausam, einen Bürger nur wegen der Wahrung der Uniformvorschriften zu verpflichten, die Gesundheit, das Leben und folglich die Zukunft seiner Familie aufs Spiel zu setzen. Die Kammer und die Regierung sollten sich erinnern, daß die Nationalgarde Freiheit und Unabhängigkeit schützte und daß der Bürger, der zu einem unentgeltlichen, regelmäßigen und anstrengenden Dienst berufen wurde, das Recht hatte, die Belastung zu verringern und sich eine leichte und bequeme Uniform verordnen zu lassen. Ich fügte hinzu, der Helm drücke durch sein Gewicht den Kopf der Leute nieder, doch das Vaterland brauche Männer, deren Stirn sich selbstbewußt und gelassen vor der Staatsmacht erheben könne. Ich schloß mit dem Gedanken: Die Trauerweide, die ihre Zweige zur Erde senkt, ist ein Baum für den

Friedhof. Die Palme dagegen steht aufrecht und fest und schmückt Wüsten, Plätze und Gärten.

Der Eindruck, den diese Rede hinterließ, war unterschiedlich. Was die Form, die beredte Verzückung und den literarischen und philosophischen Teil anbetraf, so war man einer Meinung. Alle erklärten mir, sie sei vollkommen gewesen und keiner sonst hätte es fertiggebracht, mit einem Helm zu so vielen Gedanken anzuregen. Aber den politischen Teil sahen manche als erbärmlich an. Einige hielten meine Rede für eine parlamentarische Katastrophe. Schließlich wurde mir hinterbracht, daß andere mich bereits zur Opposition rechneten, zu der noch die Angehörigen dieser Fraktion in der Kammer zu zählen waren, die es sogar für angemessen hielten, einen Mißtrauensantrag zu stellen. Ich verwahrte mich entschieden gegen eine solche Interpretation, die nicht nur falsch, sondern geradezu verleumderisch war, besonders angesichts der Offenkundigkeit, mit der ich das Kabinett unterstützte. Ich fügte hinzu, es sei nicht so dringend notwendig, den Helm zu verkleinern; daß diese Angelegenheit nicht noch einige Jahre ruhen könnte; und ich wolle auf jeden Fall über das Ausmaß der Verkleinerung mit mir reden lassen und mit einem dreiviertel Zoll oder auch weniger zufrieden sein. Und selbst wenn mein Vorschlag abgelehnt werden sollte, würde es mir schon genügen, ihn dem Parlament erstmalig unterbreitet zu haben.

Quincas Borba machte indessen keine Vorbehalte geltend. »Ich bin kein Politiker«, sagte er beim Essen zu mir. »Ich weiß nicht, ob dein Verhalten gut oder schlecht war. Aber ich bin überzeugt, daß du eine glänzende Rede gehalten hast.« Und dann kam er noch einmal auf die hervorragenden Argumente zu sprechen und lobte alles mit jener bescheidenen Zurückhaltung, die einem großen Philosophen so gut zu Gesichte steht. Anschließend setzte er sich selbst für die Sache ein und verwarf den Helm mit einem solchen Kraftaufwand und einer solchen Bestimmtheit, daß er mich tatsächlich von dessen Gefährlichkeit überzeugte.

Kapitel 138
An einen Kritiker

Mein lieber Kritiker,
als ich einige Seiten zuvor über meine fünfzig Lebensjahre schrieb, fügte ich hinzu: »Man spürt bereits, daß mein Stil nicht mehr so wendig ist wie in den ersten Tagen.« Vielleicht empfindest du diesen Satz als unverständlich, da mein jetziger Zustand ja bekannt ist, aber ich mache dich auf die Feinheit jenes Gedankenganges aufmerksam. Ich will damit nicht sagen, daß ich jetzt älter wäre als zu dem Zeitpunkt, da ich das Buch begann. Als Toter altert man nicht. Ich möchte jedoch zum Ausdruck bringen, daß ich in jeder Phase der Darstellung meines Lebens noch einmal das Entsprechende empfinde. Gott steh mir bei, man muß alles erklären!

Kapitel 139
Wie ich Staatsminister wurde

. . . .
. . . .
. . . .
. . . .

Kapitel 140
Welches das vorhergehende erklärt

Es gibt Dinge, die man lieber schweigend mitteilt; dazu gehört der Gegenstand des vorigen Kapitels. Ambitiöse Gescheiterte werden es verstehen. Wenn, wie einige behaupten, die Leidenschaft, Macht zu besitzen, die stärkste von allen ist, könnt ihr euch meine Enttäuschung, den Schmerz und die Niedergeschlagenheit vorstellen, die sich meiner an dem Tage bemächtigten, da ich meinen Sitz in der Abgeordnetenkammer verlor. Alle meine Hoffnungen waren dahin, meine politische Karriere hatte ihr Ende gefunden. Und denkt nur, Quincas Borba gelangte durch philosophische Induktionen zu der Auffassung, daß mein Ehrgeiz nicht ein wirklich leidenschaftlicher Drang zur Macht, sondern eine Grille gewesen sei und der Wunsch, mich zu zerstreuen. Dieses Gefühl sitzt seiner Meinung nach nicht tiefer als das andere. Es bereitet aber sehr viel mehr Verdruß, weil es mit der Vorliebe der Frauen für Spitzen und Frisuren verwandt ist. »Ein Cromwell oder ein Bonaparte«, fügte er hinzu, »wurde aus ebendiesem Grunde von der Leidenschaft, Macht zu besitzen, innerlich verbrannt, und sie erlangten sie durch Anwendung sanfter Gewalt oder dadurch, daß sie die rechte oder die linke Stufenleiter benutzten.« Aber meine Empfindungen seien anders, und da ihnen nicht die gleiche Kraft innewohne, beflügle sie auch nicht die gleiche Gewißheit des Erfolgs. Daher der größere Schmerz, die um so bitterere Enttäuschung, die tiefere Traurigkeit. Mein Gefühl sei nach dem Humanitismus ...

»Geh zum Teufel mit deinem Humanitismus«, unterbrach ich ihn. »Ich habe genug von Philosophien, die mich nicht voranbringen.«

Die Schroffheit, mit der ich ihn unterbrach, grenzte an Unverschämtheit, zumal da es sich um einen bedeutenden Philosophen handelte. Aber er selbst entschuldigte die Erregung, mit der ich ihn angefahren hatte. Man brachte uns Kaffee. Es war ein Uhr nachmittags, wir saßen in meinem Studierzimmer, einem schönen Raum, der im Inneren des Landhauses gelegen war. Gute Bücher, Kunstgegenstände, darunter ein Voltaire aus Bronze, der mich in diesem Augenblick noch sarkastischer anzulächeln schien, dieser Gauner. Prächtige Sessel, draußen die Sonne, eine große Sonne, die Quincas Borba, ich weiß nicht, ob spöttisch oder poetisch, einen der Minister der Natur nannte. Ein frischer Wind wehte, der Himmel war blau. An jedem Fenster – es waren insgesamt drei – hing ein Käfig mit Vögeln, die ihre ländlichen Opern zwitscherten. Alles mutete wie eine Verschwörung der Dinge gegen den Menschen an; und obgleich ich in meinem Zimmer war, mein Landhaus ansah, in meinem Sessel saß und meinen Vögeln zuhörte, neben meinen Büchern und von meiner Sonne angestrahlt, gelang es mir nicht, mich von der Sehnsucht nach jenem anderen Sessel zu befreien, der nicht der meine war.

Kapitel 141
Die Hunde

»Aber was gedenkst du jetzt zu tun?« fragte mich Quincas Borba und stellte die geleerte Tasse auf das Fensterbrett.

»Ich weiß nicht. Ich werde mich nach Tijuca zurückziehen, um den Menschen zu entfliehen. Ich schäme mich und bin unglücklich. So viele Träume, mein lieber Borba, so viele Träume, und ich bin nichts.«

»Nichts!« unterbrach mich Quincas Borba entrüstet.

Um mich abzulenken, lud er mich zu einem Spaziergang ein. Wir wanderten in Richtung Engenho Velho und philosophierten. Ich werde nie vergessen, wie wohltuend diese Promenade war. Das Wort jenes großen Mannes belebte die Kraft der Erkenntnis. Er erklärte mir, daß ich dem Kampf nicht entrinnen könne. Wenn man mir die Rednertribüne verschließe, müsse ich eine Zeitung herausgeben. Und dann gebrauchte er eine weniger vornehme Wendung und zeigte damit, daß die Sprache der Philosophen auch hier und da aus dem Jargon des Volkes neue Kraft schöpfen kann.

»Gründe eine Zeitung und hau die ganze Bande zusammen«, riet er mir.

»Eine ausgezeichnete Idee! Ich werde eine Zeitung herausgeben und sie zum Schweigen bringen, ich werde ...«

»Kämpfen. Ob du ihnen den Mund stopfst oder nicht, Hauptsache, du kämpfst. Das Leben ist Kampf. Ein Leben ohne Kampf ist ein totes Meer inmitten des Weltorganismus.«

Kurz darauf erlebten wir einen Streit zwischen zwei Hunden, was in den Augen eines gewöhnlichen Menschen belanglos gewesen wäre, Quincas Borba forderte mich auf, stehenzubleiben und die beiden Hunde zu beobachten. Er hatte entdeckt, daß zwischen ihnen ein Knochen lag, um den sie kämpften, und er versäumte nicht, mich aufmerksam zu machen, daß kein Fleisch an dem Knochen war. Ein einfacher nackter Knochen. Die Hunde bissen sich, knurrten und funkelten wütend mit den Augen... Quincas Borba klemmte seinen Spazierstock unter den Arm und schien in Ekstase zu geraten.

»Das ist ja prächtig!« rief er hin und wieder aus.

Ich wollte ihn fortziehen, aber es gelang mir nicht. Er stand wie angewachsen und ging erst weiter, als der Kampf beendet war und einer der Hunde völlig zerbissen und besiegt seinen Hunger anderswohin schleppte. Ich bemerkte, daß er wirklich froh war, obgleich er seine Freude verbarg, wie es sich für einen großen Philosophen gehörte. Er wies mich auf die Schönheit des Schauspiels hin, erinnerte an das Streitobjekt und schloß mit der Feststellung, daß die Hunde hungrig gewesen seien. Aber der Mangel an Nahrung bedeutete nichts für die allgemeinen Ergebnisse der Philosophie. Er versäumte nicht, daran zu erinnern, daß in einigen Teilen der Erde dieses Schauspiel viel überwältigender sei: Dort machten die menschlichen Wesen den Hunden die Knochen und andere, weniger begehrenswerte Nahrungsmittel streitig. Dieser Kampf kompliziere sich außerordentlich, weil dabei die menschliche Intelligenz mit all ihrer in Jahrhunderten aufgespeicherten Verschlagenheit in Aktion trete, und so weiter.

Kapitel 142

Die geheime Bitte

So viele Dinge in einem Menuett! wie der andere sagte. So viele Gedanken zu einem Streit zweier Hunde! Aber ich war kein unterwürfiger oder furchtsamer Schüler, der die eine oder die andere passende Bemerkung unterlassen hätte. Während wir unseren Weg fortsetzten, meldete ich einen Zweifel an und erklärte ihm, ich sei nicht von dem Vorteil überzeugt, den ein Kampf um Nahrung mit den Hunden bringen sollte. Er antwortete ungewöhnllich nachsichtig: »Sie den Menschen streitig zu machen ist logischer, weil die Gegner gleich geartet sind und der Stärkste den Knochen für sich erbeutet. Aber warum sollte es kein großartiges Schauspiel sein, mit den Hunden um ihn zu kämpfen? Freiwillig ißt man Heuschrecken wie Johannes der Täufer oder noch Schlimmeres wie Hesekiel. Daraus folgt, daß auch das Minderwertige genießbar ist. Man muß dann nur noch wissen, ob es der Würde des Menschen mehr entspricht, aus einem natürlichen Bedürfnis heraus darum zu streiten, oder es zu bevorzugen, um einer religiösen Begeisterung nachzugeben. Diese verändert sich, aber der Hunger währt ewig wie das Leben und der Tod.«

Wir waren an meiner Haustür angelangt. Ich erhielt einen Brief, der, wie man mir sagte, von einer Dame kam. Wir gingen hinein, und Quincas Borba studierte mit der einem Philosophen eigenen Diskretion die Buchrücken in einem Regal, während ich den Brief las, den Virgília geschrieben hatte.

Mein guter Freund,

Dona Plácida geht es sehr schlecht. Ich bitte Dich, etwas für sie zu tun. Sie wohnt im Gäßchen der Escadinhas. Versuche, ob Du sie im Spital der Inneren Mission unterbringen kannst.

Deine aufrichtige Freundin

V

Es war nicht die feine und korrekte Handschrift Virgílias, sondern eine grobe und ungleichmäßige. Das V der Unterschrift konnte man kaum mehr als ein Gekritzel nennen, aus dem wie unbeabsichtigt ein Buchstabe des Alphabets geworden war. So erwies es sich als sehr schwierig, vom Äußeren des Briefes auf seinen Absender zu schließen. Ich drehte das Stück Papier hin und her. Arme Dona Plácida! Aber ich hatte ihr doch die fünf Contos vom Strand von Botafogo gegeben und konnte nun wirklich nicht begreifen, daß . . .

»Du wirst es verstehen«, sagte Quincas Borba und nahm ein Buch aus dem Regal.

»Was denn?« fragte ich überrascht.

»Du wirst verstehen, daß ich dir nur die Wahrheit sage. Pascal ist einer meiner geistigen Vorfahren, und obgleich meine Philosophie wertvoller ist als seine, kann ich nicht leugnen, daß er ein großer Mann war. Also, was sagt er hier auf dieser Seite?« Er hatte den Hut aufgesetzt, den Spazierstock unter den Arm geklemmt und tippte nun mit dem Finger auf die Stelle. »Was sagt er? Er erklärt, daß der Mensch gegenüber der übrigen Welt im Vorteil ist: Er weiß, daß er sterben wird, was dem übrigen Universum absolut unbekannt bleibt. Siehst du? Der Mensch, der mit einem Hund um den Knochen streitet, hat dem Tier gegenüber also den ungeheuren Vorteil, zu wissen, daß er Hunger hat. Und das macht den Kampf so großartig, wie ich sagte. Er weiß, daß er sterben wird – eine tiefsinnige Formulierung. Ich glaube aber, daß meine Definition noch tiefer ist: Er weiß, daß er Hunger hat. Die Tatsache des Todes schränkt nämlich, um es einmal so auszudrücken, das menschliche Verständnis ein. Das Bewußtsein des Verlöschens dauert nur einen kurzen Augenblick und endet dann ein für allemal, während der Hunger den Vorteil hat, wiederzukehren und den Zustand des bewußten Erlebens zu verlängern. Mir scheint – falls darin nicht ein wenig Unbescheidenheit mitschwingt –, daß die Pascalsche Formel der meinen unterlegen ist, ohne daß sie damit aufhört, ein genialer Gedanke zu sein. Und ebensowenig soll in Abrede gestellt werden, daß Pascal ein überragender Mensch war.«

Kapitel 143
Ich gehe nicht hin

Während er das Buch wieder in das Regal schob, las ich den Brief noch einmal. Beim Essen bemerkte er, daß ich wenig sprach, nur kaute und nichts hinunterschluckte und in eine Ecke des Raumes, auf das Ende des Tisches, auf einen Teller, einen Stuhl oder eine unsichtbare Fliege starrte. »Du hast doch etwas. Ich wette, es hängt mit dem Brief zusammen.«

Das stimmte. Ich fühlte mich durch Virgílias Bitte tatsächlich angewidert und belästigt. Ich hatte Dona Plácida doch fünf Contos de Réis geschenkt, und ich bezweifle sehr, daß sich jemand großzügiger oder überhaupt so freigebig gezeigt hätte wie ich. Fünf Contos! Und was hatte sie mit dem Geld getan? Natürlich aus dem Fenster geworfen, es auf rauschenden Festen verpraßt. Jetzt wendet sie sich an die Innere Mission, und ich soll sie hinbringen! Es stirbt sich doch überall gleich. Hinzu kommt, daß ich nicht wußte oder mich nicht erinnerte, wo jenes Gäßchen der Escadinhas war. Dem Namen nach schien es ein enger und düsterer Winkel der Stadt zu sein. Dorthin sollte ich gehen, die Aufmerksamkeit der Nachbarn erregen, an die Tür klopfen, und so weiter. Wie unangenehm! Ich gehe nicht hin.

Kapitel 144
Relative Nützlichkeit

Aber die Nacht, die eine gute Ratgeberin ist, meinte, die Höflichkeit erfordere, die Wünsche meiner früheren Geliebten zu erfüllen.

»Fällige Wechsel, man muß sie einlösen«, sagte ich, als ich mich erhob.

Nach dem Frühstück suchte ich Dona Plácida auf. Ich fand ein in Lumpen gewickeltes Bündel Knochen, das auf einer alten, ekelerregenden Pritsche ausgestreckt lag. Ich gab ihr etwas Geld und ließ sie am folgenden Tag in das Spital der Inneren Mission bringen, wo sie eine Woche darauf starb. Das stimmt nicht: Sie erwachte tot. So heimlich, wie sie ins Leben getreten war, verließ sie es wieder. Wie im Kapitel 75, so fragte ich mich auch jetzt, ob der Küster der Kathedrale und die Arbeiterin sie dafür in einem Moment besonderer Sympathie in die Welt gesetzt hatten. Aber mir wurde sofort klar, daß ich mein Liebesverhältnis mit Virgília ohne Dona Plácida vielleicht im Zorn unterbrochen oder gar auf der Stelle beendet hätte. Und darin lag eben die Nützlichkeit von Dona Plácidas Leben. Eine relative Nützlichkeit, zugegeben, aber was zum Teufel ist absolut in dieser Welt?

Kapitel 145
Einfache Wiederholung

Was die fünf Contos anbetrifft, so lohnt es eigentlich gar nicht zu berichten, daß ein Steinmetz aus der Nachbarschaft Dona Plácida gegenüber den Verliebten gespielt hat. Es gelang ihm, ihre Gefühle oder ihre Eitelkeit zu wecken und sich mit ihr zu verheiraten. Nach einigen Monaten täuschte er irgendein Geschäft vor, verkaufte die Policen und machte sich mit dem Geld auf und davon. Aber es lohnt wirklich nicht. Dieser Fall gleicht dem der Hunde von Quincas Borba. Die einfache Wiederholung eines Kapitels.

Kapitel 146
Das Programm

Die Gründung der Zeitung war dringend erforderlich. Ich redigierte das Programm über die Anwendung des Humanitismus auf die Politik. Nur weil Quincas Borba sein Buch, das er von Jahr zu Jahr vervollkommnete, noch nicht veröffentlicht hatte, entschieden wir, ihm keine Referenz zu erweisen. Er verlangte lediglich eine zurückhaltende autographische Erklärung, daß einige neue, auf die Politik angewandte Grundsätze seinem noch unveröffentlichten Werk entnommen seien.

Es war eine erlesene Blüte unter den Programmen, es versprach, die Gesellschaft in Ordnung zu bringen, Unsitten abzuschaffen und die heiligen Prinzipien der Freiheit und der Selbsterhaltung zu verteidigen. Es appellierte an den Handel und die Landwirtschaft, zitierte Guizot und Ledru-Rollin und schloß mit der Drohung, von der Quincas Borba meinte, sie sei belanglos und zu sehr ortsgebunden: »Die neue Lehre, die wir verkünden, muß unweigerlich das gegenwärtige Ministerium zu Fall bringen.« Ich gestehe, daß mir das Programm unter den damaligen politischen Bedingungen wie ein Meisterstück vorkam. Ich bewies Quincas Borba, daß die Drohung am Schluß, die er als bedeutungslos abgetan hatte, voll von reinstem Humanitismus war, was er später auch selber zugab. Der Humanitismus schloß also nichts aus. Die Kriege Napoleons und ein Streit zwischen Ziegen waren nach unserer Doktrin gleichermaßen erhaben, allerdings mit einem Unterschied: Die Soldaten des Korsen wußten, daß sie sterben mußten, eine Kenntnis, die den Ziegen offensichtlich abgeht. Ich tat nun nichts weiter, als unsere philosophische Formel auf die gegebenen Umstände anzuwenden: Die Humanitas wollte, der Humanitas zum Trost, die Humanitas ersetzen.

»Du bist mein lieber Schüler, mein Kalif«, rief Quincas Borba mit einer Zärtlichkeit in der Stimme, die ich bis dahin nie vernommen hatte. »Wie der große Mohammed kann ich sagen: Selbst wenn Sonne und Mond sich gegen mich wenden sollten, würde ich meinen Ideen nicht abschwören. Du kannst mir glauben, mein lieber Brás Cubas, daß dies die ewige Wahrheit ist, die vor allen Welten gestanden hat und die die Jahrhunderte überdauern wird.«

Kapitel 147
Der Unsinn

Ich gab sofort eine vertrauliche Mitteilung an die Presse, daß wahrscheinlich in einigen Wochen eine oppositionelle, von Doktor Brás Cubas geleitete Zeitung erscheinen werde. Quincas Borba, dem ich diese Ankündigung vorlas, ergriff eine Feder und schrieb in wahrhaft humanistischer Brüderlichkeit hinter meinen Namen: ». . . einem der glorreichsten Mitglieder der letzten Abgeordnetenkammer.«

Am folgenden Tag kam Cotrim zu mir. Er war ein wenig verwirrt, aber er verstellte sich und täuschte Ausgeglichenheit und sogar Freude vor. Er hatte die Ankündigung der Zeitung gelesen und fühlte sich als Freund und Verwandter verpflichtet, mir von diesem Vorhaben abzuraten. Es sei ein Irrtum, und zwar ein sehr fataler. Er führte mir vor Augen, daß ich mich in eine schwierige Lage hineinmanövrierte und mir in gewisser Hinsicht selbst den Eintritt ins Parlament versperrte. Das Ministerium erscheine nicht nur ihm hervorragend, aber dieser Meinung brauchte ich mich durchaus nicht anzuschließen. Es werde mit Sicherheit noch lange bestehen, und was könne ich schon gewinnen, wenn ich mich mit ihm verfeindete? Er wisse, daß ich einige Minister für mich gewonnen hätte, und es sei immerhin möglich, daß ein Sitz frei werde, und . . . Hier unterbrach ich ihn, um ihm klarzumachen, daß ich mir diesen Schritt weidlich überlegt habe und nicht eine Zeile zurücknehmen könne. Ich schlug ihm sogar vor, das Programm zu lesen, aber er lehnte entschieden ab und erklärte, er wolle sich nicht im mindestens an diesem Unsinn beteiligen.

»Es ist wirklich Unsinn«, wiederholte er. »Denk noch einige Tage darüber nach, und du wirst sehen, daß du auf dem falschen Wege bist.«

Das gleiche bekam ich abends im Theater von Sabina zu hören. Sie ließ ihre Tochter und Cotrim in der Loge und ging mit mir ins Foyer.

»Brás, Brüderchen, was hast du vor?« fragte sie mich bekümmert. »Wie kommst du nur darauf, die Regierung ohne triftigen Grund zu provozieren, wo du doch die Möglichkeit hättest . . .«

Ich erklärte ihr, daß es meiner unwürdig sei, um einen Sitz im Parlament zu betteln, da es mir der gegenwärtigen Situation nicht gewachsen scheine – und die gewisse philosophische Formel. Ich versicherte ihr, daß ich mich immer einer höflichen, jedoch unnachsichtigen Sprache bedienen wolle. Die Gewalt sei kein Gewürz nach meinem Geschmack. Sabina schlug sich mit dem Fächer auf die Fingerspitzen, schüttelte den Kopf und kam auf ihr Anliegen abwechselnd mit bittender und drohender Miene zurück. Ich sagte nein, nein und nochmals nein. Enttäuscht schleuderte sie mir entgegen, daß mir die Ratschläge von Fremden und Neidern mehr bedeuteten als ihre und die ihres Mannes. »Tu, was du für richtig hältst«, schloß sie.

»Wir haben jedenfalls unsere Pflicht erfüllt.«

Sie wandte sich ab und kehrte in die Loge zurück.

Kapitel 148
Das unlösbare Problem

Ich brachte die Zeitung heraus. Vierundzwanzig Stunden danach erschien in anderen Blättern eine Erklärung Cotrims, in der er im wesentlichen folgendes zum Ausdruck brachte: Obgleich er keiner der Parteien angehöre, die sich in unserem Vaterland gebildet hätten, halte er es für erforderlich, klarzustellen, daß er weder unmittelbaren noch mittelbaren Einfluß auf die Zeitung seines Schwagers Doktor Brás Cubas ausübe, dessen Gedanken und dessen politisches Wirken er ganz und gar ablehne. Das derzeitige Ministerium, wie übrigens jedes beliebige andere, dem gleiche Kapazitäten angehörten, schien ihm berufen, das Glück der Allgemeinheit zu fördern.

Lange wollte ich meinen Augen nicht trauen. Ich rieb sie einmal und ein zweites Mal und wandte mich dann wieder der unangebrachten, ungewöhnlichen und rätselhaften Erklärung zu. Wenn ihn die Parteien nichts angingen, was kümmerte ihn dann ein so alltägliches Ereignis wie die Herausgabe eines Blattes? Nicht alle Bürger, die das Ministerium für gut oder schlecht halten, veröffentlichen solche Stellungnahmen in der Presse und sind auch gar nicht dazu verpflichtet. Das Eingreifen Cotrims in diese Angelegenheit war tatsächlich nicht weniger geheimnisvoll als sein persönlicher Angriff. Unsere Beziehungen waren bis dahin natürlich und wohlwollend gewesen. Seit der Versöhnung hatte es keine Meinungsverschiedenheit, keinen Schatten, nichts dergleichen gegeben. Im Gegenteil, wir erwiesen uns echte Gefälligkeiten. So gelang es mir zum Beispiel, ihm als Abgeordneten Aufträge für Lieferungen an das Marinearsenal zu beschaffen, die er mir größter Pünktlichkeit abwickelte und von denen er mit einige Wochen vorher gesagt hatte, sie würden ihm in drei Jahren etwa zweihundert Contos einbringen. War denn die Erinnerung an diese einzigartige Hilfeleistung nicht stark genug, ihn zu hindern, seinen Schwager öffentlich zu beschimpfen? Diese Erklärung mußte einen schwerwiegenden Grund haben, der ihn veranlaßte, zugleich beleidigend und undankbar zu sein. Ich bekenne, es war ein unlösbares Problem . . .

Kapitel 149
Theorie von der Wohltat

... So unlösbar, daß ihm selbst Quincas Borba nicht auf die Spur kam, obgleich er es lange und eifrig studiert hatte. »Also ade!« schloß er. »Nicht alle Probleme sind es wert, daß man ihnen fünf Minuten Aufmerksamkeit schenkt.«

Den Vorwurf der Undankbarkeit lehnte Quincas Borba rundweg ab, nicht, weil er unwahrscheinlich, sondern weil er unsinnig war und nicht den Schlußfolgerungen einer guten humanistischen Philosophie entsprach.

»Eins kannst du nicht abstreiten«, sagte er, »das Vergnügen des Wohltäters ist immer größer als das des Empfangenden. Was ist die Wohltat? Eine Handlung, die einen gewissen Mangel bei dem Empfangenden beseitigt. Wenn sich diese Hauptwirkung erst einmal eingestellt hat, das heißt, wenn dem Mangel abgeholfen ist, dann kehrt der Organismus zu seinem früheren indifferenten Zustand zurück. Nimm einmal an, du hättest deinen Hosenbund zu eng geschnürt. Um die Unbequemlichkeit zu beseitigen, knöpfst du ihn auf, atmest durch, genießt einen Augenblick die Erleichterung, dein Organismus wird wieder indifferent, und du erinnerst dich bereits nicht mehr deiner Finger, die die Tat vollbracht haben. Da nichts beständig ist, erweist es sich als natürlich, daß sich die Erinnerung auflöst, denn sie ist keine Luftpflanze, sie braucht den Boden. Die Hoffnung auf weitere Wohltaten, das ist sicher, läßt den Empfangenden immer an die erste denken. Aber dieses Phänomen, übrigens eins der erhabensten, das die Philosophie auf ihrem Weg entdecken kann, erklärt sich aus der Erinnerung an die Entbehrung oder, auf eine andere Formel gebracht, aus dem Mangel, der im Gedächtnis fortdauert. Es reproduziert den erlittenen Schmerz und rät, als Vorsichtsmaßnahme ein geeignetes Mittel anzuwenden. Ich will damit nicht sagen, daß es, von dieser Sachlage einmal abgesehen, nicht auch mitunter vorkommt, daß die Erinnerung an eine Wohltat fortdauert und von einer gewissen, mehr oder weniger starken Zuneigung begleitet ist. Doch dabei handelt es sich um echte Ausnahmefälle, die in den Augen eines Philosophen ohne jeden Wert sind.«

»Aber«, entgegnete ich, »wenn es keinen Anlaß gibt, daß die Erinnerung an die Wohltat bei dem Empfangenden bleibt, dann dauert sie doch um so weniger im Hinblick auf den Wohltäter an. Bitte, erkläre mir diesen Widerspruch.«

»Was seiner Natur nach schon offenkundig ist, das braucht man nicht zu erklären«, versetzte Quincas Borba. »Aber ich will etwas hinzufügen. Das Fortbestehen einer wohltätigen Handlung in der Erinnerung dessen, der sie vollbracht hat, ergibt sich aus ihrem eigenen Wesen und aus ihren Wirkungen. Zunächst entsteht das Gefühl, Gutes getan zu haben, woraus sich das Bewußtsein ableitet, daß wir zu guten Taten fähig sind. Zum anderen gewinnt man die Überzeugung, standesgemäß und auch in seinen Möglichkeiten einem anderen Geschöpf überlegen zu sein. Und das gehört nach der Meinung der hervorragendsten Denker berechtigt zum Allerangenehmsten des menschlichen Organismus. Erasmus, der in seinem ›Lob der Torheit‹ einige gute Gedanken entwickelt hat, machte auf das Wohlwollen aufmerksam, mit dem zwei Esel einander schubben. Ich bin weit davon entfernt, diese Beobachtung des Erasmus zurückzuweisen. Aber ich füge hinzu, was er nicht ausgesprochen hat, daß nämlich die Augen des Esels, der den anderen besser schubbt, einen besonderen Glanz der Befriedigung ausstrahlen müssen. Tritt nicht eine schöne Frau öfter vor den Spiegel, weil sie sich schön findet und weil ihr das eine gewisse Überlegenheit über eine Vielzahl anderer verleiht, die weniger hübsch oder gar absolut häßlich sind? Mit dem Bewußtsein verhält es sich ebenso. Sie betrachtet sich immer und immer wieder, wenn sie sich reizend findet. Selbst Gewissensbisse sind nichts anderes als die Grimasse eines Bewußtseins, das sich als scheußlich erkennt. Und vergiß nicht, daß alles eine einfache Ausstrahlung der Humanitas ist und deshalb die Wohltat und ihre Wirkungen bewundernswerte Phänomene sind.«

Kapitel 150
Rotation und Translation

In jedem Unternehmen gibt es Zuneigung und Alter, einen vollständigen Zyklus des menschlichen Lebens. Die erste Ausgabe der Zeitung erfüllte mein Herz mit strahlender Morgenröte, erweckte in mir jugendliche Empfindungen und gab mir meine frühere Heiterkeit wieder. Sechs Monate später schlug die Stunde des Alters, und zwei Wochen darauf die des Todes, der so heimlich wie Dona Plácidas Tod kam. An dem Tage, an dem das Blatt das Zeitliche segnete, atmete ich auf wie ein Mann, der einen langen Weg hinter sich hat. Wenn ich also sage, daß das menschliche Leben aus sich selbst heraus andere mehr oder minder kurze Leben ernährt wie der menschliche Körper seine Parasiten, so glaube ich, nicht etwas völlig Unsinniges ausgesprochen zu haben. Um aber dieses weniger klare und adäquate Bild nicht der Gefahr der Unverständlichkeit auszusetzen, ziehe ich einen astronomischen Vergleich vor: Der Mensch führt rund um das große Mysterium eine zweifache Bewegung der Rotation und der Translation aus. Seine Tage sind ungleich wie die des Jupiter, und aus ihnen setzt sich sein mehr oder weniger langes Jahr zusammen.

In dem Augenblick, da ich meine Rotationsbewegung beendete, hörte auch die translatorische Bewegung Lôbo Neves' auf. Er starb mit einem Fuß auf der Leiter zum Ministerium. Zumindest lief einige Wochen lang das Gerücht um, daß er Minister werden solle, und da es mich erbitterte und neidisch machte, ist es nicht ausgeschlossen, daß die Nachricht von seinem Tode in mir eine gewisse Ruhe, Erleichterung und sogar zwei oder drei Minuten Freude hervorrief.

Freude bedeutet hier sehr viel, aber es ist die Wahrheit. Ich schwöre der Ewigkeit, daß es die reine Wahrheit ist.

Ich ging zur Beerdigung. Im Totenzimmer traf ich Virgília, die neben dem Sarg stand und schluchzte. Als sie den Kopf hob, sah ich, daß sie wirklich weinte. Sobald sich der Leichenzug in Bewegung setzte, klammerte sie sich verzweifelt an den Sarg. Man zog sie fort und brachte sie ins Haus. Ich versichere euch, daß ihre Tränen echt waren. Ich begab mich auf den Friedhof. Um alles zu gestehen, ich hatte keine große Lust zu sprechen. Wie ein Stein saß es mir im Halse oder im Bewußtsein. Besonders als ich eine Schaufel Kalk auf den Sarg fallen ließ, der tief unten in der Grube stand, und als der dumpfe Aufprall zu hören war, durchlief mich ein Schauder, ein vorübergehender, gewiß, aber ein unangenehmer. Und am Nachmittag hatte ich dann das Gewicht und die Farbe des Bleis. Der Friedhof, die schwarzen Kleider . . .

Kapitel 151
Philosophie der Grabinschriften

Ich zog mich von der Trauergemeinde zurück, indem ich so tat, als läse ich die Grabinschriften. Ich finde übrigens Gefallen an ihnen. Unter den zivilisierten Leuten drücken sie jenen frommen und geheimen Egoismus aus, der den Menschen dazu treibt, dem Tod wenigstens einen Fetzen des Schattens, der vorüberging, zu entreißen. Daher kommt vielleicht die Untröstlichkeit derer, die ihre Toten in einem Massengrab wissen. Sie haben das Gefühl, daß die anonyme Fäulnis sogar sie selbst erreicht.

Kapitel 152
Die Münze des Vespasian

Alle waren gegangen, nur mein Wagen wartete auf seinen Herrn. Ich zündete mir eine Zigarre an und verließ den Friedhof. Die Bilder der Beerdigungszeremonie ließen sich nicht vertreiben, und Virgílias Schluchzen hallte noch immer in mir nach. Besonders in ihrem Weinen schwang ein unbestimmter, geheimnisvoller Ton mit, der ein Problem aufwarf. Virgília hatte ihren Mann aufrichtig betrogen, und ebenso aufrichtig beweinte sie ihn jetzt. Auf der ganzen Heimfahrt gelang es mir nicht, diese schwierige Verbindung zwischen beidem herzustellen. Als ich jedoch zu Hause aus dem Wagen stieg, vermutete ich, daß eine solche Zusammenstellung durchaus möglich und sogar leicht sei. Zärtliche Natura! Die Gebühr, die man für den Schmerz zahlen muß, gleicht der Münze des Vespasian. Ihre Herkunft stinkt nicht, und man nimmt sie vom Guten wie vom Bösen. Die Moral wird meine Komplicin vielleicht tadeln, aber das macht dir nichts aus, unerbittliche Freundin, denn du hast ja pünktlich die Tränen von ihr erhalten. Zärtliche, dreimal zärtliche Natura!

Kapitel 153
Der Irrenarzt

Allmählich werde ich pathetisch, deshalb gehe ich lieber schlafen. Damals schlummerte ich auch und träumte, ich sei ein Nabob. Ich erwachte mit dem Gedanken, ein Nabob zu sein. Manchmal fand ich Gefallen daran, mir diese regionalen, staatlichen und konfessionellen Gegensätze vorzustellen. Einige Tage zuvor hatte ich an die Hypothese einer sozialen, religiösen und politischen Revolution gedacht, die den Erzbischof von Canterbury in einen einfachen Steuereinnehmer in Petropolis verwandeln sollte. Und dann nahm ich langwierige Berechnungen vor, um herauszubekommen, ob der Steuereinnehmer den Erzbischof beseitigen oder ob der Geistliche den Finanzbeamten zurückweisen würde, wieviel von einem Gottesmann in einem Steuereinnehmer stecken könne, inwieweit dieser mit einem Erzbischof vergleichbar sei, und so weiter. Offensichtlich unlösbare Fragen, die aber in Wirklichkeit genau zu beantworten waren, sofern man erwartet, daß in einem Erzbischof gleich zwei stecken konnten, der von der päpstlichen Bulle und der andere. Abgemacht, ich werde ein Nabob.

Es war einfach ein Witz. Ich erzählte es Quincas Borba, der mich mitleidig und mit einer gewissen Vorsicht ansah. Liebenswürdigerweise teilte er mir dann mit, daß ich verrückt sei. Am Anfang lachte ich darüber, aber die edle Überzeugung des Philosophen flößte mir Angst ein. Der einzige Einwand, den ich gegen das Urteil Quincas Borbas erheben konnte, war die Feststellung, daß ich mir nicht wahnsinnig vorkam. Da aber die Verrückten im allgemeinen keine andere Auffassung von sich selbst haben, erwies sich eine solche Entgegnung als nutzlos. Überprüft einmal, ob der Volksglaube,Philosophen hielten sich von den kleinen Dingen fern, wirklich begründet ist. Am nächsten Tage schickte Quincas Borba mich zu einem Irrenarzt. Ich kannte ihn und war furchtbar niedergeschmettert. Er war jedoch sehr taktvoll und gewandt und verabschiedete sich so heiter, daß ich zu der Frage ermutigt wurde, ob er wirklich meine, daß ich nicht verrückt sei.

»Allerdings«, sagte er lächelnd. »Es gibt sehr wenige Menschen, die ein so ausgeprägtes Urteilsvermögen haben wie Sie.«

»Dann hat sich Quincas Borba also geirrt?«

»Gründlich. Übrigens – im Gegenteil. Wenn Sie sein Freund sind . . . bitte ich Sie, ihn zu zerstreuen . . . ihn . . .«

»Gerechter Himmel! Meinen Sie? Ein Mann mit einem so überragenden Geist, ein Philosoph!«

»Das hat nichts zu bedeuten. Der Wahnsinn tritt in alle Häuser ein.«

Stellt euch meinen Schmerz vor. Der Irrenarzt, der an der Wirkung seiner Worte erkannte, daß ich Quincas Borbas Freund war, versuchte, die Schwere seiner Äußerung abzuschwächen. Er bemerkte, es könne ebensogut gar nichts sein, und fügte hinzu, daß ein Körnchen Narrheit, weit davon entfernt, Unheil anzurichten, dem Leben eine gewisse Würze verleihe. Da ich diese Auffassung entsetzt zurückwies, lachte der Irrenarzt und erzählte mir etwas so über alle Maßen Ungewöhnliches, das nicht weniger als ein Kapitel verdient.

Kapitel 154
Die Schiffe von Piräus

»Erinnern Sie sich jenes berühmten manischen Atheners«, fragte mich der Irrenarzt, »der glaubte, alle in Piräus einlaufenden Schiffe gehörten ihm? Er war ein armer Schlucker, der vielleicht nicht einmal das Faß des Diogenes besaß, um sich darin schlafen zu legen. Aber der imaginäre Besitz der Schiffe bedeutete ihm so viel wie alle Drachmen Hellas'. Nun gut, in allen von uns steckt so ein besessener Athener, und wer schwört, nicht gelegentlich wenigstens zwei oder drei Zweimaster im Geiste besessen zu haben, der kann sicher sein, einen Meineid zu leisten.«

»Sie einbegriffen?« fragte ich.

»Ja, auch ich.«

»Ich ebenfalls?«

»Auch Sie, und Ihr Diener nicht minder, falls der Mann, der dort vor dem Fenster den Teppich klopft, ihr Lakai ist.«

Tatsächlich war einer meiner Diener mit Teppichklopfen beschäftigt, während wir abseits im Garten miteinander plauderten. Der Irrenarzt bemerkte dann, daß jener seit geraumer Zeit alle Fenster geöffnet, die Vorhänge hochgehoben und sich soviel wie möglich in dem reich ausgestatteten Zimmer gezeigt hatte, damit er von draußen gesehen werde, und er schloß: »Ihr Diener ist von derselben Manie besessen wie der Athener. Er glaubt, Eigentümer der Schiffe zu sein. Eine Stunde voller Illusionen beschert ihm das größte Glück auf Erden.«

Kapitel 155
Innere Betrachtung

Wenn der Irrenarzt recht hat, dachte ich, dann braucht man Quincas Borba nicht allzusehr zu bedauern. Dennoch ist es richtig, auf ihn achtzugeben, um zu verhindern, daß Tollheiten aus anderen Gegenden in sein Gehirn einziehen.

Kapitel 156
Stolz der Servilität

Quincas Borba widersprach der Meinung des Irrenarztes über meinen Diener. »Um einen bildhaften Vergleich zu gebrauchen«, sagte er, »könnte man ihm die Manie des Atheners andichten. Aber Bilder sind weder Gedanken noch Beobachtungen, die der Natur unmittelbar entlehnt sind. Dein Lakai ist von einem edlen Gefühl erfüllt, das den Gesetzen des Humanitismus voll entspricht: dem Stolz der Servilität. Er bemüht sich darum zu zeigen, daß er nicht der Diener irgendeines Herrn ist.« Dann lenkte er meine Aufmerksamkeit auf die Kutscher der Gutsbesitzer, die sich unnahbarer gebärden als ihre Herren, auf die Hotelboys, deren Eifer sich der jeweiligen sozialen Stellung der Gäste anpaßt, und so weiter. Er schloß daraus, daß alles Ausdruck jener feinen und edlen Empfindung sei, eindeutiger Beweis, daß der Mensch, selbst wenn er Schuhe putzt, ein erhabenes Wesen ist.

Kapitel 157
Glanzvolle Zeit

»Du bist erhaben«, rief ich aus und schlang ihm die Arme um den Hals.

Es war wirklich unmöglich zu glauben, daß ein Mann von solcher Gedankentiefe wahnsinnig sein sollte. Das erklärte ich ihm nach der Umarmung und offenbarte ihm gleichzeitig den Verdacht, den der Irrenarzt ausgesprochen hatte. Ich kann den Eindruck, den diese Eröffnung bei ihm hinterließ, nicht beschreiben. Ich erinnere mich aber noch, daß er erschrak und totenblaß wurde.

In dieser Zeit versöhnte ich mich auch wieder mit Cotrim, ohne den Grund des Zerwürfnisses zu erfahren. Diese Aussöhnung kam mir sehr gelegen, denn die Einsamkeit bedrückte mich, und das Leben ermüdete mich furchtbar. Es war Ermüdung ohne Arbeit. Kurz darauf warb er mich für einen Dritten Orden, dem ich aber nicht beitreten wollte, ohne Quincas Borba vorher konsultiert zu haben.

»Schließ dich ihm an, wenn du möchtest«, riet er mir, »aber nur zeitweilig. Ich bemühe mich, meiner Philosophie einen dogmatischen und liturgischen Teil hinzuzufügen. Der Humanitismus soll nämlich die Religion der Zukunft werden, die einzig wahrhaftige. Das Christentum taugt nur für Frauen und Bettler, und die anderen Religionen sind nicht mehr wert, sie grenzen alle an Banalität oder Schwäche. Das christliche Paradies ist ein würdiger Rivale des muselmanischen, und was das Nirwana Buddhas betrifft, so geht es nicht über die Begriffswelt der Paralytiker hinaus. Dagegen wirst du sehen, was die humanistische Religion bedeutet. Sie ist die endgültige Absorption, die kontraktive Phase, die Wiederherstellung der Substanz, nicht aber deren Vernichtung. Geh, wohin man dich ruft, aber vergiß nicht, daß du mein Kalif bist.«

Und nun seht euch meine Bescheidenheit an. Ich trat dem Dritten Orden von *** bei, bekleidete einige Ämter und erlebte so die glanzvollste Zeit meines Daseins. Trotzdem schweige ich und berichte nichts, weder von den Liebesdiensten, die ich den Armen und den Kranken erwies, noch wie ich dafür belohnt wurde, nichts. Ich äußere mich überhaupt nicht.

Vielleicht könnte die soziale Ökonomie einiges gewinnen, wenn ich zeigte, daß jedwede noch so außergewöhnliche hohe Belohnung von geringem Wert ist, wenn man sie neben die subjektive und unmittelbare stellt. Aber das hieße, den Schwur, den ich auf mein Schweigen geleistet habe, zu brechen. Außerdem sind die Erscheinungsformen des Bewußtseins schwer zu analysieren. Wenn ich nun eine beschriebe, so müßte ich alle ihn betreffenden einbeziehen und verfaßte am Ende ein Kapitel über Psychologie. Ich bestätige deshalb lediglich, daß es die glanzvollste Zeit meines Daseins war. Die Bilder waren traurig. Ihnen wohnte die Monotonie des Unglücks inne, die ebenso langweilig ist wie die des Genusses, vielleicht noch trostloser. Aber die Freude, die man dem Herzen der Kranken und der Armen bereitet, ist eine Entschädigung von nicht geringem Wert. Und kommt mir nicht damit, daß sie negativ ist, weil sie nur der Empfangende empfindet. Nein, mir wurde sie rückwirkend zuteil, und sie war noch ziemlich groß. So groß, daß sie mir eine hohe Meinung über mich selbst vermittelte.

Kapitel 158
Zwei Begegnungen

Nach drei oder vier Jahren hatte ich diese Beschäftigung satt und gab sie auf, aber nicht ohne ein ansehnliches Geschenk hinterlassen zu haben, durch das ich das Recht erwarb, ein Bild von mir in der Sakristei aufhängen zu lassen. Ich werde indessen das Kapitel nicht beenden, ohne zu berichten, daß ich im Hospital des Ordens jemanden sterben sah. Erratet ihr, wen? Die schöne Marcela. Sie verschied am selben Tage, an dem ich beim Besuch einer Mietskaserne Almosen verteilte und dabei jemand anderem begegnete ... Aber das findet ihr jetzt nicht heraus – ich traf die Blume aus dem Gebüsch, Eugênia, die Tochter Dona Eusébias und Vilaças, genauso hinkend, wie ich sie verlassen hatte, und noch trauriger.

Als sie mich erkannte, wurde sie blaß und schlug die Augen nieder. Aber nur sekundenlang. Gleich darauf hob sie den Kopf und betrachtete mich würdevoll. Ich begriff, daß sie keine Almosen von mir annehmen würde, und reichte ihr die Hand, so wie ich es bei der Gattin eines Kapitalisten getan hätte. Sie grüßte mich und schloß sich in eine Kammer ein. Ich habe sie nie wiedergesehen. Auch über ihr Leben konnte ich nichts erfahren, weder darüber, ob ihre Mutter gestorben war, noch über das Unglück, das sie in solch tiefes Elend gestürzt hatte. Ich weiß nur, daß sie weiter lahm und traurig war. Erfüllt von diesem erschütternden Erlebnis, betrat ich das Hospital, in das Marcela am Tage vorher eingeliefert worden war und wo ich sie eine halbe Stunde später sterben sah, häßlich, mager, verbraucht ...

Kapitel 159
Die Halbverrücktheit

Ich begriff, daß ich alt geworden war und eine zusätzliche Kraft brauchte. Aber Quincas Borba war sechs Monate zuvor nach Minas Gerais gefahren und hatte die segensreichste aller Philosophien mitgenommen. Vier Monate später kehrte er zurück, und eines Morgens suchte er mich auf. Er war fast in demselben Zustand wie damals, als ich ihn auf dem Passeio Público getroffen habe. Nur sein Blick war anders, er verriet einen kranken Geist. Er erzählte mir, daß er das gesamte Manuskript des Humanitismus, den er vervollkommnen wolle, verbrannt habe und die ganze Arbeit von vorn beginnen werde. Der dogmatische Teil sei bereits fertig, allerdings noch nicht schriftlich niedergelegt. Es handele sich um die wahre Religion der Zukunft.

»Schwörst du auf die Humanitas?« fragte er mich.

»Das weißt du doch.«

Beinahe versagte mir die Stimme, und dabei hatte ich noch gar nicht die ganze grausame Wahrheit erkannt. Quincas Borba war nicht nur verrückt, er wußte es auch, und dieser Bewußtseinsrest, der wie ein schwaches Lämpchen in der Finsternis leuchtete, machte seinen Zustand noch entsetzlicher. Er wußte es, aber er war wegen des Übels nicht verbittert. Im Gegenteil, er erklärte mir, es sei ein weiterer Beweis der Humanitas, die so ihr Spiel mit sich selbst treibe. Er rezitierte mir lange Kapitel seines Buches, Wechselgesänge und Litaneien, und führte mir sogar einen heiligen Tanz vor, den er für die Zeremonie des Humanitismus erfunden hatte. Die schauerliche Anmut, mit der er die Beine hochwarf und schüttelte, war einzigartig grotesk. Ein andermal zog er sich schmollend in einen Winkel zurück und starrte in die Luft mit Augen, in denen hin und wieder ein anhaltender Schimmer der Vernunft aufleuchtete, traurig wie eine Träne . . .

Kurze Zeit darauf starb er in meinem Haus, nachdem er immer wieder geschworen hatte, der Schmerz sei Einbildung und Panglos, der verleumdete Panglos, sei nicht so dumm gewesen wie Voltaire geglaubt habe.

Kapitel 160
Von den Verneinungen

Zwischen Quincas Borbas Tod und dem meinen lagen die Ereignisse, die ich im ersten Teil des Buches erzählt habe. Das herausragendste war die Erfindung des Brás-Cubas-Balsams, der mit mir durch die Krankheit, die ich mir zugezogen hatte, zugrunde ging. Göttlicher Balsam, du hättest mir den ersten Platz unter den Menschen verschafft, über der Wissenschaft und dem Reichtum, weil du eine echte und unmittelbare Eingebung des Himmels warst. Der Zufall wollte das Gegenteil, und so werdet ihr ewig Hypochonder bleiben.

Dieses letzte Kapitel steckt voller Verneinungen. Ich gelangte durch den Balsam nicht zu Ruhm, wurde nicht Minister, nicht Kalif und lernte auch nicht die Ehe kennen. Es ist jedoch wahr, daß mir neben diesen Mißerfolgen das große Glück zuteil wurde, mein Brot nicht mit dem Schweiße meines Angesichts kaufen zu müssen. Mehr noch – ich erlitt weder den Tod Dona Plácidas, noch wurde ich wie Quincas Borba halb verrückt. Summiert man alles, so könnte jemand auf die Idee kommen, daß weder ein Defizit noch ein Überschuß vorhanden sei und daß ich demzufolge quitt war mit dem Leben, als ich die Welt verließ. Aber das stimmt nicht, denn als ich hier auf der anderen Seite des Mysteriums angelangt war, hatte ich einen geringen Saldo zu verzeichnen, der das letzte Negativum dieses Kapitels der Verneinungen ist: Ich hatte keine Kinder und übermittelte keinem Wesen das Vermächtnis unseres Elends.

Inhalt

Lateinamerikanische Literatur
im Suhrkamp Verlag

Adolfo Bioy Casares, Schlaf in der Sonne. *Roman*. Aus dem Spanischen von Joachim A. Frank. 1976.
–, Der Traum der Helden. *Roman*. Aus dem Spanischen von Joachim A. Frank. 1977
Alejo Carpentier, Krieg der Zeit. *Erzählungen*. Aus dem Spanischen von Anneliese Botond. 1977
Julio Cortázar, Album für Manuel. *Roman*. Aus dem Spanischen von Heidrun Adler. 1976
–, Der Verfolger, *Erzählungen*. Aus dem Spanischen von Rudolf Wittkopf. 1978
Carlos Drummond de Andrade, Poesie. Texte in zwei Sprachen. Aus dem Brasilianischen übersetzt und mit einem Nachwort versehen von Curt Meyer-Clason. 1965
Osman Lins, Avalovara. *Roman*. Nachwort von Modesto Carone Neto. Aus dem Brasilianischen von Marianne Jolowicz. 1976
–, Verlorenes und Gefundenes. *Erzählungen*. Aus dem Brasilianischen von Marianne Jolowicz. 1978
Juan Carlos Onetti, Das kurze Leben. *Roman*. Aus dem Spanischen von Curt Meyer-Clason. 1978
Manuel Puig, Der schönste Tango der Welt. *Ein Fortsetzungsroman*. Aus dem Spanischen von Adelheid Hanke- Schaefer. 1975
Manuel Scorza, Trommelwirbel für Rancas. Eine Ballade. Aus dem Spanischen von Wilhelm Plackmeyer. 1975
Osvaldo Soriano, Traurig, einsam und endgültig. *Roman*. Aus dem Spanischen von Heidrun Adler. 1978

in der Bibliothek Suhrkamp

Joaquim Maria Machado de Assis, Der Irrenarzt, *Erzählung*. Übersetzung aus dem Brasilianischen und Nachwort von Curt Meyer-Clason. 1978. Band 611
Miguel Angel Asturias, Legenden aus Guatemala. Aus dem Spanischen von Fritz Vogelgsang. Mit einem Nachwort von Paul Valéry und Illustrationen nach alten indianischen Motiven. 1973. Band 358
Adolfo Bioy Casares, Morels Erfindung. *Roman*. Mit einem Nachwort von Jorge Luis Borges. Aus dem Spanischen von Karl August Horst. 1975. Band 443

Alejo Carpentier, Das Reich von dieser Welt. *Roman*. Deutsch von Doris Deinhard. 1974. Band 422

–, Barockkonzert. *Novelle*. Aus dem Spanischen von Anneliese Botond. 1976. Band 508

Julio Cortázar, Geschichten der Cronopien und Famen. Aus dem Spanischen von Wolfgang Promies. 1977. Band 503

Carlos Fuentes, Zwei Novellen. Aura. Geburtstag. Mit einem Nachwort von Juan Goytisolo. Aus dem Spanischen von Christa Wegen und Rudolf Wittkopf. 1976. Band 505

Juan Carlos Onetti, Die Werft. *Roman*. Aus dem Spanischen und mit einem Nachwort von Curt Meyer-Clason. 1976. Band 457

Octacio Paz, Gedichte. Zweisprachig. Aus dem Spanischen von Fritz Vogelgsang. 1977. Band 530

Raquel de Queiroz, Das Jahr 15. *Roman*. Aus dem Brasilianischen von Ingrid Schwamborn. 1978. Band 595

Graciliano Ramos, Angst. *Roman*. Aus dem Brasilianischen von Willy Keller. 1978. Band 570

Augusto Roa Bastos, Menschensohn. *Roman*. Nachwort von Rubén Bareiro Saguier. Aus dem Spanischen von Curt Meyer-Clason. 1976. Band 506

Juan Rulfo, Pedro Páramo. *Roman*. Aus dem Spanischen von Mariana Frenk. 1976. Band 434

–, Der Llano in Flammen. *Erzählungen*. Aus dem Spanischen von Mariana Frenk. 1976. Band 504

César Vallejo, *Gedichte*. Zweisprachig. Aus dem Spanischen und mit einem Nachwort von Hans Magnus Enzensberger. 1963. Band 110. (Revidierte Neuauflage 1976)

Mario Vargas Llosa, Die kleinen Hunde. *Erzählung*. Deutsch von Wolfgang Alexander Luchting. Mit einem Nachwort von José Miguel Oviedo. Deutsch von Mechtild Strausfeld. 1975. Band 439 *in den suhrkamp taschenbüchern*

Roberto Arlt, Die sieben Irren. *Roman*. Aus dem Spanischen übersetzt von Bruno Keller. 1977. Band 399

Adolfo Bioy Casares, Fluchtplan. *Roman*. Aus dem Spanischen von Joachim A. Frank. 1977. Band 378

–, Tagebuch des Schweinekriegs. *Roman*. Aus dem Spanischen von Karl August Horst. 1978. Band 469

Alejo Carpentier, Explosion in der Kathedrale. *Roman*. Aus dem Spanischen von Hermann Stiehl. 1977. Band 370

Der Cimarrón. Die Lebensgeschichte eines entflohenen Negersklaven aus Cuba, von ihm selbst erzählt. Nach Tonbandaufnahmen herausgegeben von Miguel Barnet. Aus dem Spanischen übersetzt von Hildegard Baumgart. Mit einem Nachwort von Heinz Rudolf Sonntag und Alfredo Chacón. 1976. Band 346

Julio Cortázar, Das Feuer aller Feuer. *Erzählungen*. Aus dem Spanischen von Fritz Rudolf Fries. 1976. Band 298

–, Ende des Spiels, *Erzählungen*. Aus dem Spanischen von Wolfgang Promies. 1977. Band 373

José Donoso, Ort ohne Grenzen. *Roman*. Aus dem Spanischen von Heidrun Adler. 1979. Band 515

Carlos Fuentes. Nichts als das Leben. *Roman*. Aus dem Spanischen von Christa Wegen. 1976. Band 343

Manuel Puig. Verraten von Rita Hayworth. *Roman*. 1976. Band 344

–, Der schönste Tango der Welt. *Ein Fortsetzungsroman*. Deutsch von Adelheid Hanke-Schaefer. 1978. Band 474

Mario Vargas Llosa, Das grüne Haus. *Roman*. Übersetzt von Wolfgang Alexander Luchting. 1976. Band 342

Materialien zur lateinamerikanischen Literatur. Herausgegeben mit einem Vorwort von Mechtild Strausfeld. 1976. Band 341

st 462 Ernst Penzoldt, Der arme Chatterton.
Geschichte eines Wunderkindes
168 Seiten
Der arme Chatterton ist Penzoldts frühester Roman, der 1928 erstmals im Insel Verlag erschienen ist. Er erzählt die Geschichte des 18jährig gestorbenen englischen Dichters Thomas Chatterton (1752–1770), der am Unverständnis seiner Umwelt zerbricht. »Ein Prachtstück, ein überaus liebenswertes Buch. Ein Buch für Zigeuner und Zaungäste des Lebens.« *Hermann Hesse*

st 463 Franz Fühmann, 22 Tage oder Die Hälfte des Lebens
240 Seiten
»Fühmanns die Hälfte des Lebens bilanzierendes Tagebuch, in dem er uns als ein mit der ganzen Person für seine Erfahrungen, für seine Irrtümer und seine spät errungenen Einsichten einstehender Autor gegenübertritt, ist das bewegende, ja oft überwältigende Zeugnis einer Befreiung zu sich selbst, dessen beispielsetzende Bedeutung noch kaum abzuschätzen ist.«
Wolfgang Werth, Deutschlandfunk

st 464 Marcel Proust, Briefe zum Leben
Ausgewählt und aus dem Französischen übersetzt von Uwe Daube
2 Bände zus. 742 Seiten
In dieser Briefauswahl läßt sich fast Woche für Woche, die *vie intime* Prousts verfolgen, seine Auseinandersetzungen mit der geliebten Mutter, seine Jugendfreundschaften, seine Jugendlieben, seine Anschmiegsamkeit wie

seine Tyrannei, seine unendlich beharrlichen und raffinierten Versuche, Eingang in die »Gesellschaft« von Paris zu finden, seine eingebildeten und seine echten Geldnöte, seine Reisen und Krankheiten und schließlich sein langwährendes Hinsterben. – Marcel Proust, *Briefe zum Werk,* erschien als st 404.

st 465 Franz H. Mautner, Nestroy
Mit Abbildungen
480 Seiten
Dieses Buch ist ein »Versuch, den ganzen Nestroy darzustellen«. Der erste Teil beschreibt die Voraussetzungen Nestroys, der zweite bringt eine detaillierte Analyse der einzelnen Stücke, und unter dem Titel »Die Wirkung« verfolgt Mautner nicht nur den Weg des Nestroyschen Werkes bis in unsere Zeit, er zeigt auch auf, wer und in welcher Weise die Tradition und Methode Nestroys heute weiterführt und anwendet.

st 466 Ror Wolf, Pilzer und Pelzer
Eine Abenteuerserie
206 Seiten
Für die Neuausgabe von *Pilzer und Pelzer* hat Ror Wolf unter dem Titel *Rückkehr und endgültiges Verschwinden von Pilzer und Pelzer* drei Prosastücke zusammengefaßt, in denen das Abenteuerleben der beiden Titelfiguren seinen Abschluß findet.
»*Pilzer und Pelzer,* diese sprachliche Chaplinade voller spaßhafter Effekte und voller hintersinniger Komik, darf den hierzulande sehr raren Kabinettstücken des literarischen Witzes zugezählt werden.«
Wolfgang Werth, Der Monat

st 468 Alter als Stigma oder Wie man alt gemacht wird
Herausgegeben von Jürgen Hohmeier und Hans-Joachim Pohl
192 Seiten
Die einzelnen Beiträge gehen von der These aus, daß die für unsere Gesellschaft charakteristische Ausgliederung älterer Menschen nicht auf biologischen oder psychologischen Altersprozessen und auch nur mittelbar auf dem sozialen Funktionsverlust beruhen: das Stigma »Alter« ist in den Einstellungen zu alten Menschen, in den Er-

wartungen, die in alltäglichen Kontakten an ältere Menschen gestellt werden, in der Ausgrenzung aus gesellschaftlichen Lebensbereichen wie Arbeit und Freizeit und im Umgang der Institutionen mit den Alten ebenso nachzuweisen wie in dem Bild, das alte Menschen von sich selbst haben.

st 469 Adolfo Bioy Casares, Tagebuch des Schweinekriegs
Roman
Aus dem Spanischen von Karl August Horst
224 Seiten
Der Krieg der Jungen gegen die Alten ist nicht so sehr Absage der Jugend an die Vergangenheit wie Aufruhr gegen die Bilder ihrer eigenen Zukunft. Während der Schreckensereignisse verhalten sich die Alten verschieden: geil, geldgierig, würdelos, angstvoll versagend. Vidal, der Protagonist der Jungen, besteht den Krieg in ähnlicher Weise wie sein bisheriges Leben. Er ist, ohne es im geringsten zu wissen, ein Held.

st 471 Jörg Steiner, Strafarbeit
Roman
168 Seiten
Der 1962 entstandene Roman *Strafarbeit* ist der Bericht eines Gefangenen, der sich seine Flucht erträumt, der widerspenstig und sehnsüchtig die Träume durchexerziert, unerbittlich seine Unfreiheit kontert.
»Steiner baut seinen Roman modern, aber ohne modische Allüre. ... Das formale Experiment ist Folge und Notwendigkeit, nicht Anlaß, es ist nicht zuletzt Methode, Glaubwürdigkeit gelingen zu lassen. In ihrem Dienst steht auch die Sprache, eine stille, zurückgenommene Sprache.« *Heinz S. Schafroth*

st 472 Hermann Broch, Die Schlafwandler
Eine Romantrilogie
Kommentierte Werkausgabe Band 1
Herausgegeben von Paul Michael Lützeler
ca. 760 Seiten
Broch schrieb sein Erstlingswerk *Die Schlafwandler* in den Jahren zwischen 1928 und 1932. In dieser Trilogie

wird die Epoche Wilhelms II. zwischen 1888 und 1918 querschnitthaft geschildert und analysiert, wobei nicht nur die Realistik der Darstellung, sondern auch die subtile psychologische Schilderung besticht.

st 473 Richard Ellmann, James Joyce
Herausgegeben von Fritz Senn. Übersetzt von Albert W. Hess, Klaus und Karl H. Reichert
Mit Abbildungen
2 Bände zus. ca. 1216 Seiten
Wie ein literarischer Detektiv ist Ellmann den Lebensumständen und -beziehungen des Dichters nachgegangen. Er entdeckt z. B. die Frau, die Joyce zur Gestalt der Molly Bloom inspirierte, und legt so das Gerüst bloß, auf dem die Werke von Joyce aufgebaut sind. Shaw, Yeats, Proust, Hemingway, Italo Svevo sind nur einige der vielen literarischen Persönlichkeiten, deren Beziehungen zu Joyce in diesem Buch geschildert werden.

st 474 Manuel Puig, Der schönste Tango der Welt
Ein Fortsetzungsroman
Deutsch von Adelheid Hanke-Schaefer
240 Seiten
Puig hat mit diesem Roman ein Musterbeispiel und die Parodie des in Argentinien beliebten Radio-Fortsetzungsromans geschrieben. Die Handlung ist eine in die dreißiger Jahre versetzte argentinische Variante des *Schnitzlerschen* Reigens.
»Puig ist ein gegen jede traditionelle Form rebellierender Erzähler, ein Zerstörer, aber zugleich auch ein Neuerer, der durch seine rigorose Schreibweise den lateinamerikanischen Roman revolutioniert.« *Peter Jokostra*

st 479 Es gab keinen besseren Bruder
Novelle von Maksud Ibragimbekow
Aus dem Russischen von Charlotte Kossuth
112 Seiten
Die Erzählung des aserbeidschanischen Schriftstellers Ibragimbekow ist mit allen Feinheiten, mit Verständnis und ironischer Distanz ausgezeichnet, wenn er das psychologische Porträt eines Bürgers zeichnet, dessen Leben in Enge erstarrt und der nur in seinen erotischen Träumen

die Sehnsucht nach Ausbruch und Erfüllung verrät. Es ist ein Buch unserer Zeit.

st 481 Walter Hinck, Von Heine zu Brecht
Lyrik im Geschichtsprozeß
156 Seiten
Inhalt: Ironie im Zeitgedicht Heines. Exil als Zuflucht der Resignation. Epigonendichtung und Nationalidee. Metamorphosen eines Volkslieds. Alle Macht den Lesern, Zur Lyrik Brechts. Das lyrische Subjekt im geschichtlichen Prozeß oder Der umgewendete Hegel.

st 483 Über Robert Walser, Band 1
st 484 Über Robert Walser, Band 2
Herausgegeben von Katharina Kerr
Band 1: 218 Seiten
Band 2: 488 Seiten
Mit dem Erscheinen der Werkausgabe Robert Walsers und seiner Briefe ist, verbunden mit einem allgemeinen neuen Interesse an der Literatur des ersten Jahrhundertdrittels, das Interesse am Werk Robert Walsers gestiegen. Von ihm gehen heute Anregungen auf ein breiteres Publikum aus. *Über Robert Walser 1* bringt wichtige Arbeiten der frühen kritischen Walser-Rezeption, *Über Robert Walser 2* neuere, z. T. noch unveröffentlichte Arbeiten aus jüngerer Zeit.

st 485 Hansgerd Schulte (Hrsg.), Spiele und Vorspiele
Spielelemente in Literatur, Wissenschaft und Philosophie
138 Seiten
Pierre Bertaux, der französische Germanist und Hölderlin-Forscher, hat sich während seines vielgestaltigen Lebens auch mit der Funktion des Spieles in Literatur, Wissenschaft und Philosophie befaßt. Er mißt dem Spieltrieb eine ebenso zentrale Funktion für den Menschen und sein Verhalten bei wie etwa Freud dem Sexualtrieb. Bertaux' 70. Geburtstag schien ein reizvoller Anlaß, einige seiner Freunde und namhafte Wissenschaftler um einen Beitrag zu dem Spielthema zu bitten – jeweils aus ihrer Sicht und im Zusammenhang mit den eigenen Forschungsinteressen. Mit Aufsätzen von Hellmut Becker, Walter Höllerer, Robert Jungk, Golo Mann, Hans Mayer, Georg Picht, Peter Wapnewski.

st 487 Christiane Rochefort, Kinder unserer Zeit
Roman
164 Seiten
Ein kleines Mädchen erzählt seine Geschichte. Es wächst auf in einer Kinderreichen-Siedlung am Stadtrand von Paris, in einer uniformen, kleinbürgerlich geregelten, staatlich subventionierten Welt. Es empört sich gegen den dumpfen Schematismus einer Lebensplanung, die nichts anderes kennt als das Denken an einen Standard der Eisschränke und Fernsehapparate in der Atmosphäre des Sozialen Wohnungsbaus, in der Kinder dazu dienen, die Teilhabe am Komfort der Neuzeit zu finanzieren.
»Ein knapp erzähltes Buch, bitter in seiner Anschaulichkeit und Illusionslosigkeit, eine einzige unsentimentale, satirisch gefärbte Anklage – ein Zeichen der Zeit.«
Neue Zürcher Zeitung

st 522 Walter Scheel/Hans Apel
Die Bundeswehr und wir
Zwei Reden
74 Seiten
Zur Diskussion gestellt werden in diesem Band zwei Reden, die Walter Scheel und Hans Apel vor den Kommandeuren der Bundeswehr gehalten haben: *Über die sittlichen Grundlagen von Verteidigungsbereitschaft und demokratischem Bewußtsein* und *Kontinuität in der Sicherheits- und Verteidigungspolitik der Bundesrepublik Deutschland.*

st 523 Christiane Rochefort
Zum Glück gehts dem Sommer entgegen
Roman
Aus dem Französischen von Eugen Helmlé
222 Seiten
»*Zum Glück gehts dem Sommer entgegen* ist eine Warnung an die Erwachsenen, an Eltern, Lehrer und Erzieher, ihre Kinder ernst zu nehmen und es niemals bei erzieherischer Routine bewenden zu lassen.«
Franz Rappmannsberger

Alphabetisches Gesamtverzeichnis der suhrkamp taschenbücher